KB069473

MBSR
워크북

Bob Stahl · Elisha Goldstein 공저
안희영 · 이재석 공역

스트레스를 완화하는
혁명적인 프로그램

학지사

우리 뒤에 있는 것, 우리 앞에 있는 것은 지금
우리 안에 있는 것에 비하면 아주 사소한 문제들이다.

−랄프 왈도 에머슨

용감하게 자신의 두려움을 들여다보고 거기서
자신의 가슴을 찾으려 하는 모든 이에게 이 책을 바친다.

 이 책은 저자들이 밝히고 있듯이 스트레스, 불안, 통증, 질병으로 고통 받는 모든 이를 위한 워크북입니다. 세계적인 명성을 얻고 있는 MBSR(Mindfulness-Based Stress Reduction) 프로그램에 영감을 받았지만 그 프로그램의 교육과정을 그대로 반영하고 있지는 않기에 MBSR 프로그램에 대한 대체물로 간주되어서는 안 될 것입니다. 그럼에도 이 책은 MBSR 프로그램의 중요 내용들을 직간접적으로 상당 부분 반영하고 있어, 독자들이 마음챙김을 일상생활에 적용하여 스트레스와 불안, 우울 등을 완화시키고 건강, 치유, 평화 및 웰빙으로 나아가도록 안내하는 데 큰 도움이 될 것으로 생각합니다. 이 책이 MBSR을 비롯한 다양한 마음챙김 프로그램 참여자, 마음챙김 명상 수련자는 물론 마음챙김을 내담자나 학생들에게 적용하려는 임상가, 심리치료사, 상담사, 교육자들에게 도움이 되기를 바랍니다.

 책의 구성은 기록, 마음챙김 탐구, 직접 해 보기, 자주 묻는 질문(FAQ), 수련 계획과 리뷰, 공식 수련 기록하기, 비공식 수련 되돌아보기 등 다양한 내용을 포함하여 독자의 흥미를 유발하고 있습니다. 독자들이 머리로 이해하는 데 그치지 않고 지속적인 수련을 할 때 마음챙김 자각의 세계에 한 걸음 더 다가갈 수 있을 것이라 생각합니다. 워크북인 동시에 카밧진 박사의 표현처럼 플레이북이니만큼 노력과 동시에 놀이하듯 유쾌한 마음으로 접근하면 더욱 좋은 결과가 있을 것으로 기대합니다.

 1979년부터 현재까지 약 2만 여 명 정도의 환자들이 매사추세츠 대학교 메디컬센터에서 실시하는 MBSR 프로그램에 참가하였으며, 전 세계적으로 약 740여 개의 기관에서 MBSR 프로그램을 운영하고 있습니다. 지난 약 34년 동안 의학, 심리, 교육, 명상 분야의 많은 전문가들을 위해 MBSR 지도자 과정을 제공하고 있고, 2014년 현재 미국 MBSR 본부가 정식으로 인증하는 공인 지도자는 전 세계에 역자를 포함하여 약 70여 명 정도가 됩니다.

역자는 MBSR 본부에서 지도자 과정을 이수하고, 그 내용을 주제로 박사논문을 쓰며, 지도자 인증을 받을 때까지 많은 분들의 도움을 받았습니다. 특히 수천 시간 동안 MBSR 지도를 하면서 서구인들의 마음챙김 접근법을 배울 수 있었고, 참가자들에게서도 책으로는 알 수 없는 많은 것을 배웠습니다.

MBSR 창시자인 카밧진 박사는 프로그램을 개발하면서 매뉴얼을 만들지 않았습니다. 무엇보다도 MBSR 지도자는 지속적인 수련을 통해 마음챙김과 교육과정을 체화하고 MBSR 정신을 체현해야 한다고 생각했기 때문일 것입니다. 유도 명상을 비롯한 책 내용이 모두 번역되었지만 실습 CD 부분의 우리말 녹음 작업은 후일을 기약하기로 하겠습니다.

이 책이 나오기까지 함께 수고한 공역자 이재석 선생, 학지사 편집부 이하나 대리, 그리고 한결같이 후원해 주신 김진환 사장님께 깊은 감사의 말씀 전합니다.

2014년 가을
안희영

서문

존경하는 독자들에게

여러분이 지금 손에 들고 있는 이 소중하고 매우 유용한 책을 묘사하는 다양한 수식어가 많이 있겠습니다. 책 제목을 보면 이 책은 워크북입니다. 네, 말 그대로 이 책은 워크북입니다. 이 책은 개인적 헌신과 지속적인 참여라는 성실성이 수반되는, 아니 성실성이 요구되는 아주 심오하고 치유적인 작업으로 여러분을 초대하고 안내할 것입니다. 이것이 바로 마음챙김 지도자들이 내적 규율이라고 말할 때 의미하는 바입니다. 궁극적 성실이란 물론 여러분 자신에 대한 성실, 그러니까 여러분의 삶, 여러분의 살아 있는 매 순간, 그리고 여러분 존재의 아름다움에 대한 성실일 것입니다. 그것이 항상 눈에 보이지 않고, 또 그것이 존재한다는 것조차 확실하지 않더라도 말입니다. 우리의 매 순간 삶에 현존하고 또 비판단적이 되는 것은 세상에서 가장 어려운 일, 그리고 가장 필요한 일이라고 할 수 있을 것입니다. 그러므로 그것은 우리가 이 일에 진심으로 전념해야 하는 이유가 됩니다. 우리 자신의 삶과 세계의 안녕은 크고 작은 방식으로 그 균형에 달려 있습니다.

그러나 여러분이 또한 이 책을 플레이북(놀이책)이라고 생각해도 좋겠습니다. 왜냐하면 마음챙김이란 정말로 삶 그 자체 안에서의 신나는 모험이기도 하기 때문입니다. 마음챙김에 요구되는 규율이란 열심히 노력하는 정신만큼이나 유쾌한 놀이의 정신으로도 행해야 한다는 것입니다. 마음챙김이란 그 둘 다이기 때문입니다. 아마도 마음챙김, MBSR 교육과정과 도전, 그리고 삶 자체의 도전, 또한 여러분이 애초에 이 책을 집어든 이유까지 모두 너무 심각한 것일지도 모르겠습니다. 놀이 요소는 우리가 모든 것에 가벼운 마음으로 다가가게 해 줍니다. 우리 스스로를 너무 심각하게 받아들이지 않는 것이지요. 그것은 또 MBSR의

과정 자체나 그것이 바라는 결과를 이상화하지 않게 해 줍니다. 비록 여러분이 이곳에 오시게 된 동기와 이것이 여러분에게 줄 수 있는 잠재적 이익은 정말로 진지한 것이라 하더라도 말입니다.

여러분은 이 작업에서 아주 훌륭한 지도자를 만났습니다. 밥 스탈과 엘리샤 골드스테인은 이 책에서 인지적, 감정적, 관계적, 신체적으로 매우 적절한 가이드를 해 주고 있습니다. 비록 우리가 매주 교실에 함께 있는 것은 아닙니다만 더 큰 의미에서 우리는 분명히 함께 있습니다. 만약 우리가 이 책의 텍스트와 반성, 제안, 지시문 연습의 일과 재미에 우리 자신을 던져 넣는다면 말입니다. 특정한 날에 그것을 하고 싶든 하고 싶지 않든 상관없이 말이지요. 우리는 저자들의 환대와 친절, 참여에의 초대, 그리고 교사로서 인간으로서 그들의 따뜻함으로부터 도움을 받을 수 있습니다. 이 책의 각 페이지에서 저자의 따뜻함이 풍겨져 나옵니다. 그것은 우리 자신을 축복하고 우리의 경험을 친절과 연민으로 포용할 필요가 있다는 사실을 상기시켜 줍니다. 과장된 자기망상적 의미에서가 아니라 진정으로 사실적인 의미에서 우리 스스로를 가치 있고 완전한 존재로 본다는 의미에서 말입니다. 그 가치와 완전함은 우리가 아무리 자신의 결점과 부적절함을 확신한다 하더라도 우리가 단지 인간이기 때문에 존재하는 가치와 완전함입니다. 저자들은 알고 있습니다. 또 독자 여러분은 그것을 이 책에서 느낄 수 있습니다. 우리 모두가 평생에 걸쳐 학습과 성장, 치유, 변화의 무한한 잠재력을 지닌 기적의 존재라는 것을 알고 있습니다. 또 우리는 우리가 생각하는 것보다 훨씬 큰 존재라는 것도 알고 있습니다. 우리가 스스로를 불완전하다고 생각하는 모든 방식을 포함하여, 있는 그대로 완벽하다는 것도 알고 있습니다.

여러분은 여러분의 결점을 자각하는 존재의 일면도 그러한 결점 혹은 심지어 모든 결점 때문에 고통을 당하는지 그렇지 않은지 궁금하게 생각한 적은 없습니까? 혹은 고통에 대한 알아차림도 과연 실제로 고통을 당하고 있는지, 그렇지 않은지 의아한 적은 없었습니까? 아니면 두려움에 대한 알아차림이 실제로 그러한 두려움이 일어날 때 두려워하는지 그렇지 않은지는요? 이것은 여러분이 실제로 조사해 볼 수 있고 스스로 확인해 볼 수 있는 것입니다. 특히 부적절하다는 느낌, 고통이나 두려움, 기타 경험에 압도당하고 있다고 느끼는 그 순간에 말입니다. 매 순간 펼쳐지는 우리 인생의 실험실에서, 또 우리 자신의 가장 심오하고 최선의 것을 체현하는 이 모험에서 우리가 발견하고 머물러야 할 완전하고도 새로운 숨겨진 존재와 경험의 차원이 있습니다. 이것은 이미 지금 여기 있는 것으로 우리가 어디서

'얻어야' 할 필요가 없는 것입니다. 그런데도 우리는 이것을 대부분의 시간 동안 무시해 왔습니다. 이것은 바로 마음이기도 하고 가슴이기도 한 자각 혹은 알아차림(awareness)이라고 하는 것입니다.

마음챙김은 몸과 무한에 기초를 둔 채 자신의 경험에 대한 기본적이고 자발적인 열림입니다. 그것은 아무것도 일어나기를 기대하지 않으며 다만 지금 현재의 순간에 친밀해지고 거기에 머무는 것입니다. 마음챙김 자각에 머물 때 여러분은 지금 펼쳐지고 있는 것으로서의 삶에 친밀하게 참여하는 것입니다. 무엇이 일어나는지 직접 보고, 경이와 기쁨, 그리고 우리 모두에게 가능한 이 소중한 현재 순간에 살아 있는 기적으로부터 고개를 돌리지 않은 채로 세계와 자신의 근원적 아름다움과 신비가 여러분에게 말을 걸도록 하는 것입니다. 그러나 우리는 미래의 언젠가 더 '좋은' 순간이 올 것이라는 기대를 품으면서 이 경이와 기쁨, 기적을 너무나 자주 무시해 왔습니다.

이 책은 또 다른 의미에서도 '놀이책'입니다. 이 책은 지금의 예측 불가능하고 스트레스가 많은 세상에서 삶의 온갖 굴곡과 하루 중 혹은 평생 동안 불가피하게 일어나는 온갖 도전과 장애물과 여러분 사이의 관계를 잘 구상된 전략과 연습의 집합체로서 항해한다는 의미에서 그렇습니다. 여기 실린 수련법은 수천 년 동안 활용되어 온 것들입니다. 또 지난 30여 년 동안 임상 현장과 실험실에서 효과가 있는 것으로 증명된 것입니다. 이 30여 년 동안 마음챙김은 다양한 방식으로, 그리고 점점 더 확장되는 방식으로 현대의학과 건강관리의 친밀한 일부가 되었습니다(Didonna, 2008; Krasner et al., 2009; Ludwig & Kabat-Zinn, 2008).

또한 여러분은 이 책을 훌륭한 요리책으로 생각할 수도 있습니다. 그러나 그냥 따라하면 맛있는 요리가 생기는 그런 흔한 요리법 모음집은 아닙니다. 왜냐하면 그런 요리책의 각 페이지와 연습에는 가장 중요한 요소, 바로 '당신'이라는 요소가 빠져 있기 때문입니다. 마음챙김 수련의 형태로 제공되는 '식사'와 MBSR의 전체 교과과정은 삶을 구하고 삶을 변화시키는 잠재력을 갖고 있습니다. 그러나 이 책은 여러분이 자신을 마음챙김이라는 '솥'에 던져 넣어 스스로 요리를 시작할 때까지 마음챙김의 마술을 보여 줄 수 없습니다. 여기서는 여러분 자신이 요리법이자 식사이자 요리사인 것입니다. 책의 저자들은 다만 여러분의 충성스럽고 배려심 깊은 부(副)요리장이라고 생각하십시오. 이 요리 도중 언제라도 여러분의 능력에 맞게 페이스를 조절하십시오. 여러분이 진심으로 참여할 때 이 책에 수록된 수련법들은 생명력을 얻게 될 것입니다. 그럴 때 여러분은 이 수련법들이 여러분에게 크게 도움이 된다는 것, 그리고 가장 어둡고 힘든 상황에서도 치유, 자기연민, 타인에 대한 연민의 가능성 등의 모든 순간에 깨어나게 해 준다는 것을 알게 될 것입니다.

순간의 신비와 기적에 대해 말하자면, 최근의 연구는 우리 인간의 뇌가 경험, 특히 오랜 기간의 반복적인 경험에 기초하여 뇌의 기능뿐만 아니라 구조까지도 끊임없이 변화시키는 기관이라는 것을 보여 주고 있습니다. 뇌 구조와 기능에 있어서의 이러한 본유적 가변성을 뇌가소성(neuroplasticity)이라고 합니다. 이것은 우리가 마음(mind)이라고 부르는 것이 아동기뿐 아니라 평생 동안 실제로 뇌를 형성하며 우리의 본질적 능력의 변화를 주도한다는 것을 의미합니다.* 그 반복적 체험이 외상적(traumatic) 성격의 것인 경우 실제로 뇌의 특정 부위가 축소되거나 정신적·사회적 능력이 감퇴되기도 합니다. 이러한 현상은 뇌 자체의 물리적 손상 때문에 일어날 수도 있고, 우울과 분열 증후군이나 사회관계와 행동의 장애로 이어지는 아동기 혹은 성인기의 반복된 정서적 외상 때문일 수도 있습니다. 그러나 다행히도 반복적인 긍정적 체험에 기초한 개입을 통해 회복과 치료가 가능하다는 타당한 증거들도 있습니다. 규칙적으로 실시하는 매우 반복적인 성격의 연습 자체가 뇌의 뇌가소적 변화를 일으키는 주 동인이 됩니다. 그리고 이것이 물리적(신체적) 연습이 우리가 그러한 프로그램을 시작하는 순간부터 평생 동안 신체적 건강뿐 아니라 정신건강을 회복하고 유지하는 가장 중요한 요인이 되는 이유입니다. 명상가들에 대한 많은 실험실 연구는 명상 수련의 중심에 있는 반복적 수련이 긍정적인 뇌가소적 변화, 예컨대 더 큰 정서적 균형, 연민, 진정한 행복을 생기게 할 수 있다는 것을 보여 주었습니다. 또한 반복 수련은 스트레스와 외상적 경험에 대한 잠재적인 방어막 역할을 해 줄 수 있습니다(Lutz, Dunne, & Davidson, 2007).

이렇게 마음은 뇌를 바꿀 수 있습니다(Begley, 2008; Siegel, 2007). 이것은 우리가 MBSR 과 같은 명상 훈련을 통해 우리 마음을 훈련시킨다면 더 큰 자각과 연민, 지혜로 사물을 더 분명하게 바라보고 더 자율적으로 행동할 수 있게 된다는 것을 의미합니다. 또 우리가 마음(mind)이라고 부르는 것은 가슴(heart)이라고 부르는 것과 별개의 것이 아니기에 마음챙김

---

* 우리 두개골 속에 들어 있는 신체적이고 물질적인 뇌가 '마음'이라는 현상—그 자신을 경험하고 아는 마음의 능력을 포함하여—을 가능하게 한다.

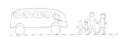

(mindfulness)과 가슴챙김(heartfulness)을 MBSR의 상보적 측면이라고 말할 수 있을 것입니다. 그리고 여러분이 알게 되듯이, 우리가 몸에 대해 언급하지 않고 마음이나 뇌에 대해 말할 수 없으므로, 이 작업의 핵심은 부드러움과 수용으로 여러분의 몸과 친구 맺는 것(be-friending)입니다. 여러분의 몸이 지금 이 순간 어떠하든 상관없이 말입니다. 자신의 몸에 배반감을 느끼는 사람, 자기 몸과 다시 친구 맺기가 정말로 필요한 사람들에게는 이런 태도를 갖는 것이 쉽지 않을 것입니다. 저자들이 강조하듯, 지금 이 순간이 어떻든 상관없이 "당신이 숨을 쉬고 있는 한, 당신에게는 그리고 당신의 몸에는 잘못된 것보다 잘된 것이 더 많다"는 것을 깨닫는 것은 이 작업을 시작하는 훌륭한 출발점이 될 것입니다. 우리는 그 과정을 신뢰할 수 있고, 밥과 엘리샤의 식견을 신뢰할 수 있으며, 무엇보다 새로운 방식으로 주의를 기울이고 이러한 주의 기울임(attending)으로부터 배우고 성장할 수 있는 우리 자신의 능력을 신뢰할 수 있을 것입니다.

마음챙김은 이 모든 것을 담는 그릇(container)과 같습니다. 그러므로 수련에 대한 여러분의 전념이 여기서 무엇보다 중요해집니다. 그리고 이것은 다소 역설적입니다만, 일정한 결과에 집착하거나 바라지 않고 다만 수련 자체를 위해서 수련에 임하고자 하는 자발성, 그리고 펼쳐지는 그대로의 삶—지금 이 순간이 어떠하든 상관없이—과 접촉하겠다는 의도가 중요합니다. 이것이야말로 이 열린 마음과 가슴의 참여에 대한 초대의 핵심입니다. 이 참여를 통해 여러분이 무엇을 얻게 될지 알 수 없습니다. 그러나 어떤 방식으로든 여러분 자신을 전념시키는 것입니다. 이것은 여러분 자신과 여러분의 진정한 가능성—언제나 알려져 있지 않은—에 대한 신뢰의 제스처입니다. 마지막으로, 삶 자체가 진정한 스승이며, 우리가 매 순간 삶을 어떻게 맞이하느냐가 곧 참된 명상 수행이라는 사실을 여러분이 알게 되시기를 바랍니다.

이제 소매를 걷어붙이고 시작할 때가 되었습니다.

이 필생의 모험에 나선 여러분에게 최선의 격려를 보냅니다.

존 카밧진

차례

역자 서문 ― 5

서문 ― 7

들어가며 __ 17

인간이 처한 조건 ‥‥‥ 19

저자에 대한 소개 ‥‥‥ 21

누구를 위한 워크북인가 ‥‥‥ 25

이 워크북을 사용하는 법 ‥‥‥ 25

명상 수련에 관한 제안 ‥‥‥ 27

요약 ‥‥‥ 34

Chapter **1** **마음챙김이란 무엇인가** __ 35

마음챙김과 웰빙 ‥‥‥ 38

일상의 마음챙김 ‥‥‥ 39

스케줄과 리뷰에 관한 일언 ‥‥‥ 47

수련 계획과 리뷰 ‥‥‥ 48

Chapter **2** **마음챙김과 몸‒마음 관계** __ 51

자율신경계 ······ 53

스트레스 반응과 스트레스 대응 ······ 54

마음챙김과 스트레스 완화에 있어서 마음챙김의 핵심적 역할 ······ 55

마음챙김과 뇌 ······ 57

마음챙김과 일상생활의 스트레스 ······ 59

수련 계획과 리뷰 ······ 68

Chapter **3** **마음챙김 명상 수련법** __ 71

마음챙김의 계발에 필요한 태도 ······ 72

마음챙김 호흡 ······ 74

떠도는 마음 ······ 74

명상 수련 시의 자세 ······ 77

수련 계획과 리뷰 ······ 81

Chapter **4** **마음챙김이 어떻게 스트레스를 완화시키는가** __ 85

마음의 덫 ······ 90

수련 계획과 리뷰 ······ 102

Chapter **5** **몸에 대한 마음챙김** __ 105

몸에 대한 알아차림이 주는 이익 ······ 106

신체 통증을 다루는 법 ······ 112

몸에서 느껴지는 감정 ······ 116

감정의 알아차림에 방해가 되는 것들 ······ 118

수련 계획과 리뷰 ······ 126

Chapter **6** **수련을 심화시키기** __ 129

공식 마음챙김 앉기 명상 ······ 130
요가와 마음챙김 ······ 140
습관적인 패턴 ······ 158
회복탄력성과 스트레스 ······ 160
수련 계획과 리뷰 ······ 166

Chapter **7** **불안과 스트레스를 줄이는 명상** __ 169

마음챙김 자기탐구 ······ 170
내면의 규칙과 판단 ······ 196
수련 계획과 리뷰 ······ 201

Chapter **8** **자애명상을 통해 두려움 변화시키기** __ 205

이름 없는 커다란 유행병: 자기연민 결핍 ······ 207
저항에 대처하기: 사랑이 느껴지지 않으면 어떻게 하는가 ······ 216
수련 계획과 리뷰 ······ 222

Chapter **9** **대인관계에서의 마음챙김** __ 225

관계 패턴이 시작되는 곳 ······ 227
대인 마음챙김의 자질 ······ 230
마음챙김 커뮤니케이션 ······ 235
합기도 커뮤니케이션 ······ 240
중요한 관계에서의 마음챙김 ······ 245
직장에서의 마음챙김 ······ 248
어려운 사람에 대한 마음챙김 ······ 250
수련 계획과 리뷰 ······ 251

Chapter **10** **마음챙김 먹기, 운동, 휴식, 연결의 건강한 습관** 　　 255

마음챙김 먹기 다시 보기 ······ 256
마음챙김 운동 ······ 261
휴식이라는 선물 ······ 263
연결: 우리는 섬이 아니다 ······ 266
수련 계획과 리뷰 ······ 271

Chapter **11** **수련 지속하기** __ 275

공식 수련 세팅하기 ······ 278
비공식 수련 지속하기 ······ 280
수련 심화시키기 ······ 284
결어 ······ 284

후기 — 287
참고자료 — 289
참고문헌 — 295
찾아보기 — 299

들어가며

MBSR 워크북에 온 것을 환영한다. 우리는 여러분이 이 책을 구입한 것에 감사하며, 그렇게 함으로써 여러분이 건강과 웰빙에서 적극적인 역할을 하게 된 것임을 확실히 말하고자 한다. 여러분이 불안, 짜증, 근육의 긴장, 소진, 무관심, 초조, 두통, 피로, 위장 장애, 집중력 장애, 불안, 과로, 약물 남용, 흡연, 섭식 문제, 수면 장애, 압도감 등의 스트레스 증상과 신호를 느끼고 있다면 이 워크북은 당신에게 도움을 줄 수 있다. 이 책은 또한 질병, 만성 통증, 그리고 AIDS, 관절염, 천식, 암, 섬유근육통, 위장 장애, 심장병, 고혈압, 편두통, 그리고 기타 많은 의학적 증상에 동반되는 스트레스에도 도움을 줄 수 있다.

간단히 말해서 마음챙김이란 우리가 매일의 생활에서 비판단적인 자각(알아차림)을 계발하는 수련이다. 이 교육적이고 체험적인 워크북은 여러분에게 마음챙김 명상을 소개하고, 여러분의 고통을 줄이고 더 큰 균형과 평화를 가져다줄 간단하면서도 심오한 수련을 가르쳐 줄 것이다. 여러분은 이 도구들이, 스트레스와 통증, 질병의 와중에서도 여러분의 삶과 체험을 극대화하는 데 도움을 준다는 것을 알게 될 것이다.

이제 여러분이 내딛기 시작한 치유의 길에 대한 확증으로 메리 올리버의 다음 시를 여러분에게 바친다.

어느 날 당신은 마침내 알게 됐죠.
당신이 무엇을 해야 하는지를…….
그리고 그 일을 시작했어요.
비록 당신 주변의 목소리들이
끊임없이 엉뚱한 조언을

내뱉었지만 말이에요.

집 전체가 흔들리고

오래된 낡은 가죽 끈이

당신의 발목을 붙잡고 있었지만 말이에요.

"삶을 뜯어고쳐!"

목소리들이 소리쳤어요.

그러나 당신은 그러지 않았어요.

당신은 무얼 해야 하는지 알고 있었어요.

바람은 그 거친 손가락으로

당신이 서 있는 곳을 흔들어댔어요.

그 목소리들의 애수는 정말로 대단했지요.

이미 늦은 밤

길에는 떨어진 나뭇가지와 돌멩이들로 가득했죠.

그러나 천천히 당신은

그 목소리들을 뒤에 남겨둔 채

길을 떠났어요.

별들은 엷은 구름 사이로

반짝이기 시작했어요.

이제 새로운 목소리가 들리기 시작해요.

가만히 듣다 보니 그건 바로

당신 자신의 목소리.

당신이 세상 속으로 더 깊이, 더 깊이

걸어 들어갈 때 늘 당신과 동행했던

바로 그 목소리였어요.

이제 당신은 당신이 할 수 있는 유일한 일을 하고자 결심해요.

이제 당신은 당신이 구할 수 있는 유일한 생명을 구하고자 해요.

–메리 올리버, 〈여정〉(1992, p. 14)

인간이 처한 조건

스트레스 관리 및 완화에 대한 수많은 접근법에도 불구하고 스트레스와 불안은 삶에서 피할 수 없다. 그것은 과거나 지금이나 인간이 처한 영원한 조건이다. 우리는 모두 불확실성, 어려움, 질병, 노화, 죽음, 그리고 삶에서 일어나는 사건에 대한 통제 불능과 함께 살아야 하며 그로부터 벗어날 수 없다.

인류 역사가 시작되고부터 사정은 줄곧 이랬다. 그러나 오늘날의 시대는 핵전쟁과 테러, 지구 온난화를 비롯한 환경 재앙의 새로운 위협과 증대하는 소외감, 단절감으로 가득하다. 우리는 우리 자신 안에서도 편안하게 느끼지 않으며, 다른 사람과 어떻게 관계를 맺어야 할지도 잘 모른다. 그리고 자연으로부터도 종종 소외당하고 고립되어 있다는 느낌을 받는다.

최근 정보통신 기술의 급격한 발달로 인해 삶의 속도가 빨라졌다. 그에 따라 일상생활의 복잡도도 증가하고 있다. 지금 우리는 휴대폰, 이메일, 메신저, 문자 메시지, 소셜 네트워킹 등 다양한 커뮤니케이션 옵션을 갖고 있으며, 이에 따라 하루 24시간, 일주일 내내 일상 활동과 요구의 광포한 물결에 노출되어 있다. 우리는 또 이들 장치를 통해 흘러 들어오는 뉴스의 습격을 받고 외상과 우울에 지나치게 중점을 두면서 세계에서 일어나는 사건에 대한 불안과 건강 관리 비용, 비만이라는 전염병, 수면 부족, 경제 위기, 환경 재앙 같은 것에 대한 걱정에 과도하게 노출된다.

우리 뇌는 이렇게 빠른 삶의 속도와 무차별적인 정보 공습에 완전히 압도당해 좌절과 불안, 공포와 심지어 자기비난, 초조에 취약한 상태가 된다. 이런 상황에서 많은 사람이 지나친 걱정과 우울 때문에 그것의 균형을 잡기 위한 약물을 요구하는 것도 이상할 것이 없다. 약물 복용이 때로 건강과 안녕을 위해 필수적일 때도 있지만 스트레스와 통증, 질병에 대처하는 내적 자원을 계발하는 것 또한 그에 못지않게 중요하다

오늘날의 기술발전은 기적에 가까운 성취를 이뤄냈지만, 동시에 우리는 더 이상 우리의 이웃도 잘 모르게 되었다. 점점 더 많은 물건을 구매하지만 그것으로도 충분하지 않다고 느끼는 경우는 흔하다. 우리의 교육제도와 사회는 우리에게 사실과 정보를 가르치지만 도대체 어떻게 살아야 하고, 무엇을 가치 있게 여겨야 하는지, 온전한 삶에 대해서는 가르치지 않는다. 이로 인해 우리들 중 많은 이들이 분리되고 단절된, 불안한 삶을 산다고 느끼고 있다.

실제로 스트레스와 불안은 극에 달해 우리는 우리가 걱정하고 있다는 사실 자체까지도 걱정하기 시작했다. 미국 국립정신건강연구소는 약 4백만 명의 미국 성인들이 불안장애를 겪고 있다고 보고했다(National Institute of Mental Health, 2008). 스트레스와 불안은 신체건강에 영향을 미치고, 심장혈관 질환, 암, 성기능 장애와 같은 다양한 의학 질환과 연관되어 있다. 사회적 차원에서는, 스트레스 관련 질환에 대한 치료 요구가 증가하면서 의료 비용도 함께 증가했다. 그 결과 많은 사람들이 기본적인 건강 돌봄에 대한 비용을 지불하지 못하고 있다. 그리고 스트레스에 의해 생긴 많은 질병들이 삶의 질과 웰빙에 부정적인 효과를 미치고 있다.

의학박사 허버트 벤슨은 심신의학 분야의 선구자로 많은 사람들이 스트레스에 대한 대처 전략을 적절히 갖추지 못하고 있다고 주장했다(Benson, 1976).

또 매년 50억 회분의 신경안정제가 처방되고 있으며(Powel & Enright, 1990), 미국 스트레스연구소의 전문가들은 미국 내 스트레스로 인한 연간 비용이 대략 3천억 달러라는 어마어마한 수치에 이를 것으로 짐작하고 있다(Ameriacn Institute of Stress, 2009). 스트레스가 개인과 사회에 미치는 영향을 모두 고려한다면 그 비용은 훨씬 더 클 것이다. 이것이 우리가 스트레스와 불안에 대처하는 새로운 방법을 찾아야 할 필요가 존재하는 이유다.

1979년 오랜 명상 수련을 닦은 분자생물학자 존 카밧진(Jon Kabat-Zinn) 박사는 매사추세츠 대학교 메디컬센터에 '마음챙김에 근거한 스트레스 완화(MBSR, Mindfulnee-Based Stress Reduction)' 프로그램을 만들었다. 불안과 만성 통증을 겪는 환자들에 대한 그의 초기 연구 결과, 증상 감소에 큰 효과가 있었다(Kabat-Zinn, 1982; Kabat-Zinn et al., 1992). 그 이후로 마음챙김이 스트레스와 우울, 약물 남용, 통증, 질병에 대처하는 데 줄 수 있는 이익에 관한 연구가 폭증했다. 최근에는 이러한 효과적인 방법이 마침내 주류 문화에 진입했다. 마음챙김에 관한 연구의 인기는 숫자가 말해 주고 있다. '마음챙김(mindfulness)'이라는 단어로 구글을 검색해 보면 수백만 건의 검색 결과가 뜬다. 또 미국 전역의 250개 이상의 병원과 전 세계의 더 많은 병원들에서 마음챙김에 근거한 다양한 프로그램이 개설되면서 마음챙김에 기초한 치료법들이 인기를 더해 가고 있다.

저자에 대한 소개

여기서 잠시 우리를 소개하는 시간을 갖고자 한다. 독자 여러분들이 우리의 이야기에 대해서 그리고 우리가 어떻게 이 책을 쓰게 되었는가에 대해 알 필요가 있을 것 같다. 여러분이 알게 되겠지만, 우리 두 사람은 우리 자신의 스트레스와 고통 때문에, 그리고 삶이라고 하는 이 멋진 수수께끼를 더 잘 이해하려는 시도에서 마음챙김 수련을 시작했다. 우리는 이 이야기를 여러분과 함께 나눔으로써 여러분들이 우리와 더 깊고 친밀한 연결감을 느끼게 되길 바란다.

밥 스탈(Bob Stahl)

나의 영적 여행은 내가 네 살 되던 해에 처음으로 죽음이라는 것을 인식하고 나서 시작되었다. 그 이후 몇 년에 걸쳐 나는 죽음이란 것이 언제 누구에게나 일어날 수 있는 것임을 강조하는 강력한 체험을 하게 되었다. 열 살이 될 무렵 나는 나에게 매우 가까웠던 세 사람의 죽음을 경험했다. 그 세 사람은 바로 나의 남동생, 가장 친한 친구 엘렌, 그리고 할아버지 벤이었다. 무상과 덧없음은 불교적 세계관의 핵심 개념이다. 대부분의 사람들은 어른이 되어 자신이나 사랑하는 사람이 심각한 질병을 앓을 때까지 이 진리를 제대로 이해하지 못한다. 어린아이로서 이 끔찍한 삶의 진리를 알게 되는 것은 힘든 경험이다. 그 나이는 아직 마음챙김과 같은, 고통에 대처할 만한 도구를 제대로 갖추지도 못한 상태이니 말이다. 그 결과 나는 매우 혼동스러운 성장 과정을 보냈다. 언제나 슬픔과 불안이 가득했으며, 삶의 의미에 대해 목말라 있었다.

고등학교 시절, 내게는 불안과 신비에 대처하는 옳은 방향으로 나를 인도했던 중요한 학습 체험 한 가지가 있었다. 16살 겨울 때 부모님의 1964년식 포드 갤럭시를 몰고 보스턴 지역을 돌아다닌 것이다. 눈이 내린 도로에서 차는 몇 번이고 미끄러졌다. 그리고 차가 미끄러질 때마다 나는 운전대를 차가 미끄러지는 반대 방향으로 필사적으로 돌렸지만 별 효과가 없었다. 어느 날 아버지에게 이 이야기를 들려드렸더니 아버지가 이렇게 말씀하셨다. "밥, 차가 미끄러지는 것에서 정말로 벗어나고 싶다면 너는 핸들을 그 방향으로 더 틀어야 한단다." 나는 말도 안 되는 소리라고 생각했다. 왜냐하면 그렇게 하면 차는 계속해서 더 미끄러질 것이라고 여겼기 때문이다. 나는 무서웠다. 그래서 다음 번 차가 미끄러졌을 때도 나는 여전히 차가 미끄러지는 반대 방향으로 핸들을 돌리려고 했다.

이후 뉴잉글랜드의 어느 겨울날 나는 또다시 차가 미끄러지자 이번에는 아무것도 잃을 게 없겠다 싶어 차가 미끄러지는 방향으로 핸들을 돌렸다. 그랬더니 웬걸, 미끄러지던 차 바퀴가 정상으로 돌아왔다. 나는 그날 놀라운 씨앗을 심은 듯한 기분이 들었다. 그리고 그 사건을 삶에 대한 하나의 비유로 받아들였다. 바로, 두려움 속으로 들어갈 때 그것을 극복할 수 있다는 것이었다. 두려움과 불편함으로부터 도망가는 것이 인지상정이지만 그렇게 할 때 우리에게는 부정과 회피, 억압이라는 것이 생겨나고, 그것은 장기적으로 결코 우리를 성공적인 결과로 이끌지 못한다.

고등학교 졸업 후 나는 동양철학과 동양종교에 깊이 매료되었다. 특히 노자의 『도덕경』은 나의 내면의 여행에 깊은 확신을 준 책이었다. 겨우 81개의 경구로 이루어진 이 짤막한 책을 읽는 것은 마치 오래 전에 잃어버린 친구를 다시 찾은 듯한 느낌이었다. 그 책을 읽고 나는 내가 그때까지 나의 바깥에서 해답을 찾고 있었다는 것, 그러나 사실 해답은 내 안에서 찾을 수밖에 없다는 사실을 깨달았다. 다음 47번째 경구는 특히 나에게 강한 인상을 남겼다.

> 바깥으로 내달릴 필요가 없다네.
> 더 잘 보기 위해서 우리는
> 창문 틈으로 내다볼 필요도 없다네.
> 다만 당신 존재의 중심에 튼튼히 지키고 서 있으라.
> 자신의 존재에서 더 멀리 떠날수록
> 당신이 배우는 것은 더 적어지리.
> 당신의 가슴 속에 머물면서
> 상대의 행동이 현명한지 지켜보라.
> 행동의 방식은 곧 존재하는 것

결국 샌프란시스코로 이사한 나는 그곳의 캘리포니아 통합학 연구원(CIIS) 석사 프로그

램에 등록했다. 내가 처음으로 정식 마음챙김(위빠사나) 명상 집중수행을 했던 것도 그곳에서였다.

1980년 졸업 후 나는 나의 첫 위빠사나 마음챙김 명상 스승인 리나 서카(Rina Sircar) 박사로부터 버마(지금의 미얀마)로 와서 그녀의 스승이자 저명한 명상 지도자인 타웅풀루 사야도(Taungpulu Sayadaw)를 만날 것을 제안 받았다. 1980년 11월 나는 우 칸디마(달의 천사라는 뜻)라는 이름으로 테라와다 승려로 임시 입적했다. 그리고 그 시기에 나는 나의 집착과 두려움, 고통으로부터 달아나는 대신 그것과 마주할 기회를 많이 갖게 되었다.

1981년 나는 가사를 벗고 북 캘리포니아의 레드우드 숲의 고향으로 돌아와 리나 시카 박사와 그녀의 제자들, 그리고 미얀마 사람들과 함께 타웅풀루 카바-아예 명상원(Taungpulu Kaba-Aye Monastery)을 시작했다. 나는 그곳 명상원에서 8년 반을 머물면서 나의 명상 스승인 흘랑 텟 사야도(Hlang Tet Sayadaw)와 공부했다. 나는 또 학교로 돌아가 불교철학과 종교를 전공하여 박사학위를 받았다.

1989년 나는 명상원을 떠나 나의 사랑하는 아내 잰(Jan)과 결혼했다. 그리고 1990년에는 과거 승려 때 친구였던 브루스 미텔도르프(Bruce Mitteldorf)가 내게 책 한 권을 보내 주었다. 그 책은 존 카밧진 박사가 매사추세츠 대학교 메디컬센터에서 개발한 '마음챙김에 근거한 스트레스 완화 프로그램'을 상세히 설명한 『마음챙김 명상과 자기치유(*Full Catastrophe Living*)』라는 책이었다(Kabat-Zinn 1990). 나는 이 책을 읽고 앞으로 내가 무엇을 해야 하는지 알게 되었고 이후 내 삶은 통째로 바뀌었다.

1991년 이래로 나는 마음챙김에 근거한 스트레스 완화 프로그램을 지도해 오고 있으며 현재는 세 군데 메디컬센터에서 가르치고 있다. 나는 수천 명의 환자들과 수백 명의 건강 전문가들과 함께하면서 그들이 통증과 스트레스, 질병의 한가운데서도 자신의 삶을 최고로 살 수 있도록 마음챙김을 가르쳐 왔다. 나는 이 책을 통해 더 많은 사람들에게 이 방법을 전할 수 있게 되어 더할 나위 없이 기쁘다.

엘리샤 골드스테인(Elisha Goldstein)

여섯 살 때 부모님이 이혼하신 일로 나는 상처와 좌절감을 표현할 줄 모르는, 화나고 혼란스러운 아이였다. 어른이 되어서도 나는 나의 고통을 이해할 수 있는 방법을 찾기 위해 자기개발 서적을 이리저리 들춰보곤 했다.

20대 중반 나는 인터넷 열풍의 한가운데서 샌프란시스코에 살면서 일하고 있었다. 내 전공은 심리학이었지만 나는 이 흥미로운 세계에 이끌렸고, 영업과 경영의 세계에 뛰어들었다. 나는 곧 내가 세일즈를 굉장히 잘한다는 사실을 알게 되었고, 사람들의 칭찬과 인정도 누리게 되었다. 나는 돈을 척척 벌어들이는 물질세계에 완전히 사로잡혀 있었다. 그런데 항상 뭔가 모자란 듯한 기분이 들었다. 그래서 이번에는 "열심히 일하되 일하는 것보다 더 열심히 놀아라"는 모토로 생활하기 시작했다. 나는 가족과 친구들도 점점 피했고, 일을 쉬는 날도 많았다. 삶은 이제 나의 통제를 벗어나는 듯 보였고 내 안의 조그만 부분이 이렇게 속삭였다. "얼마나 오랫동안 이렇게 살 수 있을 것 같아? 너는 자신을 망가뜨리고 있어." 나의 잘못된 행동에 대한 수군거림이 가족과 친구들 사이에 돌기 시작했고, 마침내 나를 걱정하고 염려하는 전화가 쏟아지기 시작했다.

마침내 나는 내가 균형을 잃고 있다는 사실을 깨달았고 한 달간의 집중 수련을 떠나기 위해 일을 쉬기로 했다. 그렇게 떠나 있는 동안 나는 나의 광기에서 한걸음 물러나 내가 그렇게 눈멀어 있던 나의 파괴적인 습관을 자각할 수 있었다. 나는 신학자 에이브러햄 조슈아 헤셸(Abraham Joshua Heschel)이 말한 "삶은 일상이다. 그리고 일상은 경이로움의 적이다."(1955, p. 85)라는 말에 담긴 진실을 뼈저리게 느꼈다. 나는 고통과 두려움을 회피하는 나의 건강하지 못한 일상에서 빠져나오는 방법을 안다면 삶의 경이로움과 다시 만나 삶이 정말로 나에게 줄 수 있는 것이 무엇인지 알 수 있을 것 같았다. 그것이 나의 마음챙김 수련의 시작이었고, 그것은 실제로 내가 삶에서 가장 중요하게 생각하는 것과 다시 연결시켜 주었다. 그것은 바로 우리가 살고자 하는 삶을 살도록 나 자신과 타인을 돕는 것이었다.

샌프란시스코로 돌아와서 나는 약간의 변화가 필요하다는 사실을 깨달았다. 나는 동서양 철학의 통합을 연구하는 자아초월심리학연구소 대학원에 지원했다. 거기서 나는 또한 마음챙김에 근거한 스트레스 완화 프로그램 지도자로 훈련을 받았다. 현재 나는 서부 로스앤젤레스 지역에서 마음챙김 그룹을 운영하고 있으며 임상심리학자로 개인 수련도 받고 있다.

존경받는 마음챙김 지도자인 밥 스탈과 함께할 수 있었던 것은 나의 크나큰 기쁨이다. 또 나를 포함한 수만 명 사람들과 마찬가지로 여러분의 삶도 바꿔 놓을 이 마음챙김 수련을 여러분에게 소개하게 된 기회를 가지게 된 것도 무척 기쁘다.

누구를 위한 워크북인가

이 교육적이고 체험적인 워크북은 스트레스와 불안, 통증, 질병을 가지고 사는 모든 이를 위한 것이다. 마음챙김을 당신의 일상생활에 엮어 넣는다면 스트레스와 불안을 감소시킬 뿐 아니라 더 큰 자비와 건강, 평화, 웰빙으로 당신을 안내할 것이다.

또 이 워크북은 치료나 교육의 보조수단으로서 마음챙김을 자신의 내담자나 학생들에게 적용하고자 하는 치료사, 임상가, 교육자들에게도 도움이 될 것이다. 직장에서 직무 스트레스 완화를 위해 사용할 수도 있다. 친구들과 함께 그룹을 짜서 해 볼 수도 있을 것이다. 마음챙김은 이제 심리학, 의학, 신경과학, 교육, 비즈니스 등의 분야에서 매우 인기가 있다. 우리는 이 워크북이 당신으로 하여금 마음챙김을 하나의 존재 양식으로서 당신의 삶의 중요한 일부로 만들 수 있는 영감을 주기를 바란다. 그리고 당신이 마음챙김 수련을 통해 성장을 해 나감에 따라 여러분들이 이 길에 있는 다른 사람도 도와줄 수 있을 것으로 믿는다.

이 워크북은 매사추세츠 대학교 메디컬센터의 존 카밧진 박사가 만들고 사키 산토렐리 박사가 보조하는 선도적인 MBSR 프로그램에 영감을 받은 것이지만 이 책이 곧 그 프로그램에 대한 대체물은 아니다(당신 지역에서 MBSR을 받을 수 있는 장소를 알아보려면 책 뒤의 '참고자료'를 참고하기 바란다). 그렇지만 우리는 이 워크북이 당신의 삶에서 더 큰 평화와 치유의 장이 될 것이라고 믿는다.

이 워크북을 사용하는 법

우리는 여러분이 이 책을 순서대로 읽어 나갈 것을 권한다. 왜냐하면 이 책의 구성은 잘 확립되고 효과 있는 프로그램에 기초하고 있기 때문이다. 이 책을 읽어 나가면서 여러분은 삶의 도전에 대응하여 여러분이 느끼는 스트레스와 불안을 감소시켜 줄 다양한 마음챙김 수련을 실습하게 될 것이다. 이 책의 각 장에는 공식 마음챙김 명상 수련이 수록되어 있는데, 처음에는 아주 짧은 시간 동안 하는 것에서부터 책의 후반부로 갈수록 시간이 점점 길어질 것이다. 그리고 11장을 제외한 모든 장에 비공식 수련이 수록되어 있다.

변화는 우리가 원하는 것처럼 그렇게 즉각적으로 일어나지 않는다. 변화는 오직 시간과 수련이 쌓여 감에 따라 나타날 것이라는 사실을 명심하라. 그리고 수련이야말로 진정한 지속적인 변화의 열쇠라는 사실도 이해하라. 우리는 여러분이 각 장을 적어도 1주일간 수련한 후에 다음 장으로 넘어갈 것을 제안한다. 그렇게 할 때 여러분은 이 수련들에 더 익숙하게 다가갈 수 있고, 여러분 자신의 공식·비공식 수련을 만들 수도 있으며, 자신의 수련에 스케줄을 잡아 그 스케줄을 지켜 나갈 수 있다.

- **기록** 각 공식 수련이 처음으로 소개될 때마다 그 수련에서 여러분에게 일어난 일을 기록할 수 있는 공간을 마련한다. 여러분이 일기 쓰는 것을 좋아하고 이것이 여러분의 수련에 도움이 된다고 판단되면 노트나 일기장을 따로 준비해서 여러분의 마음챙김 수련을 기록하는 것도 좋다.
- **마음챙김 탐구** 이 워크북을 통틀어 여러분은 여러분의 수련을 지지하고 깊게 만드는 데 도움을 줄 다양한 질문에 대한 마음챙김 자기성찰을 위한 공간을 발견할 것이다.
- **직접 해 보기** 본문에는 '직접 해 보기'라는 박스가 나오는데 이것은 마음챙김을 다양한 일상 활동에 적용하는 법에 관한 제안이다. 이 박스를 만나면 여러분은 책 읽기를 중단하고 박스에서 지시하는 대로 직접 따라 해 보기를 권한다.
- **FAQ** 오랜 기간 MBSR을 가르치면서 우리는 수강자들이 특정한 질문을 반복적으로 하는 것을 발견했다. FAQ에서는 이런 질문들에 대해 대답한다.
- **수련 계획과 리뷰** 각 장의 마지막에는 다음 주에 하게 될 공식·비공식 수련 스케줄을 위한 체크리스트를 제시했다. 시계나 전화기 알람, 전자 달력 등을 이용하여 스케줄을 짜는 법을 소개한다.
- **공식 수련 기록하기** 정해진 공식 수련을 한 뒤에는 시간을 내어 매 수련마다 경험한 것을 간략하게 기록한다.
- **비공식 수련 되돌아보기** 공식 수련을 기록한 다음에는 자신의 비공식 수련이 어떻게 진행되고 있는지를 살펴보는 공간이 있다. 이 정보를 이용하여 자신에게 필요한 방향으로 수정해 나갈 수 있다.

책의 마지막 11장에서 우리는 어떻게 마음챙김 수련을 여러분의 삶의 방식으로 지속

할 수 있는지에 관한 제언을 할 것이다. 이 책을 통한 여러분의 수련의 효과성을 높이려면 www.mbsrworkbook.com에 접속해 더 많은 동료들을 만나보기 바란다. 그곳에서 여러분은 여러분의 마음챙김 수련을 도와줄 수 있는, 여러분과 비슷한 생각을 가진 사람들을 만나게 될 것이다. 여러분은 다른 이들도 여러분의 지지를 바라고 있으며 마음챙김에 관해 공유하고 논의하고 더 많이 배우기를 원한다는 사실을 알게 될 것이다. 우리 두 사람이나 다른 명상 지도자들의 비디오도 소개되어 있다.

FAQ

마음챙김 명상과 다른 명상의 차이점은 무엇인가요?

본질적으로 두 가지 형태의 명상법이 존재한다. 그것은 통찰 명상과 집중 명상이다. 마음챙김은 현재 순간의 몸과 마음에 대해 그 경험을 변화시키거나 조작하려고 하지 않고 거기에 온전한 주의를 기울이기 때문에 통찰 명상으로 간주된다. 몸(시각, 청각, 후각, 미각, 촉각)과 마음에서 일어나는 무엇이든 다만 그 끊임없이 변화하는 성질을 관찰하는 것이 과제다. 한편 집중 명상에서는 어떤 개념이나 이미지, 만트라 같은 것에 초점을 맞춘다. 마음이 명상 대상에 깊이 몰입할 때 마음은 평정의 느낌을 갖게 된다. 주요한 차이점은, 집중 명상에서는 여러분이 집중의 대상과 하나가 되어 더 깊은 명상적 몰입 상태로 빠져들게 되는 반면, 통찰 명상에서 여러분은 몸과 마음의 끊임없이 변화하는 성질과 집착, 회피, 그리고 자신에 대한 제한된 정의로부터 생기는 온갖 어려움을 보게 된다는 것이다. 이 통찰은 무엇이 여러분의 스트레스와 고통을 증대시키는지에 대한 이해를 더 깊게 해 주고, 여러분을 균형과 평화의 상태로 이끌어 준다.

명상 수련에 관한 제안

여기 여러분이 수련을 준비하고 발전시켜 가는 데 도움을 줄 몇 가지 제안이 있다. 타이머를 맞춰 놓고 일정 시간 수련할 수 있도록 하는 것이 좋다. 정해진 것보다 더 오랜 시간 수련을 하는 경우에는 각 문단이 끝날 때마다 더 오랜 시간 쉬는 것이 좋다.

우리는 여러분이 이 책을 읽어 나가면서 좋은 기초를 세울 수 있도록 수련 스케줄을 추천할 것이다. 여러분은 최선을 다해 이 스케줄에 충실하는 것이 좋다. 책을 읽어 나가면서 여러분은 여러분에게 꼭 맞는 수련을 선택할 수 있는 유연성을 갖게 될 것이다. 1, 2, 3장에서 여러분은 마음챙김 먹기 수련, 3분 마음챙김 체크인 수련, 그리고 5분 마음챙김 호흡 수련을 배우게 될 것이다. 이후 4장에서 8장까지는 더 긴, 그리고 더 심도 깊은 명상을 배우게 될 것이다. 그중 어떤 것은 여러분의 스케줄이나 선호에 따라 15분, 30분, 혹은 45분 동안 진행되는 것도 있다. 인간관계에서의 마음챙김과 웰빙을 위한 마음챙김에 관한 9장과 10장에는 여러분이 이 책의 앞 부분에서 배웠던 공식 수련을 계속해 나가면서, 마음챙김을 이러한 삶의 측면들로 확장하는 데 도움을 줄 더 많은 비공식 수련을 제안할 것이다.

첫 세 개의 장을 2주에 걸쳐 읽으라. 1~3장의 도입 수련과 함께 그것을 수련하는 자신의 방식을 이런 저런 방식으로 실험해 보는 것도 좋다. 예를 들어 1주일 동안, 하루 한 번의 마음챙김 체크인을 수련했다면 두 번째 주에는 하루에 수회 마음챙김 체크인을 수련하거나 5분 호흡 수련과 번갈아가며 할 수도 있다. 또 그것들을 하나의 수련에 통합하여 한 번의 수련에서 처음에 몇 분의 수련으로 시작했다가 나중에 호흡 수련을 추가하는 것도 좋다. 중요한 것은 규칙적으로 수련하여 수련이 자기 것이 되도록 하는 것이다. 이후 4장에서 8장에 걸쳐 보다 긴 명상을 배우게 되면 각각의 수련을 1주일간 수련할 것을 권한다.

혹 며칠 동안 수련을 하지 않았다 하더라도 자신에게 가혹할 필요는 없다. 다만 다시 한 번 현존한 다음 그날 자신의 수련을 다시 계획하라. 결국 이 수련을 자신에게 맞는 방식으로 할 수 있는 사람은 당신 자신밖에 없지 않은가.

탐구: 당신은 왜 이 워크북을 구입하였습니까?

이것은 이 워크북의 많은 마음챙김 탐구활동 가운데 첫 번째다. 이 연습들에서 우리는 다양한 질문을 여러분에게 던진 다음 여러분이 현재 순간 그 질문들에 대해 떠오르는 것들을 곰곰이 생각해 보고 그것을 글로 써볼 것을 제안한다.

이 탐구활동을 해 나가는 데 있어서 여러분은 이 질문들에 대해 평상시보다 좀 더 천천

히 해 나가는 것이 좋다. 서두를 필요는 없다. 여유롭게 시간을 가진 다음 자신의 삶 속으로 들어가서, 이러한 탐구활동을 하는 것이 자신에 대한 커다란 선물이라는 사실을 자각한다. 원한다면 짤막한 대답을 써도 좋고, 자신의 경험을 깊이 하고자 한다면 멈추지 않고 좀 더 길게 쓰면서 어떤 것이 일어나는지 알아보는 것도 괜찮다. 당신의 가슴이 만족할 수 있도록 쓴다. 이렇게 시간을 내어 쓴 어떤 것도 자신에게 진실된 것이라는 사실을 자각한다. 공간이 더 필요하면 따로 종이를 준비하거나 별도의 마음챙김 일기장에 쓰는 것도 좋다.

여러분 삶에서 일어난 어떤 일이 여러분이 이 워크북을 구입하도록 만들었나요?

_____

_____

_____

_____

_____

_____

_____

_____

이 책을 통해 여러분은 여러분 삶의 어떤 것을 바꾸고 싶나요?

_____

_____

여러분 자신에 관해 말할 수 있는 긍정적인 것은 무엇인가요? 별로 생각나는 것이 없더라도 무엇인가를 적어 보세요. 지금 당장 생각나지 않는다면 나중에라도 다시 이곳으로 돌아와 기록해 보세요.

몇 년에 걸쳐 우리는 수천 명의 사람들이 마음챙김의 여행을 시작하면서 이들 질문에 답하는 것을 지켜 보았다. 어떤 사람은 자신의 스트레스가 너무 엄청나서 우리 수업을 찾는다. 또 어떤 사람은 일과 개인 생활의 균형을 맞추기가 어려워 찾는 사람도 있다. 또 화가 나고, 슬프고, 두렵고, 혼란스럽기 때문에 찾는 사람도 있고, 통증이나 질병 때문에 찾아오는 사람도 있다. 어쨌든 모든 사람이 스트레스를 줄이고 더 큰 평화를 체험하고 싶어한다. 즉, 자기 삶의 균형을 잡으려는 것이다. 우리들 중 많은 이들이 삶에 완전히 짓눌려 자신의 긍정적인 면을 잊어버린다. 우리는 이런 사실을 상기할 필요가 있다. "그래, 좋아. 나는 좋은 사람이야. 나는 다른 사람에게 친절하게 대해. 그리고 유머 감각도 나쁘지 않아. 나는 좋은 부모이자 형제자매, 또 든든한 친구야."

계속해서 읽기 전에, 잠시 시간을 내어 여러분이 이 탐구활동에서 적은 모든 것에 대해 반추하고, 인정하며, 통합하는 시간을 갖도록 하자.

당신은 얼마나 스트레스를 받고 있는가?

1장을 시작하기 전에 잠시 자기 삶의 스트레스 요인에 대해 알아보는 시간을 갖도록 하자. 이 비공식 측정은 임상 평가를 대체할 수 없다. 다만, 당신이 현재 삶에서 어떤 스트레스 요인을 가지고 있는지 알아보려는 의도이다. 이 과정에는 다음 두 단계가 있다.

1. 다음 양식을 사용하여 현재 자신의 삶에서 스트레스 요인으로 작용하는 열 가지 상황을 적어 본다(이 책으로 작업하는 동안 추가적으로 생각나는 스트레스 요인에 대비해 더 많은 칸을 만들어 두었다). 2단계에서는 이들 상황을 1에서 10까지의 점수로 평가해 볼 것이다. 1은 그다지 스트레스 상황이 아닌 것이며, 10은 매우 큰 스트레스 상황이다. 우선, 경미한 스트레스 상황(2~4점)에서부터 극심한 스트레스 상황(8~10점)까지 다양한 상황을 적어 본다. 두루뭉술한 것보다는 일, 학교, 배우자, 교통, 군중, 뉴스, 혼자인

것, 돈, 신체적 통증, 건강하지 못한 식습관, 수면장애 등에서 보다 특정한 스트레스 상황을 기록하는 것이 좋다. 그렇게 해야 나중에 당신의 스트레스 수준에 실제로 변화가 있었는지 알아보는 데 도움이 된다. 예를 들어, 단지 '일'이라고 적지 말고 '상사가 분기 보고서 작성을 시킬 때'라고 적는다. 또 단지 '사람들'이라고 적지 말고, '저녁에 마트에 가서 사람이 많을 때'처럼 적는다.

2. 각 스트레스 요인의 오른쪽 칸에 각 스트레스 상황을 1에서 10까지의 점수로 평가한다. 1은 거의 스트레스 상황이 아닌 것, 10은 매우 큰 스트레스 상황이다. 맨 오른쪽 두 칸은 비워 둔다. 이 책의 중간과 끝 부분에서 우리는 그 상황에 대한 여러분의 인지된 스트레스 수치에 변화가 있었는지 보기 위해 여러분이 다시 이 페이지로 돌아와 동일한 스트레스 요인을 다시 평가해 보도록 할 것이다.

여기 하나의 예가 있다. MBSR 프로그램에 참가했던 사라는 자신의 상사가 분기 보고서 작성을 시킬 때마다 극심한 스트레스를 느꼈다. 그녀는 그것을 7점으로 평가했다. 매우 큰 스트레스를 느끼고 있는 것이다. 프로그램이 절반쯤 진행되었을 때 그녀는 자신의 인지된 스트레스에 대해 다시 평가했다. 마음챙김을 경험한 덕에 그녀는 직장에서의 스트레스에 더 잘 대처하게 되었지만, 여전히 스트레스를 받고 있어서 그것을 5점으로 평가했다. 그리고 프로그램이 끝날 무렵 다시 이 상황을 평가했는데 이번에는, 그녀가 아직도 약간의 스트레스를 경험하고는 있지만 그것은 최소 수준이 되어 이번에는 2점으로 평가했다.

중요한 것 한 가지: 만약 당신이 대부분의 스트레스 요인을 아주 큰 스트레스라고 평가했다면(8~10점), 당신은 이 워크북과 함께 건강관리 전문가나 정신건강 전문가의 도움을 함께 받는 것이 좋다.

명상 수련에 관한 제안 **33**

스트레스 상황	평가(1~10)		
	처음	중간	끝
상사가 분기 보고서 작성을 나에게 시킬 때	7	5	2

분명히, 여러분이 여기 적었던 스트레스 요인들이 여러분이 이 워크북을 구입하도록 만든 것들일 것이다. 여러분이 이 책에서 배우게 될 수련은 많은 사람들이 스트레스와 통증, 질병에 대처하는 데 큰 도움이 되었던 것임을 기억하라. 우리가 우리의 가장 큰 힘을 발견하게 되는 것은 종종 우리가 삶의 이러한 어려움을 헤쳐 나갈 때다.

요약

이 책을 읽어 나가면서 읽기, 탐구활동, 수련을 지정한 시간에 실천하는 한편 동시에 여러분과 같은 작업을 하고 있는 사람들을 www.mbsrworkbook.com에서 만나 보도록 하라. 이 책을 읽고 수련하는 것이 자신에게 주는 크나큰 선물임을 언제나 기억하라. "천리 길도 한 걸음부터."라는 속담도 있듯이 이제 여러분은 첫 걸음을 내딛었다. 마음챙김 삶이라는 여정에 오르게 된 것을 축하한다.

이 여행을 떠나는 여러분에게 다음 17세기 어느 시인의 시는 여러분이 앞으로 만나게 될 사람들 가운데 가장 멋진 사람—바로 여러분 자신—을 계속해서 만날 수 있도록 영감을 줄 것이다.

여러분의 시선을 안으로 향하세요.

그러면 여러분 마음속에

수천 개의 지역이 있다는 것을 알게 될 거예요.

아직 발견하지 못한 지역이지요.

그곳을 여행하세요.

그리고 자기 지역에 대해서는

전문가가 되세요

　　– 윌리엄 해빙턴, 〈나의 존경하는 친구 에드 나이트 경에게〉(1634[1895], p. 93)

Chapter 1

마음챙김이란 무엇인가

What is mindfulness?

A Mindfulness-Based Stress Reduction Workbook

마음챙김은 현재 순간에 일어나는 무엇이든 판단의 필터나 렌즈를 통하지 않고 온전하게 자각하는 것에 관한 것이다. 마음챙김은 어떤 상황에도 적용할 수 있다. 간단히 말해 마음챙김은 몸과 마음에 대한 알아차림을 계발하고 지금-여기에 사는 것으로 구성된다고 할 수 있다. 수련으로서의 마음챙김은 역사적으로 고대 불교의 명상 훈련에 뿌리를 두고 있지만 그것은 또한 누구나가 이익을 볼 수 있는 보편적인 수련이기도 하다. 그리고 실제로, 현존하면서 마음챙김 하는 것은 불교, 기독교, 힌두교, 이슬람교, 유대교, 도교 등 많은 영적 전통들에서 중요한 개념이기도 하다. 산스크리트어에서는 이것이 smrti(smr는 '기억하다'라는 의미)로 알려져 있으며, 최초의 불교 경전에 사용된 언어인 빨리어에서는 sati(마음챙김)로 알려져 있다.

오늘날 마음챙김은 그것의 영적 뿌리를 훨씬 넘어서, 그리고 심리학과 정신 및 감정의 건강을 훨씬 넘어서 확장되었다. 의사들은 환자들이 스트레스와 통증, 질병에 대처하는 데 도움을 줄 수 있게 마음챙김 수련을 처방하고 있다. 서구 사회의 주류에 들어온 마음챙김은 의학, 신경과학, 심리학, 교육, 비즈니스 등 다양한 맥락에서 그 영향력을 발휘하고 있다. 얼마나 인기가 있었는지 영화 〈스타워즈〉에도 마음챙김이 등장할 정도다. 영화에서 제다이 마스터 퀴-곤 진(Jedi Master Qui-Gon Jinn)이 신참 오비완 케노비(Obi-Wan Kenobi)에게 이렇게 말한다. "마음챙겨(Be mindful)!"

불교의 고전 『붓다의 가르침(What the Buddha Taught)』을 쓴 월폴라 라훌라(Walpola Rahula)의 말에 의하면 "마음챙김은 단순히 관찰하고 지켜보고 조사하는 것이다. 거기서 당신은 판사가 아니라 과학자가 된다"(1974, p. 73). 여러분은 이러한 접근법을 감각 정보와 여러분을 둘러싼 세계에도 적용할 수 있으며, 이 책에서 바로 그렇게 할 수 있는 수련을 안내하려고 한다. 그러나 마음챙김에서 얻는 가장 큰 이익은 여러분 자신의 정신적 과정을 이러한 방식으로 살펴보는 데서, 즉 과학자가 하듯이 객관적으로 관찰하는 데서 얻어진다. 이렇게 할 때 여러분의 습관적인 사고방식에 대한 통찰을 얻을 수 있기 때문에 그것은 스트

레스와 고통을 줄여 주는 데 강력한 힘을 발휘한다.

　나의 심리학자 친구 한 명은 마음챙김 수련을 시작하고 나서, 자신의 마음을 관찰함으로써 자기 마음이 두 가지 운용 모드를 갖고 있다는 것을 알게 됐다고 말했다. 그것은 이미 지나간 과거를 곱씹거나 아니면 아직 오지도 않은 미래를 재연하는 것이었다. 자신의 생각을 관찰하기 전에는, 그녀는 자신의 마음이 얼마나 바쁜지 또 얼마나 자주 자신의 마음이 현재 일어나고 있는 일에 현존하지 못하는지 깨닫지 못했었다. 그녀는 이렇게 말했다. "당신은 우리의 마음이 과거나 미래로 달아나는 이런 성향을 완전히 틀어막을 수 있다고 상상할 수 있나요? 그렇게 된다면 우리는 에너지 위기를 겪지 않게 될 것입니다." 우리는 이 이야기를 마음챙김 수업에서 자주 들려 주었다. 그러면 사람들은 고개를 끄덕이거나 웃거나 하면서 과거나 미래로 달아나는 자신의 충동을 인정한다. 그러나 오직 현재 순간만이 우리가 삶을 충실하게 살 수 있는 유일한 순간이다. 마음챙김이 우리에게 줄 수 있는 가장 큰 이익은 바로 우리가 지금-여기에 살도록 그래서 우리 자신에 대해 더 많이 알아차릴 수 있도록 해 준다는 데 있다.

　1,600년 전 성 아우구스티누스(St. Augustine)가 이런 말을 했다는 사실은 놀랍다. "사람들은 웅장한 산의 높이, 바다의 거대한 파도, 강의 드넓은 흐름, 대양의 광대함, 그리고 별의 신비한 궤도에 대해서는 잘도 놀라면서 자기 자신에 대해서는 경이롭게 바라보지 않는다."(2002, p. 180) 아우구스티누스의 시대 이래로 많은 것이 변했지만 변하지 않은 것도 확실히 있다. 그렇게 오랜 세월이 지난 뒤의 오늘날에도 우리는 여전히 우리 자신에게 경이로움을 느끼는 경우가 무척 드물지 않은가. 이것은 우리가 삶의 경이나 신비와의 접촉을 잃어버리는 것이 인간 조건의 일부라는 사실을 신랄하게 꼬집는 말이다.

　우리가 물질 세계에 사로잡혀서 사랑과 연민, 관용에 대해 잊어 버린 사실은 서구 문화의 매우 보편적인 현상이다. 여기서 마음챙김이 바로 그 대안의 역할을 할 수 있다. 마음챙김은 판단하지 않고, 자신의 고요하고 집중된 의식을 통해 몸-마음의 과정에 대한 매 순간의 관찰을 단순하게 그리고 직접적으로 수련하는 것이다. 삶을 끊임없는 변화의 과정으로 보게 됨으로써 당신은 자기 경험의 모든 측면—기쁨과 고통, 두려움과 즐거움 등—을 더 적은 스트레스와 더 큰 균형을 가지고 인정할 수 있게 된다.

　마음챙김은 우리 정신과 고통의 원인에 대해 더 잘 이해하게 해 주는 강력한 수단으로, 우리의 고통을 종식시키는 효과적인 수단도 된다. 『법구경』에는 이런 말이 있다. "마음은 모든 현상의 전조(forerunner)다. 마음이 우두머리다. 모두 마음이 만들어낸 것이다."(Thera, 2004, p. 1) 이 심오한 진술은 우리 자신의 마음에 주의를 기울이는 것, 즉 마음챙김하는 것이 매우 중요하다는 것을 분명하게 해 준다. 의도가 모든 행동의 핵심이라는 말이 있다. 즉, 우리의 의도가 우리의 생각과 말, 행동을 형성한다는 것이다. 의도가 온전하다면 그 결과도 충실하고 좋을 것이다. 반대로 의도가 선하지 못하다면 그 결과도 열매를 맺지 못하고 좋지 않을 것이다. 이런 방식으로 우리의 마음은 의도와 생각을 통해 우리 자신의 행복과 불행의 창조자가 된다.

다음 글을 몇 번씩 읽고 잠시 생각하는 시간을 갖도록 하자.

1. 의도가 생각과 말을 형성한다.
2. 생각과 말이 우리의 행동이 된다.
3. 생각과 말, 행동이 우리의 행위를 구성한다.
4. 행위가 우리의 신체적 표현이 되어 나온다.
5. 신체적 표현이 우리의 성격을 형성한다.
6. 성격이 우리의 모습이 된다.

여러분은 이런 생각을, '나이 오십이면 그 사람 얼굴에 그 사람이 드러난다'는 말을 통해 접해 보았을 것이다. 어느 경우든, 이것은 마음이 몸에 직접적으로 영향을 미치는 많은 방식 가운데 하나로 흥미로운 통찰이다.

마음챙김과 웰빙

마음챙김은 당신의 습관적인 사고 패턴과 기타 습관화된 행동을 인식하도록 해 줌으로써 여러분의 심리적·신체적 웰빙을 증진하는 데 상당한 효과가 있다. 그러나 한 발 뒤로 물러서서 자신의 온갖 신경증과 이상 행동을 지켜보기란 쉬운 일이 아니다. 왜냐하면 그를 통해 발견하게 되는 자신의 모습이 우리가 바라는 모습과 정확히 일치하지 않는 경우가 대부분이기 때문이다. 티베트의 명상 지도자 초감 트룽파는 이 과정을 마취 없이 뇌수술을 받

는 것 혹은 계속해서 자신을 모욕하는 말을 듣는 것에 비유했다.

자신의 두려움, 수치심, 죄책감, 그리고 기타 불건전하면서도 친숙한 내면의 온갖 방문객들과 얼굴을 마주하는, 거울로 둘러싸인 홀에 앉아 있으면서 공정한 관찰자로 남는다는 것은 쉬운 일이 아니다. 마음챙김은 정신적 상처, 회피, 환상의 퍼레이드의 바깥에 서서 그것들이 오고 가는 것을 다만 관찰할 수 있는 넉넉한 공간을 제공한다. 시간이 지나면서 여러분은 괴로운 느낌과 생각들을 인정하고, 그것이 어디서 왔는지 더 분명하게 보면서 수용과 평화의 깊은 상태를 직접 체험할 수 있게 될 것이다.

이 작업이 어려운 것이긴 하지만 자신의 가슴을 발견하는 이 여정은 고귀한 길이다. 당신이 "이제 할 일이 또 뭐가 있는가?"라고 깨달을 때가 올 것이다. 베트남의 승려이자 지칠 줄 모르는 평화운동가인 틱낫한(Thich Nhat Hanh)은 이렇게 말했다. "우리가 마음챙김하며 걷는 모든 걸음, 마음챙김하며 쉬는 모든 숨이 현재 순간에 평화를 확립해 주고 미래에 전쟁을 예방해 줄 것이다. 우리가 자신의 개인적 의식을 변화시킨다면 그것은 집단적 의식을 변화시키는 과정을 시작한 것이다."(2003, p. 56) 자신부터 변화하지 않는다면 어떻게 세계에 평화를 가져올 수 있겠는가?

일상의 마음챙김

마음챙김은 자신의 삶과 직접적으로 관계맺는 법을 배우는 것이다. 그것은 당신 자신의 삶에 관한 것이기 때문에 누구도 당신을 대신하여 그것을 해 주거나 어떻게 그것을 해야 하는지 정확하게 일러줄 수 있는 사람은 없다. 그러나 다행히도 그것은 당신이 얻거나 획득해야 하는 무엇이 아니다. 당신은 이미 그것을 가지고 있다. 그것은 단지 지금 이곳에 현존하는(of being present) 문제다. 실제로, 당신이 현존하지 않는다는 것을 자각하는 바로 그 순간, 당신은 현존하게 된다. 자신이 생각에 사로잡혀 있었다는 것을 보게 되는 바로 그 순간, 당신은 그 생각의 덫에서 벗어나는 자유를 얻게 된다.

마음챙김은 두 가지 방법으로 수련할 수 있는 삶의 방식이다. 하나는 공식 수련이고 하나는 비공식 수련이다. 공식 수련은 매일 하루 중 시간을 내어 자리에 앉거나 서서 혹은 누운 채로 자신의 호흡이나 신체감각, 소리, 기타 감각과 생각, 감정에 의식을 집중하는 것이다.

비공식 수련은 마음챙김 자각을 식사, 운동, 집안일, 대인관계 등의 일상적인 활동에, 그리고 직장, 가정 등 자신이 있는 어디에서나 어떤 행위에든 적용하는 것을 말한다.

익명의 알코올 중독자 모임이나 기타 12단계 프로그램에는 "한 번에 하루만(Take one day at a time)."이라는 말이 있다. 마음챙김은 여기서 한 발 더 나아가 한 번에 한 순간만 취할 것을 요청한다. 우리는 진실로 오직 현재 순간에만 살고 있음을 생각한다면 왜 매 순간에 존재하지 않는가? 우리가 만약 미래에 대한 예상이나 과거에 대한 반추에 정신이 쏠려 있다면 우리는 삶의 많은 것을 잃을 수 있다. 자신의 내면의 상태—생각, 감정, 감각, 정신적 과정 등—를 더 잘 마음챙김 할 수 있다면 당신은 잠도 더 잘 자고, 스트레스 상황에 더 잘 대처할 수도 있으며, 자존감을 향상시키고, 삶과 일에 대한 열정을 새롭게 할 수 있으며, 전반적으로 기분도 향상될 것이다.

직접 해 보기

백 개의 이론보다 한 번 실천해 보는 것이 낫다. 이제 수련을 좀 해 보자. 여러분이 일상에서 하는 행동 중 하나를 선택해—예를 들면 이를 닦거나 설거지를 하는 행위 등—그것에 자신의 모든 감각을 기울이면서 주의를 기울여 보자. 이를 닦고 있다면 자신에게 자신이 이를 닦고 있다는 사실을 상기시키면서 칫솔이 이빨과 잇몸에 닿는 감각과 소리를 느끼고 귀를 기울여 본다. 또 입속에서 느껴지는 치약의 맛이나 향도 음미해 본다. 설거지를 하고 있다면 자신이 지금 설거지를 하고 있다는 사실을 자각한 다음 물의 느낌이나 소리, 세제의 냄새, 또 평소 같았으면 지나치고 말았을 무지갯빛 거품과 같은 자잘한 시각적 세부를 감각으로 받아들인다. 시도해 보고 자신이 무엇을 관찰하는지 보라.

공식 수련: 건포도 한 알을 마음챙김 먹기

대부분의 마음챙김에 근거한 스트레스 완화(MBSR) 수업의 시작 지점에서 우리는 마음챙

김 건포도 먹기 수련을 소개한다. 이것은 명상이라는 고정관념을 타파하는 데도 도움이 된다. 건포도가 여의치 않으면 다른 어떤 음식도 상관없다.

이 수련을 함에 있어 전화기 등 주의에 방해가 되는 요인을 모두 제거하고 오직 자기 경험의 모든 측면과 매 순간에 직접적이고 순수한 알아차림을 한다. 다음 지시문을 따라 읽으면서 수련할 수 있다. 다음 지시문을 읽고 이 수련을 실시하는 경우라면 이 수련을 5분 정도 실시한다.

건포도 몇 알을 자신의 손바닥에 놓는다. 건포도를 싫어하는 사람은 다른 음식도 상관없다. 당신은 마치 그러한 음식이 없는 먼 행성에서 지금 막 지구라는 별에 도착한 것처럼 상상한다.

이제 이 음식을 손바닥에 놓은 당신은 당신의 모든 감각으로 이 물건을 탐구하기 시작한다.

건포도 몇 알 가운데 한 알을 선택해 이전에 한 번도 그것을 본 적이 없는 것처럼 살핀다. 건포도의 표면을 눈으로 훑으며 손가락으로 뒤집어 보기도 하면서 어떤 색깔을 띠는지도 살핀다.

건포도 표면에서 햇빛을 받아 밝게 빛나는 곳 아니면 움푹 파여 어두운 곳 등 명암도 관찰한다.

다음으로 건포도의 질감을 느껴 본다. 부드러움과 딱딱함, 거칠고 나긋나긋함 등을 느껴 본다.

실습을 하는 중 "내가 왜 이런 이상한 연습을 하고 있지?" "이게 내게 무슨 도움이 된단 말이야?" 같은 생각이 들면 이 생각들 또한 단지 일어난 생각으로 알아차리고 다시 주의의 대상인 건포도로 돌아올 수 있도록 한다.

이제 건포도를 코 밑으로 가져와 가만히 냄새를 맡는다.

이제는 귀로 가져가 건포도를 손가락으로 지그시 눌러 보고 이리저리 굴려도 보면서 어떤 소리가 들리는지 본다.

이제는 건포도를 입으로 가져오는데, 그 과정에서 당신의 팔이 건포도를 입으로 가져오는 그 과정 자체를 정확히 알고 그에 따라 움직인다는 사실을 자각해 본다. 또 입에서 침이 나오는지도 관찰한다.

이제 천천히 건포도를 입안에 넣고 혀 위에 올린 다음 아직 그것을 씹지는 말고 다만 입속에서 건포도가 어떤 느낌을 주고 있는지 지켜본다.

이제 준비가 되었으면 천천히 건포도를 한 차례 씹는다. 씹는 과정에서 건포도가 입안 이곳저곳을 저절로 옮겨다니는 것도 관찰한다. 건포도의 맛도 음미한다.

이제 천천히 건포도를 씹으면서 입안에 고인 침도 느껴 보고, 건포도가 어떻게 움직이는지(일정한 방향성을 가질 것이다) 본다.

이제 삼킬 준비가 되었으면 건포도를 삼키려는 자신의 의도가 일어남을 본 다음, 건포도를 넘기는 감각을 알아차리고 건포도가 목으로 넘어가 식도를 타고 위에까지 이르는 과정을 느껴 본다.

이제 잠시 시간을 내어 이 마음챙김 먹기 연습을 하는 데 시간을 낸 자신에게 축하를 보낸다.

마음챙김 먹기에 관한 기록지

당신은 건포도에 관해서(혹은 다른 음식도 좋다) 무엇을 관찰하였나(시각, 촉각, 청각, 후각, 미각 등)? 무언가 뜻밖의 것이 있었나? 이 연습을 하는 동안 어떤 생각이나 기억이 떠올랐는가? 잠시 시간을 내어 자신의 경험을 기록해 보자.

비공식 수련: 마음챙김 먹기

먹기는 마음챙김의 중요한 초점이다. 결국 음식을 먹지 않는 사람은 없으며, 그러나 우리는 흔히 독서나 일, 텔레비전 시청 같은 다른 것에 정신을 빼앗긴 상태로 음식을 먹는다. 그 결과 사람들은 음식의 맛을 진정으로 느끼지 못하고 자신이 무엇을 먹고 있는지도 종종 알아차리지 못한다.

여러분은 건포도 한 알을 먹는 비공식 수련을 다른 모든 먹기 경험에 적용할 수 있다. 여러분이 마음이 내키는 때 언제라도 비공식적으로 수련할 수 있다. 다만, 자신의 먹기 경험에 당신의 온전하고 흐트러지지 않은 주의를 기울이고, 먹는 과정을 의도적으로 천천히 한다. 자신의 경험에 대해 평가하지 말고, 다만 호기심과 객관적인 태도를 가지고 몸과 마음을 관찰하는 과학자인 것처럼 행동한다. 이제 이 수련을 1주일 동안 수차례 실시해 본다. 여러분은 아마 더 적게 먹으면서도 먹는 것을 더 즐길 수 있다는 사실을 알게 될 것이다. 그것은 여러분의 몸이 진실로 원하고 필요한 것에 여러분이 더 조율할 수 있게 되면서 생기는 자연스러운 결과다.

✳ 엘리샤의 이야기: 마음챙김 먹기 ✳

20대 중반, 내 삶이 뭔가 잘못되어 가고 있다고 느꼈을 때 나는 한 달간의 집중 수행을 떠났다. 그곳에서, 식사를 할 때마다 우리는 자신이 무엇을 먹고 있으며, 그 음식이 어디서 왔으며, 누가 그 음식을 준비했는지, 그리고 그들에게 감사하며 마음챙김 하면서 음식을 먹도록 가르침을 받았다. 나는 처음에는 그곳이 별로 마음에 내키지 않았기 때문에 과거에 내가 먹던 방식대로 식사를 했다. 종종 내 마음은 의심으로 출렁였고, 이곳에 오기로 한 내 결정이 잘못된 것은 아닌지, 해야 할 더 중요한 일들을 버려두고 있는 것은 아닌지 의심이 되었다. 그리고 나는 음식 맛을 제대로 음미하기도 전에 이미 식사의 절반을 끝낸 경우가 많았다.

그러던 어느 날, 프로그램 참가자 한 사람이 나에게 다가와서는 우리가 하는 모든 행위에 의도적인 현존이 중요하다는 이야기를 해 주었다. 나는 즉시 나의 먹기에 대한 생각이 떠올라 그에게 이렇게 물었다. "여기서 먹는 것에 관해 그렇게 부산을 떠는 게 귀찮지 않아요?" 그는 나를 향해 부드럽게 미소 짓더니 자신의 배낭에서 오렌지 한 개를 꺼내고는 이렇게 말했다. "실험을 하나 해 보지요. 이 오렌지 하나에 대해서 이 오렌지가 정말로 어디서 왔는지 생각해 보는 겁니다. 땅에 뿌린 씨앗에서 시작해서 사람들이 나무를 가꾸고 그 나무에서 이 오렌지를 따기 위해 기울인 노력도 생각해 봅시다. 또 이 오렌지가 농장에서 많은 사람을 거쳐 당신에게 이르렀다는 사실도 떠올려 봅시다. 그리고 이제 여기서 제가 당신에게 이 오렌지를 드리고 있습니다. 이제 이 오렌지를 받으신 다음 껍질을 벗기기 전에 당신의 모든 감각을 동원하여 이 오렌지를 느껴 보세요. 아직 먹기 전에 말입니다. 껍질을 벗긴 뒤 먹으면서는 평소에 먹던 것보다 조금 더 천천히 씹어 보세요. 그리고 나중에 그것이 어떤 경험이었는지 내게 말해 주세요." 그러고는 그는 나를 떠났다.

혼자 앉아 있는 동안 어떤 저항감이 일어나는 것을 느꼈지만 나는 어쨌든 그가 말한 실험을 해 보기로 했다. 나는 이 작은 오렌지가 내게 이를 때까지 사람들이 기울인 노력에 대해 생각해 보았다. 우선 이 오렌지는 그가 내게 준 선물이었다. 나는 감사의 마음을 느꼈고 그 순간 미소가 내 얼굴에 떠올랐다. 나는 그 오렌지를 좋아했다. 오렌지를 조금 더 자세히 들여다보자 오렌지 껍질 표면에 난 작은 홈들이 보였다. 오렌지 껍질을 벗기자 껍질 표면의 톡 쏘는 공기가 공기 중에 뿜어져 나왔다. 마치 오렌지가 자기 껍질을 벗는 것을 즐기는 듯이 보여 웃음이 나왔다. 그러고는 오렌지의 톡 쏘는 향기를 맡았다. 또 오렌지 껍질 표면의 선명한 색상과 껍질 안쪽의 희뿌연 색상이 서로 극명하게 대비되는 것도 관찰했다. 그러고는 오렌지 껍질을 벗긴 다음 오렌지를 눈으로 가까이 가져와서는 오렌지 막의 부드러운 줄무늬 표면을 관찰했다. 다음으로 오렌지 한 조각을 떼어내 안의 과즙으로 탱탱하게 부풀어 오른 과육 알갱이 하나하나를 모두 관찰했다. 마침내 오렌지 한 조각을 혀 위에 얹자 신 감각이 뺨을 타고 흘렀다. 내 모든 의식은 오렌지의 맛에 쏠려 있었고, 오렌지를 씹기 시작하자 나는 이 오렌지의 놀라운 맛에 큰 기쁨이 올라오는 것을 느꼈다. 그런 다음에는 내가 느끼던 불편함이 사라지고 고요하고 편안한 느낌이 찾아왔다.

공식 수련: 마음챙김 체크인

이제 여러분에게 마음챙김에 관한 또 다른 맛을 선사할 간단한 3분간의 수련을 소개하고자 한다. 그것은 바로 마음챙김 체크인(mindful check-in)이다. 이 짧막하지만 강력한 수련은 여러분이 자신의 신체적·정신적·정서적 느낌을 인지하고 여러분 자신을 현재 순간에 다시 중심을 잡도록 해 주는 수련이다. 우리는 여러분이 하루 중 어느 때든 자주 이 수련을 사용함으로써 이것을 여러분의 일상생활에 접목할 것을 제안한다. 그리고 3장에서 배우게 될 호흡 수련과 함께 활용하는 것도 좋을 것이다.

전화기 등 주의를 방해하지 않는 편안한 환경에서 수련을 한다. 누워서 해도 좋고 앉아서 해도 좋지만 누워서 한다면 쉽게 졸리기 때문에 자세를 곧추 세우는 것이 좋다. 눈을 감고 할 것을 제안한다. 왜냐하면 여기서 주된 초점은 여러분 몸과 마음의 내적 경험이기 때문이다. 그러나 눈을 뜨는 것이 편하다면 약간 떠도 좋다. 다음 지시문을 읽으면서 이 수련에 온전하고 분리되지 않은 주의를 기울인다. 매 단락이 끝날 때마다 조금씩 쉬어 준다. 다음 지시문을 따라 수련한다면 이 수련을 약 3분간에 걸쳐 하라.

잠시 고요한 시간을 갖는다. 명상 수련을 위해 시간을 마련한 자신에게 축하를 해 주라.

지금 현재 떠오르는 어떠한 생각이나 감정, 신체감각이라도 다만 그대로 놓아두면서 자신의 몸과 마음을 솔직하게 있는 그대로 느껴 보는 것으로 마음챙김 체크인을 시작한다.

아마도 지금 이 시간은 여러분이 바쁜 하루 중 처음으로 휴식을 취하는 시간일지 모른다. 행위가 아닌 단지 존재의 세계에 들어선 여러분은 여러분이 늘 지니고 다녔던 감정의 궤적을 더 생생하게 목격하게 될지 모른다.

그러나 그런 것에 대해 평가하거나 분석, 또는 해결하려고 할 필요는 없다. 다만 여러분 자신을 지금 여기에, 이 순간에 존재하는 모든 것 한가운데에 그대로 놓아두도록 하라. 약 3분을 이런 방식으로 자기 자신을 체크인 하는 데 보내라.

마음챙김 체크인의 마지막에 이르렀다면 이 수련을 통해 자신의 건강과 웰빙에 직접적으로 기여한 자신에게 다시 한 번 감사하라.

마음챙김 체크인 기록지

　여러분이 처음으로 마음챙김 체크인 수련을 한 다음 잠시 시간을 내어 이 수련을 하는 동안 여러분이 경험한 어떠한 생각이나 감정, 감각이라도 기록해 본다.

_____

_____

_____

_____

_____

_____

_____

FAQ

명상을 하기 위해서는 자리에 앉아야 하나요?

　많은 명상 사진에서 우리는 눈을 감고 근엄한 자세를 취하고 있는 사람을 보게 된다. 그래서 명상이 초보자에게 좀 낯설고 어려운 것으로 보인다. 그러나 분명히 할 것은, 여러분이 명상을 할 때 특정하고 이상한 자세를 반드시 취할 필요는 없다는 사실이다. 유일한 지침은, 여러분이 깨어 있고 주의를 기울이며 편안하게 있을 수 있는 자세를 취하라는 것이다. 척추를 곧게 세우되 너무 경직되거나 축 늘어지지 않도록 하는 것이 좋다. 마음챙김이란 특정한 자세를 잘 취하거나 아니면 특정한 정신적 상태를 얻는 것에 관한 것이 아니다. 마음챙김은 여러분이 어떤 자세—신체적으로나 정신적으로—를 취하든 현재 순간에 오롯이 깨어 있는 것에 관한 것이다.

스케줄과 리뷰에 관한 일언

　다음에서 그리고 각 장의 마지막에서 여러분은 '나의 수련 계획'이라는 체크리스트를 만나게 될 것이다. 이것은 여러분이 마음챙김을 여러분의 일상생활에 적용하는 데 도움을 줄 두 가지 중요한 단계를 상기하기 위한 것이다. 첫 번째 단계는 여러분의 마음챙김 수련 스케줄을 짜고 그것을 충실히 실천하는 것이다. 여러분은 아마 "세 살 버릇 여든까지 간다."라는 속담을 알고 있을 것이다. 하루 중 일과에 아무 생각 없이 사로잡혀서 여러분의 수련 계획을 실천하지 못하는 경우는 허다하다. 어떤 달력을 사용하든 여러분의 달력에 공식 수련 스케줄을 짜넣은 다음 마치 진료 예약을 한 병원을 찾듯이 이 스케줄을 준수하도록 한다. 결국 이 모든 것은 여러분의 웰빙과 정신적 · 육체적 건강의 향상을 위한 것이란 점을 명심한다.

　두 번째 단계는 여러분의 수련이 실제로 어떠했는지 되돌아보는 리뷰 시간이다. 새로운 수련을 처음 시작할 때는 대개 매우 헌신적이고 열정적이지만 시간이 지남에 따라 시들해지는 경우가 많다. 매일의 일과가 수련을 방해하는가 하면 예상치 못한 일들이 생기기도 한다. 그러므로 따로 시간을 정해 두고 자신의 수련에서 무엇이 되고 무엇이 안 되는가를 생각해 보는 것이 좋다. 그래야 자신의 필요에 맞게 수련을 변화시켜 나갈 수 있다. 예를 들어, 여러분은 자신이 저녁 시간보다 아침 시간에 수련이 잘 된다거나, 특정 시간대에는 쉽게 방해를 받는다거나 하는 것을 관찰할 수 있다. 또 특정 수련을 1주일 동안 하지 않았는데 그다음 주에는 수련이 잘 되었다거나 하는 것도 관찰할 수 있다. 그 차이점은 무엇인가? 이 리뷰의 목적은 자신의 노력을 잘했다거나 잘못했다는 등으로 판단을 내리는 것이 아니라 무엇이 여러분의 수련에 있어서 여러분에게 효과가 있고 없는지를 자각하게 하려는 것이다. 각 수련을 시작하고 대략 일주일 후에 리뷰할 수 있도록 스케줄을 짜는 것이 좋다.

수련 계획과 리뷰

이어지는 장에서 여러분이 선택할 수 있는 더 다양한 공식 수련에 대해 알게 될 것이다. 여기서는 우선 이 장에 소개된 공식 수련을 여러분의 달력에 다음 1주일에 걸쳐 기록한다. 1주일 중 적어도 5회 수련한다. 또 지금부터 1주일 후 여러분의 수련을 되돌아보는 리뷰 시간을 갖도록 스케줄을 짠다.

● **공식 수련**
□ 마음챙김 체크인

또 여러분은 이 책을 읽어 나가면서 선택할 수 있는 더 다양한 비공식 수련도 알게 될 것이다. 다만 여기서는 이 장에 소개된 비공식 수련을 여러분의 일상생활에 적용할 수 있으면 된다.

● **비공식 수련**
□ 마음챙김 먹기

공식 수련 기록하기 ▬▬▬▬▬▬▬▬

공식 수련을 할 때마다 다음의 기록지를 작성한다. 기록지를 작성하면서 그리고 지난 주 자신의 수련을 되돌아보면서 여러분의 수련이 어땠는지 생각해 본다. 여러분 자신에게 가장 맞다고 생각되는 어떤 패턴을 발견했는가? 이 수련을 지속적으로 하는 데 도움이 되도록 일으킬 수 있는 변화는 무엇인가? 기록지를 어떻게 활용해야 할지 모르겠다면 다음 기록 예를 참조하라.

날짜 및 공식 수련 종류	시각	이 수련을 하는 도중 자신에게 일어난 생각과 느낌, 감각 그리고 그에 관해 이후에 느낀 바
12/21 마음챙김 체크인	오전 8시	오늘 내가 해야 하는 일에 온통 마음이 쏠렸다. 때로 가슴이 조여 오는 느낌이 있었지만 곧 사라졌다. 가슴의 그 조이는 느낌은 불안감이었는데, 수련 후에는 더 고요함을 느꼈다.

비공식 수련 되돌아보기

매일 시간을 내어 적어도 1회의 비공식 수련에 대해 돌이켜 본다. 이를 통해 얻은 바를 자신의 비공식 수련을 더 깊게 하는 데 사용할 수 있다. 잘 모르겠다는 독자를 위해 사용 예를 예시했다.

수련 종류	어떤 상황이었나?	수련 전에 관찰한 것	수련 후에 관찰한 것	무엇을 배웠나?
마음챙김 먹기	친구와 점심을 먹던 중 거의 식사가 끝났는데도 음식 맛을 진실로 맛보지 못했다고 느끼는 상황	• 감정: 불안 • 생각: "이런, 사무실에서 해야 할 일이 산더미처럼 남았군." • 감각: 어깨의 긴장	주의를 음식의 맛과 씹는 감각에 기울이자 몸이 차분해지고, 음식 맛이 기가 막히다는 걸 비로소 알아차렸다. 초조한 느낌도 덜했고, 음식을 훨씬 더 잘 음미할 수 있게 되었다.	먹는 과정을 천천히 하자 음식 맛을 더 생생히 느낄 수 있었고, 이것이 바쁜 하루 중의 고요한 섬과 같다는 것을 알게 되었다. 내가 샐러드의 사탕무를 얼마나 좋아하는지도 알게 되었다.

Chapter 2

마음챙김과 몸—마음 관계

Mindfulness and the mind-body connection

마음챙김과 스트레스 감소 사이의 상당하고 중요한 관계는 몸-마음 관계 안에 놓여 있다. 서구 의학이 몸-마음 관계를 유사과학 또는 주변 개념으로 보는 경향이 있지만 이러한 태도는 신경과학자들이 생각과 감정이 신체의 생리와 연결되는 신경 경로를 발견하고 그 지도를 작성함에 따라 변화하고 있다. 이 흥미로운 과학 분야는 생각과 감정이 실제로 신체의 생리 과정과 상호 연결되어 있다는 생각을 확립시켰다.

스트레스를 받으면 신체는 코르티솔 같은 호르몬과 에피네프린, 노르에피네프린 같은 신경전달물질을 방출한다. 스트레스에 대한 이런 생리적 반응은 인류의 진화 과정을 통해 다듬어져 온 것이다. 선사시대에 동물의 공격과 같은 생명을 위협하는 상황에 직면한 사람은 그 위기 상황에 즉각적으로 대응할 필요가 있었다. 그렇게 하려면 그 사람이 어떠한 위험에 대응하여 맞서 싸우거나 도망가거나 아니면 그 자리에서 얼어붙는 데 도움을 주는 방식으로 신체의 물리적 에너지를 재조정해야 할 필요가 있었다. 그래서 이 반응을 '투쟁, 도피, 혹은 결빙 반응(fight, flee, or freeze response)'이라고 이름 붙이게 되었다.

그런데 이제는 더 이상 선사시대가 아니다. 우리들 대부분이 동물의 습격 같은 생명을 위협하는 직접적인 위험과 마주하게 되는 경우는 거의 없다. 그러면서도 우리는 일상의 다양한 스트레스 요인과 접하게 된다. 문제는 우리의 신체가 그 차이를 잘 인식하지 못한다는 사실이다. 그 결과, 교통체증이나 직장에서의 피로, 돈과 건강 문제에 관한 걱정에서도 우리는 투쟁, 도주, 결빙 반응을 일으키게 된다. 여기서 우리가 어떻게 반응하는가 하는 것은 실제 사건 자체보다 우리가 그 사건을 어떻게 해석하느냐와 더 관련이 있다(Siegel, 2001). 만약 실질적인 신체적 위협이 없는데도 당신의 뇌가 그것을 위험으로 인식한다면, 그리고 이러한 자동적 반응이 반복적으로 일어나고, 그에 아무런 조치를 취하지 않는다면 당신의 스트레스 수치는 계속해서 쌓여 갈 것이다. 코르티솔과 에피네프린, 노르에피네프린 같은 신경전달물질이 계속해서 당신의 몸에 흐르게 되면 아드레날린이 과도하게 분비되는 상태가 될 수 있다. 이런 상태는 당신의 건강을 위험에 처하게 만들 수 있다. 면역계를 비롯한

기타 중요한 생리 시스템으로부터 에너지를 빼앗아 가 본래의 기능을 제대로 발휘하지 못하게 만들기 때문이다.

자율신경계

스트레스가 신체에 어떻게 해를 입히는지 이해하기 위해서는 자율신경계에 대해 알아보는 것이 도움이 된다. 자율신경계는 뇌, 심장, 호흡, 그리고 내부기관, 분비기관 등의 핵심 신체 기능 조절을 위해 무의식 차원에서 작동한다. 중추신경계는 두 개의 서로 다른 신경 경로로 구성되어 있는데 그것이 교감신경계와 부교감신경계다. 이 경로들은 서로 반대되는 기능을 하며 서로 보완적으로 균형을 맞추는 역할을 한다. 교감신경계는 자동차의 액셀러레이터로, 부교감신경계는 브레이크로 생각하면 좋다.

뇌는 끊임없이 상황이 안전한지 그렇지 않은지 평가하고 있다. 잠재적인 위협을 감지한 뇌는 세 가지 방식으로 반응한다. 싸우거나 도망가거나 그 자리에서 얼어 버리는 것이다. 만약 뇌가 위협에 대해 행동을 취할 수 있다고—싸우거나 도망감으로써—판단하면 교감신경계가 작동하면서 다양한 생리적 변화를 일으킨다. 숨이 가빠진다든가 심장박동과 혈압이 증가한다든가, 아니면 통증에 무감각해지도록 엔도르핀이 방출된다든가 하는 식으로 활동성을 증가시키게 된다. 이와 동시에, 보다 덜 중요한 기능들, 예를 들면 면역계나 소화계, 생식계는 활동을 늦추거나 일시적으로 활동을 멈춘다. 이러한 반응 때문에 화재 현장의 소방수가 130킬로그램이 넘는 남자를 20층 건물에서 1층까지 옮길 수 있고 여러분이 평상시보다 더 빨리 그리고 멀리 달아나도록 도울 수 있다. 한편, 만약 뇌가 그 상황이 가망이 없고 아무런 행동도 도움이 되지 않을 거라고 판단하면 얼어붙는 반응(freeze response)을 선택하여, 부교감신경계를 활성화시킨다. 이렇게 되면 혈압과 심장박동이 낮아지고 이것은 신체 활동을 최소화시켜 에너지를 축적한다. 심할 경우 기절하기도 한다.

일단 위험에서 벗어났다고 판단하면 뇌는 신체 균형을 다시 바로잡는 시스템을 활성화시킨다. UCLA 마음챙김 자각 연구센터(UCLA Mindful Awareness Research Center)의 공동이사이자 『마음챙김 뇌(Mindful Brain)』의 저자인 대니얼 시겔(Daniel Siegel)과의 개인적 교신에서 그는 이렇게 말했다. "스트레스에 대한 마음챙김적 접근법의 핵심은 자기주도

(self-engagement) 시스템을 활성화시키는 것과 관계가 있습니다. 이 자기주도 시스템은 자기와 조율하여 두려움 없는 사랑의 내적 감각을 일으키는 것이죠. 이것은 이완 상태의 핵심이기도 합니다."

신경과학에서는 감정과 생각도 면역력이나 근골격계, 소화, 순환, 호흡 등에 영향을 미치는 화학물질과 전기 자극으로 구성된다고 본다. 그 결과, 감정과 사고가 건강과 질병에 영향을 미치는 요인으로 간주되는 것이다. 그리고 뇌는 심리적 위험과 생리적 위험을 구별하지 못해 어느 경우라도 동일한 생리적 반응을 일으키기 때문에(Siegel, 2001) 줄을 서서 기다린다거나 교통체증 같은 전혀 위험하지 않은 상황에서도 스트레스 반응을 촉발시킨다. 그리고 일상적인 스트레스가 연장되어 좀처럼 가라앉지 않으면 신체는 자기 스스로의 균형을 회복할 기회를 갖지 못하게 된다. 그 영향은 무척 파괴적인 것이어서 그 결과로 고혈압, 근육 긴장, 피부 트러블, 불안, 불면증, 대장 및 소화기 질환, 면역력 저하 등의 다양한 질병에 시달리게 된다.

스트레스 반응과 스트레스 대응

여러분이 자신의 스트레스 반응에 대해 자각하고 그것에 보다 건설적이고 조화로운 방식으로 대응할 수 있다면 어떨까? 자신의 삶에서 받고 있는 스트레스가 무엇이고, 그것이 자신의 몸과 마음에 어떻게 영향을 미치고 있는지 인식할 때 여러분은 삶에 더 큰 균형을 가져오는 기술과 스트레스에 대처하는 방법을 만들어갈 수 있게 된다. 『마음챙김 명상과 자기치유(Full Catastrophe Living)』(1990)라는 책에서 존 카밧진은 스트레스 반응(stress reaction)과 스트레스 대응(stress response)을 구분한다. 스트레스 반응은 대개 과거의 힘든 경험에서 학습한 무의식적이고 습관적인 행동 패턴에 의해 촉발된다. 이러한 행동 패턴에는 흡연, 약물 남용, 알코올 중독, 전반적인 바쁜 상태 같은 부적응 대처 기술이 있으며, 이런 것들은 결국에는 종종 신체적, 정신적 파국으로 이어진다. 한편, 스트레스 대응은 감정을 억압하는 것이 아니라 인정하면서, 동시에 그것에 대처하는 방법을 만들어 가는 것이다. 스트레스에 마음챙김으로 대응하는 법을 배우면 스트레스 반응과 관련된, 자각없음(una-wareness)의 낡은 패턴을 점차 무너뜨릴 수 있다. 그렇게 스트레스에 대한 새로운 대처 방

식이 시작되고 그로부터 변화가 시작된다. 자각(awareness)은 넋 놓은 반응(mindless reaction)의 암흑에 한 줄기 빛을 던지는 것과 같다. 자신의 무자각적 반응을 더 분명하게 볼 때 그것에 더 현명하게 대응할 수 있다.

　마음챙김의 많은 이익 중 하나는, 마음챙김은 짜증이나 두려움 같은 괴로운 내적 상태를 포함한, 넓은 범위의 경험과 함께할 수 있게 해 준다는 것이다. 자신의 모든 내적 경험에 명료함과 알아차림을 가져오는 마음챙김은 교감 및 부교감 신경계라는 액셀러레이터와 브레이크의 균형을 잡는 데 중요한 역할을 할 수 있다. 『마음챙김 뇌』(2007)에서 대니얼 시겔은 주의의 이런 안정화 작용을, 스트레스 반응을 포함한 다양한 마음 상태를 관찰할 수 있게 해 주는, 고르게 떠 있는 알아차림(even hovering awareness)이라고 기술한 바 있다. 나아가 그는 마음챙김이 전두 대뇌피질이 유연하고 적응적인 방식으로 자율신경계의 두 경로의 균형을 맞추게 해 주어 더 큰 평정의 상태로 이어진다고 생각한다. 관찰과 평정의 이러한 결합은 자신의 정신적 내용과 넋 놓은 반응에 사로잡히지 않도록 하는 데 큰 도움이 된다.

　몸과 마음은 긴밀한 상호작용을 하기 때문에 스트레스를 변화시키고 더 큰 평정심으로 스트레스에 대응하는 이러한 능력은 신체 건강에도 심대한 중요성을 갖는다고 하겠다. 최상의 의료는 자기돌봄(self-care)에서 시작한다. 여기서 자기돌봄이란 자신의 안녕에 대해 일정한 통제권을 행사하는 것을 말한다. 마음챙김 수련은 자기돌봄과 전반적인 안녕감 향상에 적극적인 역할을 하는 강력한 수단이다.

마음챙김과 스트레스 완화에 있어서 마음챙김의 핵심적 역할

　오늘날 전 세계적으로, 그리고 미국 전역의 주요 메디컬센터에도 250개 이상의 MBSR 프로그램이 있다. 마음챙김에 근거한 접근법은 불안 증상(Miller, Fletcher, & Kabat-Zinn 1995), 강박장애(Baxter et al., 1992), 만성 통증(Kabat-Zinn, Chapman, & Salmon 1987)의 감소에 효과가 있는 것으로 밝혀졌다. 또한 건선의 부작용 감소(Kabat-Zinn et al., 1998), 공감 및 영성의 향상(Shapiro, Schwartz, & Bonner, 1998), 안녕감 향상(Brown & Ryan, 2003), 우울증 재발 방지(Segal et al., 2007), 약물 중독(Parks, Anderson, & Maralatt, 2001), 유방암

및 전립선암 환자들의 스트레스 감소와 삶의 질 향상(Carlson et al., 2007)에도 효과가 있는 것으로 밝혀졌다.

여러분은 아마도 그렇게 다양한 질병과 관련하여 어떻게 마음챙김이 그토록 이로운 효과를 줄 수 있는지 의아할 것이다. 그에 대한 대답은 마음챙김의 성질 자체에 있다. 마음챙김 수련은 매 순간의 비판단적인 알아차림으로, 이것은 현재 순간에 일어나는 무엇에든 초점을 맞춘다. 그런데 우리가 변화를 일으킬 수 있는 것은 오직 지금 현재의 이 순간뿐이다. 현재 균형에서 벗어난 것에 알아차림을 통해 무의식적이고 습관적인 자신의 경향을 인식할 때 비로소 우리는 안녕과 균형을 촉진하는 새로운 선택을 내릴 수 있게 된다.

스트레스를 연구하는 심리학자 게리 슈워츠(Gary Schwartz)는 질병의 근본 원인이 생각과 감각과 감정으로부터의 단절(disconnectedness) 때문이며, 건강의 근본 원인은 이러한 내적 경험과의 연결(connectedness)에 있다고 주장하는 건강 피드백 고리(health feedback loop) 모형을 만들었다(Kabat-Zinn, 1990). 그가 말하는 피드백 고리는 만약 우리가 우리 내면의 스트레스 반응과 그것이 어떻게 생각과 감각, 감정으로 표출되는가를 자각하지 못하면 우리는 단절되어 몸과 마음이 균형을 잃을 수 있다는 것이다. 반대로, 그것을 자각하게 되면 우리는 자연스럽게 그것과 연결을 맺고 깨진 균형을 회복하기 위해 무엇을 해야 하는지 알 수 있도록 우리의 경험을 인식할 수 있게 된다는 것이다.

자각이 어떻게 스트레스를 감소시키는가? 그에 관한 일상의 사례는 우리가 교통 정체에 발이 묶여 있을 때를 생각해 보면 알 수 있다. 스트레스가 몸과 마음에 미치는 영향을 자각하기가 쉽지 않으므로 당신은 몸 여기저기서 느껴지는 긴장과 빠르고 불규칙한 호흡을 알아차리지 못했을 것이다. 혹은 운전대를 너무 꽉 붙잡고 있어서 손가락 관절에 무리가 가는 것도 알지 못했을 수 있다. 심장박동이나 혈압, 체온의 상승 같은 불안과 초조의 숨은 영향을 알아차리기란 더 어려울지 모른다. 그러나 일단 자신의 신체적 긴장을 자각하게 되면 당신은 현재 순간으로 돌아와 운전대를 꽉 잡고 있는 손을 풀어 줄 수 있다. 그리고 자신의 호흡이 빠르고 불규칙하다는 것을 느끼게 되면 마음챙김 호흡을 통해 자신의 호흡을 안정시킬 수 있다. 그러면 심장박동이나 혈압을 포함한 기타 스트레스의 내적인 증상들도 점차로 조절할 수 있게 된다.

마음챙김은 자신의 체험을 분명하게 보도록 만들어 주기 때문에 스트레스가 자신에게 미치는 영향을 더 쉽게 알아차리는 데 도움이 된다. 그렇게 되면 당신은 더 능숙한 대응책

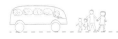

을 선택할 수 있다. 이러한 방식으로 당신은 자신의 건강과 복지의 능동적 참여자가 될 수 있으며 아무리 어렵고 힘든 순간이라도 더 큰 균형감과 안정감을 가지고 매 순간을 경험할 수 있다.

마음챙김과 뇌

마음챙김 수련이 뇌의 건강한 변화를 촉진한다는 것을 보여 주는 수많은 연구가 존재한다. 이들 연구는 우리가 개인적으로 작업하는 수천 명 사람들의 실제 체험에서 나온 일화적 증거들을 지지하고 있다. 그들은 마음챙김 수련의 결과, 웰빙과 집중력, 안정감이 증가하는 소득을 얻었다.

예를 들어, 2003년 위스콘신 – 매디슨 대학교의 감정 신경과학 연구소 이사인 리처드 데이빗슨(Richard Davidson) 박사와 존 카밧진, 그리고 그의 동료들은 어느 바이오테크 회사 직원들의 정신 및 신체건강에 대한 8주 MBSR 프로그램의 효과를 조사한 연구 결과를 발표했다. 연구에 참여한 41명의 직원들 중 25명은 MBSR 프로그램에 참여했고 나머지 16명은 참여하지 않았다. 전체 참가자들의 뇌에 대한 전기적 활동성을 프로그램 참가 전과 참가 직후, 그리고 참가 4개월 후에 각각 측정하였다. 조사 결과, 명상 그룹이 통제 그룹에 비해 뇌 전두 영역의 좌측에서 활동성이 유의미하게 증가한 것으로 나타났다. 뇌의 이 부분은 긍정적 정서, 그리고 감정 조절과 관련되어 있다. 데이빗슨의 연구는 뇌의 이 영역에서 활동성이 증가한 사람들은 이 영역이 활성화되지 않은 사람들보다 스트레스 사건으로부터 더 빨리 회복한다는 것을 보여 주었다. 2003년의 이 연구는 면역계 기능과의 흥미로운 연결성도 보여 주었다. 8주 프로그램의 마지막에 모든 참가자들에게 독감 백신을 접종 받도록 했다. 명상을 한 그룹은 통제 그룹에 비해 항체 형성이 유의미하게 증가했으며 이것은 명상이 면역 반응에 도움을 준다는 것을 시사한다.

2005년 하버드 의과대학 강사인 사라 라자(Sara Lazar) 박사는 정기적으로 명상을 하는 사람과 그렇지 않은 사람들의 뇌에서 측정 가능한 차이점을 발견한 연구를 발표했다. MRI 뇌 스캔을 이용하여 라자 박사는 지속적인 마음챙김 수련을 한 사람들이 그렇지 않은 사람들에 비해 논리적 추론과 의사결정을 담당하는 뇌의 전두 피질이 더 두껍다는 것을 발견했다. 또한 라자 박사는 명상을 하는 사람들에게서 내적 감각의 자각과 관련되어 있고 감정적 느낌의 자각에 필수적인 구조로 간주되는 뇌섬엽(insula)이 더 두껍다는 것을 발견했다 (Lewis & Todd, 2005). 그녀는 전두 피질과 뇌섬엽이 대개는 20세 이후부터 퇴화하기 시작하므로 마음챙김 명상이 노화로 인한 손실 가운데 일부를 보완해 줄 수 있다고 주장했다. 개인적 교신에서 그녀는 "명상은 당신이 명상을 하기 위해 실제로 자리에 앉아 있는 시간을 훨씬 넘어서 당신의 뇌에 영향을 줄 수 있으며 이것은 당신의 일상생활에 긍정적인 영향을 줄 것으로 생각한다"고 말했다.

현재 연구의 리뷰와 개인적 설명에 기초하여 대니얼 시걸(2007) 박사는 마음챙김 수련이 뇌의 사회적 신경회로를 사용하여 우리가 자신에게 더 조율할 수 있도록 도움을 주어 신체적, 심리적, 사회적 웰빙이 향상된다고 주장한다. 본질적으로, 마음에 주의를 기울일 때 우리는 타인의 감정과 의도, 태도를 탐색하는 데 항상 사용했던 것과 동일한 뇌의 메커니즘 (사회적 회로)을 사용하게 되는 것이다. 그는 우리가 주의를 기울이는 방식이 신경가소성 (neural plasticity: 우리의 체험에 대응하여 우리의 신경 연결을 변화시키는 능력)에 영향을 준다고 말한다. 당신의 정신을 깜짝 놀라게 할 진술에서 그는 이렇게 말한다. "여기서 우리는 마음이 뇌를 사용하여 그 자신(마음)을 창조한다는 견해를 보고 있습니다"(2007, p. 32). 이것을 잠시 생각해 보자. 그는 마음챙김 수련이 뇌의 전두엽에 영향을 미칠 수 있고, 전두엽은 뇌와 신체의 많은 영역에 영향을 미치는 통합적 기능을 갖고 있으므로 마음챙김이 회복탄력성, 자기조절, 그리고 웰빙에 긍정적인 영향을 미친다고 제안하고 있는 것이다.

마음챙김과 뇌 연구는 오늘날 확실히 뜨거운 주제이며 그에 관한 연구가 지속적으로 이루어지고 있다. 예를 들어, '마인드 앤드 라이프 연구소(the Mind and Life Institute)'는 세계 저명 과학자와 달라이 라마, 노벨상 수상자들과 협력하여 명상 수련가들에 대한 연구를 실시하고 있다. 군대에 대한 돌봄 제공자들과 함께 작업하는 프로젝트를 개발한 '사회 속 명상 마음 센터(the Center for Contemplative Mind in Society)' 또한 마음챙김 및 뇌와 관련되어 있는 다양한 연구들에 관한 정보를 수집하고 있다. 예를 들어, 최근의 한 연구 (Brefczynski-Lewis et al., 2007)는 오랫동안 명상을 한 사람에게서는 감정의 소리가 편도체 (amygdala)를 덜 활성화시키는 것으로 나타났다. 편도체는 공포와 공격성을 관장하는 뇌 부위다. 이것은 장기적인 명상 수련이 정서적으로 반응적인 행동의 유의미한 감소와 관련되어 있을지 모른다는 것을 시사한다.

또 다른 연구(Lutz et al., 2008)는 명상이 공감적 반응과 관련된 뇌의 영역에 유의미한 영향을 미친다는 사실을 발견했다. 자애명상을 수련하는 불교 승려들에게 행복하고 불쾌한 정서적 소리를 들려 주자 초보 명상가 그룹과 비교하여 이들 승려들의 뇌의 다양한 영역이 이들 소리의 감지 능력과 그것에 대한 정신적 활동이 향상되는 방식으로 활성화되었다. 그리고 오랜 명상가들은 초보자들보다 불쾌한 정서적 소리에 대한 더 큰 반응을 보였고, 모든 명상가들이 아무것도 하지 않고 있을 때보다 명상을 하는 동안 더 큰 반응을 보였다. 이는 명상이 공감과 관련된 정신 회로에 직접적인 영향을 미친다는 것을 시사한다.

이것은 명상의 정신생물학적 이익에 관해 검증하는 연구의 일부에 불과하다. 너무나 많은 사람들이 직접적으로 체험한 것에 대한 과학적 검증은 마음챙김에 내재한 과학에 대한 이해를 촉진할 뿐 아니라 우리가 어떻게 하면 마음챙김 수련을 활용하여 다양한 스트레스와 통증, 질병들을 처리할 수 있는지에 대한 심화된 연구를 위한 문을 열어 주고 있다.

마음챙김과 일상생활의 스트레스

마음챙김이 당신의 웰빙에 미치는 커다란 효과를 이해하기 위해서 사소한 일상의 스트레스가 당신의 생각과 감정에, 그리고 당신의 몸에 얼마나 자주 영향을 미치는지 생각해 보라. 은행이나 우체국에서 길게 줄을 서야 할 때, 차가 막힐 때, 모르는 길을 가야 할 때, 마감일이 다가올 때, 낯선 사람과 이야기를 나눠야 할 때 당신은 사소한 스트레스를 받을 것이다. 당신은 심지어 그러한 사건을 예상하거나 기억하는 것만으로 스트레스 반응을 경험할 수 있다. 이런 스트레스들은 아주 사소한 것처럼 보이지만 근육의 긴장, 두통, 불면증, 소화불량, 피부 트러블 같은 온갖 증상을 일으킬 수 있다. 특히 당신이 흡연, 약물 남용, 과식, 과로 같은, 스트레스에 대처하는 건강하지 못한 전략에 의존하고 있다면 장기적인 스트레스는 암, 심장병, 치매 같은 심각한 질병의 원인이 될 수 있다.

마음챙김이 선사하는 선물 중 하나는 어떠한 스트레스 상황에 대해서도 우리가 대응할 수 있는 선택권이 있다는 사실을 자각하게 해 준다는 것이다. 정신의학자이자 나치 대학살에서 살아남은 빅터 프랭클(Viktor Frankl)은 이렇게 웅변한다. "자극과 반응 사이에는 공간이 있다. 그 공간에는 우리의 반응을 선택할 수 있는 우리의 힘이 있다. 우리의 반응에는 우리의 성장과 자유가 있다."(Pattakos, 2008, p. viii) 수용 기간 중에도 프랭클은 자기 주변 사람들에게 위로와 치유를 제공하는 방법을 발견했다. 이는 깨어 있음을 통해 누구나 주변 상황에 대한 자신의 대응 방식을 선택할 자유가 있다는 것을 보여 주고 있다. 여기서 핵심은 깨어있음, 자각(awareness)이다. 물론, 조건화는 변화를 어렵게 만드는 강력한 힘이다. 물이 가장 저항이 적은 길을 따라 흐르듯 당신 역시 예전의 습관으로 돌아가는 성향을 갖고 있을 것이다. 왜냐하면 예전의 습관을 따르는 것이 가장 쉬운 길인 것처럼 보이기 때문이다. 그런데 이렇게 하면 우리는 습관적으로 보고 습관적으로 반응하게 된다. 당신의 자동항법 모드를 잠재우고 습관적인 반응과 행동에 저항하는 만만치 않은 작업에 대한 동기를 부여하기 위해 다음 연습이 어떻게 스트레스가 당신의 삶에 영향을 주고 있는지를 탐구하는 데 도움을 줄 것이다. 당신의 삶에서 스트레스를 자각하고 당신이 그것과 어떻게 상호작용하고 있는지 자각하는 것은 당신에게 도움이 되는 새로운 반응을 선택하는 데 필요한 첫 단계다.

FAQ

명상과 이완은 어떻게 다른가요?

명상이 분명히 이완감을 가져오긴 하지만 그렇지 않은 경우도 있다. 그 차이를 만드는 것은 바로 명상에 접근하는 당신의 의도이다. 이완을 원한다면 당신은 다양한 활동들을 할 수 있다. 텔레비전 시청이나 독서, 해먹에 눕기, 거품 목욕, 호흡 연습 등……. 그러나 마음챙김 명상에서의 의도는 다만 당신이 선택한 의식 대상에 비판단적 주의를 두는 것이다. 그러므로 건포도 먹기를 통해 마음챙김을 연습한다면 당신은 이완의 목적이 아니라 현재 순간을 진정으로 그리고 깊게 경험한다는 목적을 위해 자신의 감각의 모든 측면에 주의를 기울이는 것이다. 이완을 목적으로 명상을 수련하는 것은 실제로 함정이 될 수도 있다. 다시 말해, 명상을 하는데도 이완감이 느껴지지 않으면 당신은 자신이 명상을 제대로 하고 있지 못하다고 생각하게 될 수도 있다. 이것은 좌절감, 불안, 실망감으로 이어져 당신으로 하여금 초조하고 우울한 기분을 느끼게 할 수도 있다.

탐구: 스트레스나 불안이 당신의 삶에 어떤 영향을 미치나?

자신의 생각과 느낌, 감각에서 일어나는 무엇이든 알아차리면서 다음 질문들에 대해 곰곰이 생각해 보자. 가능하다면 자신의 생각을 다음 빈칸에 직접 적어 본다. 당신의 대답이 어떤 질문에 대해서는 다른 질문보다 길 수도 있다. 상관없다.

사람에 대한 스트레스나 불안이 당신의 삶에 어떤 영향을 주고 있나?

_____

_____

_____

_____

_____

_____

_____

일에 대한 스트레스나 불안이 당신의 삶에 어떤 영향을 주고 있나?

_____

_____

_____

세상에 대한 스트레스나 불안이 당신의 삶에 어떤 영향을 주고 있나?

음식과 식습관에 대한 스트레스나 불안이 당신의 삶에 어떤 영향을 주고 있나?

잠과 불면에 대한 스트레스나 불안이 당신의 삶에 어떤 영향을 주고 있나?

운동이나 신체활동의 부족에 대한 스트레스나 불안이 당신의 삶에 어떤 영향을 주고 있나?

우리는 지금까지 당신이 작성한, 인간관계, 일, 세계관, 식습관, 수면, 신체활동에 대한 스트레스와 불안이 당신의 삶에 미치는 영향을 이해하고 인정한다. 자각하는 힘이 강해지면 당신은 스트레스와 불안이 당신의 삶의 그토록 많은 영역에 영향을 미치고 있는 방식에 대해 더 분명하게 보게 될 것이다. 이런 스트레스와 불안은 매우 일상적인 것이지만, 그것이 당신의 삶의 많은 영역에 영향을 미치고 있다는 사실을 깨닫는 것은 더 큰 행복을 위한 중요한 첫걸음이 된다.

다음 단계로 나아가기 전에, 이번 탐구에서 당신이 적은 내용에 대해 연민을 가지고 반추하고 인정하고 통합하는 시간을 잠시 갖도록 하라.

비공식 수련: 일상에 마음챙김을 통합하기

아침에 잠을 깨서 밤에 잠자리에 눕기까지 우리는 마음챙김을 삶의 한 방식으로 활용할 수 있는 기회를 언제나 갖고 있다. 그러나 만약 당신이 대부분의 사람들과 비슷하다면 당신은 잠에서 깨자마자 당신의 마음은 그날 해야 할 일 목록을 작성하고 그것들을 성취하는 데 온통 쏠릴 것이다. 직장에서라면 당신은 지금 당신 앞에 놓인 일보다 당신의 다음 과업

에 대해 생각하면서 혹은 하루가 빨리 지나갔으면 하고 바라면서 하루를 보낼지 모른다. 일에 쫓기거나 압도당하고 있다는 느낌은 집안일, 인간관계, 심지어 여가에까지 이어질 수도 있다. 그래서 당신이 무슨 일을 하든지 당신의 마음은 당신이 해야 하는 다른 일들에 관해 생각하고 있거나 아니면 이미 일어난 일을 자꾸 곱씹고 있을지 모른다.

하루 종일 마음챙김할 것을 결심함으로써 당신은 자신이 처한 어떠한 상황에 대해서도 더 큰 집중력과 이해력을 갖게 된다. 더 평온하고 평화로운 느낌도 갖게 될 것이다. 마음챙김의 힘을 계속해서 키우다 보면 당신은 어떠한 상황에서도 비공식 수련이 가능하다는 것을 알게 될 것이다. 일상에서의 비공식적인 마음챙김 수련에 도움이 되는 몇 가지 팁을 소개한다.

- 아침에 눈을 떴을 때 곧바로 잠자리에서 일어나기보다 잠시 마음챙김 체크인을 하는 시간을 갖는다. 현재 순간에 대한 더 큰 자각력으로 하루를 시작하는 것은 하루 중 맞게 될 힘든 순간들에 더 큰 침착과 평정의 감각으로 대응하는 준비를 하는 것과 같다.
- 아침에 샤워를 할 때 자신의 마음이 이미 그날 있을 일들에 대해 생각하고 계획하며 준비하고 있지 않은지 알아차린다. 이렇게 하고 있음을 알아차린 경우에는 자신의 마음을 현재 순간으로 가져온다. 즉, 비누 냄새를 맡거나 물이 몸에 닿는 감각을 느끼거나 샤워할 때 나는 소리에 귀를 기울이는 등 자신이 현재 샤워를 하면서 느끼는 감각으로 마음을 가져온다.
- 가족과 함께 산다면 아침에 출근(등교)하기 전에 잠시 시간을 마련하여 마음챙김을 지닌 상태로 가족들을 살피고 그들과 연결한다.
- 차에 오르기 전에 평소보다 천천히 걸으면서 자신의 몸 어딘가에 긴장된 곳이 없는지 살핀다. 있다면 운전을 시작하기 전에 부드럽게 풀어 준다.
- 차를 운전하는 중에는 평소보다 약간 천천히 운전할 수 있는지 살핀다. 빨간 신호등이 들어오면 그것을 자신의 호흡을 관찰하는 신호로 여긴다.
- 걷기는 우리가 자동항법 모드로 하기 쉬운 활동이다. 사무실에 출근할 때나 사무실 안에서 일을 보러 이곳저곳 걸어다니는 중에 지금까지와 다르게 걸어 보도록 한다. 예를 들어 평소보다 약간 느리게 걷거나 아니면 세 걸음 동안 숨을 들이쉬고 다음 세 걸음 동안 숨을 내쉬는 방식으로 해 본다. 발이나 몸 전체에서 느껴지는 걷는 감각을 알아

차려 보도록 한다.

- 직장에서 일을 할 때는 유사한 일련의 업무에만 집중하는 시간을 마련한다. 예를 들어, 기획 업무를 하는 시간에는 오직 기획 일만 하며 그 외의 다른 일은 하지 않는다. 또 다른 일을 할 때는 이메일은 보지 않도록 한다.

- 가능하다면 일주일에 한 번 정도는 혼자 식사하는 시간을 갖는다. 이때는 평소보다 느리게 식사하면서 음식을 먹을 때의 향미나 질감을 온전히 느껴 보도록 한다.

- 하루 중 마음챙김 체크인을 하는 시간을 자주 갖는다. 하루 스케줄 표에 시간을 적어 두어도 좋고, 특정 활동, 예컨대 이메일을 체크하기 직전이나 운전하기 직전에 마음챙김 하는 시간을 갖도록 정해 두는 것도 좋다.

- 편히 쉬려고 급하게 집으로 가는 것은 좋지 않다. 집으로 운전해 갈 때도 마음챙김을 지니며 약간 느린 속도로 운전한다. 핸들을 잡은 손의 감각을 느끼는 등 매 순간을 마음챙김 하며 받아들인다. 라디오는 끄고 그날 자신이 한 일을 돌이켜본다. 잘 한 일은 무엇이며, 더 잘 할 수 있었던 일은 무엇인가 생각해 본다. 또 집에 가서 어떻게 지낼 것인지 의도적인 계획을 세워 본다(그날 일에 마음챙김 듣기를 적용해 보는 등).

- 집에 도착해서는 실내에 들어가기 전에 자신의 몸이 긴장되어 있는지 살펴보는 마음챙김 체크인을 한다. 긴장되어 있다면 긴장된 부위를 자각하고 그곳으로 호흡을 불어넣으면서 풀어 준다.

비공식 수련을 일상생활에 통합하는 과정에서 자신의 경험을 반추하는 시간을 갖는다. 당신에게 어떤 일이 일어났는가? 수련 전과 후에 자신에 대해 무엇을 관찰하였나? 다른 사람에 대한 태도에 변화가 있었는가? 비공식 수련으로부터 배운 것은 무엇인가? 이런 내용을 따로 노트에 기록하는 것도 좋다.

> ### 직접 해 보기
>
> 　지금 바로 자신의 생각과 신체적 · 정서적 느낌 사이의 관계를 알아차려 본다. 자신의 생각과 감정, 신체감각을 잠시 동안 관찰한 다음 그것이 서로 어떻게 관계되는지 생각해 본다. 그런 다음 이 수련을 자신의 일상생활로 확장시켜 본다. 예를 들어, 줄을 서서 기다리는 상황이나 교통 정체에 갇힌 경우 자신의 최초의 반응을 알아차린 다음, 그 상황에 마음챙김을 적용하는 것이 자신의 반응을 어떻게 바꿔놓는지 관찰하는 기회로 삼는다.

사람들과 함께 수련하기

　혼자 수련하는 것은 어려울 수 있다. 지지와 동기부여, 그리고 사람들의 통찰로부터 도움을 받기 위해 사람들과 함께 수련하는 것이 도움이 된다. www.mbsrworkbook.com에 가서 직접 시도해 보라. 사람들이 자신의 수련에 관해 어떻게 이야기하는가 들어 보라. 다른 사람들과 수련 경험을 공유하고 그들의 체험을 들어 보는 것은 나의 수련을 지속적으로 유지하고 깊이 있게 만드는 데 도움이 된다.

수련 계획과 리뷰

이후 이어지는 장에서 여러분은 더 다양한 공식 수련에 대해 알게 될 것이다. 우선 여기서는 1장에서 소개한 공식 수련, 즉 향후 1주일간의 마음챙김 체크인에 대한 계획을 세워 보자. 되도록 매일 수련을 하도록 한다. 지금부터 1주일에 한 번 정도 자신의 수련을 리뷰하는 시간도 갖도록 한다.

● **공식 수련**
  □ 마음챙김 체크인

이제 여러분은 여러분의 일상생활에서 실천할 수 있는 비공식 수련을 두 가지 갖게 되었다.

● **비공식 수련**
  □ 마음챙김을 일상생활에 적용하기
  □ 마음챙김 먹기

공식 수련 기록하기

매 공식 수련 시에 다음 기록지를 작성한다. 기록지를 작성하는 동안 지난 1주일간의 수련을 돌아보면서 자신의 수련이 어떻게 진행되고 있는지에 대해 생각해 본다. 자신에게 잘 맞는 수련 패턴이 나타났는가? 수련을 지속적으로 꾸준히 하려면 어떻게 하면 될까?

날짜 / 공식 수련의 종류	시각	이번 수련 동안 일어났던 생각, 감정, 감각 / 나중에 어떻게 느꼈나

비공식 수련 되돌아보기

매일 적어도 한 가지의 비공식 수련에 대해 돌아보는 시간을 갖는다. 이 돌아봄을 통해 자신의 일상 중 비공식 수련을 더 심화시킬 수 있는 기회로 삼는다.

수련 종류	상황	수련 전에 알아차린 것	수련 후에 알아차린 것	배운 점

Chapter 3

마음챙김 명상 수련법

How to practice mindfulness meditation

1, 2장에서 공식 · 비공식 마음챙김 수련에 대해 소개했다. 이번 장에서는 기본적인 공식 수련인 마음챙김 호흡법을 통해 여러분의 수련을 심화시킬 것이다. 호흡은 언제나 여러분과 함께 하는 것이므로 여러분은 이것을 어디서든 수련할 수 있고 비공식 수련에 통합시킬 수 있다. 공식 · 비공식 수련을 함께 해 나감에 따라 마음챙김은 여러분의 삶의 길이 될 수 있을 것이다. 더 시간이 지나면 여러분은 마음챙김을 여러분의 생각과 단어, 행동에, 그리고 궁극적으로는 여러분이 행하는 모든 것에 적용시키는 법을 배우게 될 것이다. 그러면 삶에서 여러분이 경험하는 그 어떤 것이라도 여러분의 수련이 될 것이다.

이 장에서 우리는 한 번에 한 단계씩 공식 마음챙김 명상 수련의 기본을 살펴볼 것이다. 이 과정을 거쳐 나가면서 그리고 여러분의 시간을 여기에 투자하면서 여러분은 이것이 여러분이 자신에게 줄 수 있는 커다란 선물임을 알게 될 것이다. 명상은 여러분의 웰빙을 위한 깊은 내적 자원에 여러분이 접근할 수 있게 해 준다. 오늘날의 바쁘고 스트레스가 많은 세계에서 마음챙김 명상은 일종의 오아시스이자 일상의 북적댐 속에서 여러분이 자신에게 돌아갈 수 있는 피난처 같은 역할을 해 줄 것이다.

마음챙김의 계발에 필요한 태도

마음챙김 수련은 정원을 가꾸는 것과 같다. 특정한 조건이 갖추어지면 마음챙김이라는 정원은 번성한다. 마음챙김과 관련하여 이러한 조건에는 다음과 같은 여덟 가지 조건이 있다. 이것들 모두 마음챙김 수련에 필수적이다.

- **초심자의 마음** 이 의식의 특성은 사물을 새롭고 신선한 것으로 본다. 마치 처음 보는 것처럼 호기심을 갖고 보는 것을 말한다.

- **비판단** 이 의식의 특성은 모든 경험에 대해 치우치지 않은 관찰을 계발하는 것을 말한다. 다시 말해 자신의 생각·감정·감각에 좋다, 나쁘다, 옳다, 틀렸다, 공평하다, 불공평하다는 딱지를 붙이지 않고 매 순간 자신의 생각, 감정, 감각을 다만 알아차리는 것이다.
- **인정** 이 의식의 특성은 사물(자신의 경험을 포함)을 있는 그대로 인정하고 수용하는 것이다.
- **애쓰지 않음** 이 의식의 특성은 집착하지 않는 것, 변화를 회피하지 않는 것, 매 순간 일어나는 현상으로부터 도망치지 않는 것이다. 바꿔 말해 애쓰지 않음이란 현재 자신이 있는 곳 이외의 곳에 이르고자 하지 않는 것을 말한다.
- **평정심** 이 의식의 특성은 균형 감각을 갖고 지혜를 계발하는 것을 말한다. 이 의식의 특성으로 우리는 변화의 본성에 대해 깊이 이해하게 되고 더 큰 통찰과 연민으로 변화와 함께 할 수 있다.
- **내버려 두기** 이 의식의 특성으로 우리는 사물(현상)을 있는 그대로 내버려 둘 수 있다. 현재 존재하는 것을 내버려 두어야 한다고 느낄 필요도 없이.
- **자기신뢰** 이 의식의 특성은 여러분 스스로, 여러분 자신의 체험을 통해 무엇이 진실이고 진실이 아닌지 보도록 돕는다.
- **자기연민** 이 의식의 특성은 자기 비난이나 비판 없이 있는 그대로의 자신에 대한 사랑을 계발한다.

이 의식의 특성들을 마음에 새긴다면—이것들에 대해 생각해 보고 자신의 최선의 이해에 기초하여 이것들을 계발한다면—여러분의 수련은 더욱 힘을 받아 유지될 수 있을 것이다. 이 의식의 특성들을 계발하는 것은 치유와 성장의 과정에 여러분의 에너지를 흘려 보내는 것과 같다. 또한 이 태도들은 상호 의존적이어서 각각이 나머지 각각에 영향을 미친다. 한 가지 특성을 계발하면 다른 특성들도 모두 향상될 수 있다.

마음챙김 호흡

마음챙김 호흡은 명상 수련의 기초가 된다. 왜냐하면 호흡은 여러분이 어디를 가든 여러분과 함께 있으며, 현재 순간으로 돌아오는 닻(anchor)이 될 수 있기 때문이다. 간단히 말해 마음챙김 호흡에서 우리가 해야 할 것은 숨을 들이쉬고 내쉴 때 그것을 다만 알아차리는 것밖에 없다. 숨을 어떤 식으로든 분석하거나 호흡의 숫자를 세거나 이미지를 떠올리거나 조작할 필요는 전혀 없다. 평소와 마찬가지로 자연스럽게 호흡을 하면서 다만 숨이 들어오고 나가는 것을 알아차리면 된다. 호흡에 집중할 수 있는 몇 가지 방법으로, 숨을 들이쉬고 내쉴 때 자신의 코, 가슴, 배 혹은 전신을 알아차리는 것이 있다.

스트레스와 불안을 다루기 위해서는 가슴보다 배로 호흡할 것을 권한다. 배로 호흡하면 안정감을 얻을 수 있기 때문이다. 그러나 배 이외의 다른 신체 부위가 더 편하다면 자신의 지혜에 귀를 기울이면 된다. 일반적으로 배로 호흡하는 것은 우리 모두가 자연스럽게 호흡하는 방식이다. 특히 자리에 누울 때 우리는 대개 배로 호흡하게 된다. 자신이 배로 호흡하는지 알아보기 위해서는 손을 배에 얹고 숨을 들이쉴 때 배가 팽창하고 숨을 내쉴 때 배가 수축하는지 살펴보라. 그렇지 않다면 좀 더 깊이 숨을 쉬면서 들숨과 날숨 시에 배가 팽창하고 수축하는 것을 느껴 보도록 한다.

배로 호흡하는 것이 좋은 점은, 스트레스나 불안 때문에 생기는 불규칙한 호흡 패턴을 안정시킬 수 있다는 것이다. 불안은 얕고 빠르며 불규칙한 호흡으로 이어지며 때로 과호흡(hyperventilation)이 발생하기도 한다. 또 공황 발작은 호흡이 짧아지며 통제감을 상실했다는 생각, 그리고 가슴 통증을 일으킬 수 있다. 호흡을 배로 가져오면 신체가 균형을 되찾는 데 도움이 된다. 불안이 일어나면 우선 그 느낌을 알아차린 뒤 부드럽게 배로 주의를 가져와 마음챙김 배 호흡을 수련한다.

떠도는 마음

마음챙김을 수련할 때 마음은 예외 없이 이리저리 떠돌게 된다. 자신의 마음이 어떻게 작

동하는지 면밀히 관찰해 보면 자신이 얼마나 자주 미래에 대한 생각(계획)과 과거에 대한 기억에 빠져 있는지 알 수 있을 것이다. 예를 들어, 샤워를 할 때 우리는 물이 몸에 닿는 감각 등 샤워 자체의 느낌을 느끼기보다 다른 것을 생각하고 있는 경우가 많다. 자동차로 어느 곳에 도착한 뒤, 자신이 실제로 그곳에 어떻게 도착했는지 잘 기억나지 않는 경우도 있을 것이다. 우리는 하루 중 거의 대부분의 시간을 현재 자신이 경험하고 있는 것에 현존하지 못하고 있다. 여러분은 이를 닦거나 빨랫감을 개거나 설거지를 할 때 얼마나 매 순간의 행위 자체에 현존하고 있는가?

마음챙김 명상 수련에서 우리는 숨과 같은 특정한 의식 대상에 집중한다. 그런데 그렇게 집중하다 보면 조금만 지나도 마음은 틀림없이 다른 곳으로 떠돌게 된다. 이것은 집중 훈련을 하지 않은 사람에게는 지극히 정상적이다. 이때 우리가 할 일은 자신을 평가하지 않고 다만 인내심을 갖고 마음이 떠도는 것을 있는 그대로 인정하고 관찰하는 것이다. 그런 다음 부드럽게 마음을 다시 호흡으로 가져온다. 우리들 대부분은 이것을 수도 없이 반복하게 된다. 그럴 때마다 자신을 질책하기보다 이런 식으로 생각해 본다. "마음챙김을 하고 있지 않았다면 아마 내 마음이 이렇게 방황하고 있다는 사실도 몰랐을 거야." 우리가 현재 순간을 알고 있지 못했음을 깨닫는 순간, 역설적이게도 당신은 현존하게 된다. 그만큼 그것은 우리 가까이에 있는 것이다. 기독교 신비주의자인 성 프랜시스 드 살레(St. Francis de Sales)는 이런 말을 했다. "가슴이 한곳에 있지 못하고 방황할 때는 그것을 그 지점으로 가만히 되가져오라. 그리고 그 시간 동안 오직 당신의 가슴을 되가져오는 일밖에 하지 않았더라도, 다시 말해 가슴이 다른 곳으로 달아날 때마다 그것을 가져오는 일만 했더라도, 당신이 보낸 시간은 충분한 가치가 있다."(Levey & Levey, 2009, p. 64)

방황하는 마음을 현재 순간으로 가져오는 것은 의식의 주 대상에 집중하는 것만큼 이 수련의 중요한 부분이다. 현재 순간에 일어나는 생각과 감정을 억압하지 않는 것이 무엇보다 중요하다. 여러분은 자신의 생각과 감정이 특정 방식대로 되고자 억압하는 대신 있는 그대로 그것들과 함께 하는 법을 배우고 있는 것이다. 처음에 자신의 마음이 어디로 달아났는지 안 다음, 부드럽게 집중 대상으로 마음을 가져오는 것이 중요하다.

방황하는 마음을 자꾸 현재 순간으로 되가져오는 연습은 세 가지 이익이 있다. 첫째, 집중력 훈련이 된다. 마음이 현재 순간이 아닌 다른 곳으로 달아날 때마다 그것을 자꾸 현재 순간으로 가져오면 여러분의 집중력은 그만큼 커진다. 둘째, 달아난 마음을 현재 순간에 되가져오면 자신의 마음이 어디로 떠돌았는지 더 잘 알게 된다. 즉, 자신이 얼마나 자기평가, 걱정, 슬픔, 분노, 혼란에 휩싸여 있는지 알게 되는 것이다. 이것은 자신의 삶의 특정 부분에 더 주의를 기울이고 그것에 대처해야 할 필요가 있다는 것을 알려 주는 신호가 될 수 있다. 세 번째 이익은 떠도는 마음을 현재로 돌이키면 자신이 걱정이나 기타 괴로운 감정을 경험하고 있었다는 것을 깨닫게 된다. 그리고 그와 관련된 신체 증상, 예컨대 턱을 꽉 물거나 위장이 불편하다는 것을 알게 될 수도 있다. 이렇게 현재 순간으로 자꾸 되돌아오는 연습을 통해 우리는 몸-마음의 관련성을 직접적으로 보게 되며 자신의 생각과 감정이 어떻게 몸을 통해 표현되는가도 알게 된다.

FAQ

저는 명상할 시간이 없는데요. 어떻게 하죠?

많은 사람들이 이런 문제점을 갖고 있다. 우선, 명상할 시간을 스스로 마련하는 것이 자신에게 줄 수 있는 커다란 선물임을 이해할 필요가 있다. 이 선물은 다른 누구도 줄 수 없는 선물이다. 마치 사람들과 만나는 약속을 정하는 것처럼 명상 수련을 위한 자신과의 약속 시간을 잡아라. 한 번에 단 5분이라도 좋다. 혹은 매일같이 하는 일상적인 활동 바로 다음에 명상 시간을 배정할 수도 있을 것이다. 전자식 스케줄러를 사용하고 있다면 명상 시간을 상기시키기 위한 팝업 창을 띄울 수도 있다.

이 워크북을 읽어 나감에 따라 여러분은 보다 긴 시간 동안 하는 수련에 대해 알게 될 것이다. 여러분의 건강과 웰빙을 위한 매일의 공식 명상으로는 30~45분 정도가 적당하지만 하루에 단 몇 분 동안의 마음챙김이라도 여러분에게 이익을 가져다줄 수 있다. 여러분이 앉아 있든 서 있든 걸어가든 누워 있든 상관없이, 마음챙김을 여러분의 일상에 쉽게 결합할 수 있는, 다양한 수련법을 소개할 것이다.

명상 수련 시의 자세

명상을 할 때 몸의 자세는 어떻게 해야 하며, 졸음 같은 문제를 어떻게 다뤄야 하는지 궁금할 것이다. 이것은 특히 바쁘게 살아가는 우리 문화에서 흔히 문제가 될 수 있다. 여기 몇 가지 검증된 지침을 소개한다.

- 방석이나 의자에 앉는다. 타월을 접거나 쿠션을 깔고 앉아도 좋다. 일어서거나 바닥에 등을 대고 누워도 좋다. 그러나 누울 경우에는 지금 우리가 명상을 하려는 것이 (잠을 자려는 것이 아니라) 완전하게 깨어 있으면서 현재 순간에 현존하려는 것임을 잊지 않도록 한다.
- 대개는 눈을 감고 하지만, 원한다면 조금 눈을 떠도 좋다. 눈을 떴다면 눈의 초점이 자신이 수련하고 있는 명상 대상에 있도록(명상 대상을 떠나지 않도록) 한다.
- 손은 자연스럽게 무릎이나 허벅지 위에 둔다.
- 편안하되 깨어 있는 자세를 유지한다. 악기 줄이 너무 팽팽하거나 너무 느슨하게 될 수 있는 것과 마찬가지로, 명상을 할 때도 너무 경직된 자세로 앉아 있으면 몸이 불편해져서 오래 앉아 있을 수 없다. 또 너무 편안한 자세로 앉으면 쉽게 졸음에 빠질 수 있다.
- 너무 졸리면 눈을 뜨거나 선 자세로 명상을 할 수도 있다. 그래도 계속 졸음이 온다면 잠시 잠을 자는 것도 방법이 될 수 있다. 그렇게 휴식을 취한 다음 수련을 하는 것이 도움이 될 때도 있다. 자신에 대한 사랑의 마음을 갖고 스스로가 현재 필요로 하는 것에 주의 깊게 귀를 기울인다.

공식 수련: 5분간의 마음챙김 호흡

이제 마음챙김 명상의 중요한 기초 몇 가지를 알았다면 여러분은 마음챙김 호흡을 수련할 준비가 되었다. 앞에서 말한 것처럼 "1온스의 실천이 몇 톤의 이론보다 낫다."라는 격언을 기억하라. 시작하기 전에 명심해야 할 것 한 가지는 어떤 수련법이라도 가장 깊은 치유는 오직 있는 그대로의 것을 인정하고 받아들일 때 일어날 수 있다는 사실이다. 이것은 스트레스나 불안이 일어날 때 그것으로부터 도망치는 오래된 습관에 빠지기보다 다만 그것을 알아차리고 인정하라는 의미다. 여러분은 자신의 두려움을 포용함으로써 자신의 가슴을 찾을 수 있다는 사실을 알게 될 것이다.

전화 등 주의를 방해하는 요소가 없는 편안한 장소에서 수련을 한다. 앉거나 누운 자세에서 할 수 있으나 누워서 할 때 쉽게 잠에 빠진다면 앉아서 하도록 한다. 다음 지시문을 읽으면서 이 수련에 온전한 주의를 기울인다. 하루 중 어느 때라도 수련할 수 있으며 원한다면 마음챙김 체크인과 함께 해도 좋다.

잠시 고요히 있는 시간을 갖는다. 명상 수련을 위해 이렇게 시간을 마련한 자신에게 축하를 보낸다.

자신의 몸에서 호흡이 가장 두드러지게 느껴지는 곳으로 의식을 가져간다. 코가 될 수도 있고, 목, 가슴, 배 혹은 다른 신체 부위가 될 수도 있다. 평소와 마찬가지로 자연스럽게 호흡하면서 숨을 들이쉴 때 들이쉬는 느낌을, 내쉴 때는 내쉬는 느낌을 알아차린다. 들숨과 날숨을 반복하면서 호흡에 대한 이 자각을 지속적으로 유지하도록 노력한다.

호흡을 이미지화하거나 호흡의 수를 세거나 호흡을 변화시키려고 할 필요는 전혀 없다. 다만 들어오고 나가는 호흡을 알아차리면 된다. 잘한다, 못한다는 판단이나 평가 없이, 바다의 썰물과 밀물처럼 호흡이 들어오고 나가는 것을 다만 관찰한다. 다만 호흡을 알아차리며 지금 여기에 존재하는 것 말고는 우리가 가야 할 다른 곳도, 해야 할 다른 일도 지금은 없다. 단지 한 번에 하나씩 들숨과 날숨을 '사는' 것뿐이다.

자연스럽게 호흡하면서 들숨에 호흡이 불러오고 날숨에 호흡이 꺼지는 것을 알아차린다. 들숨과 날숨의 순간마다 호흡의 파도를 탄다고 생각하라.

때로 호흡 이외의 다른 곳으로 주의가 달아날 것이다. 이 경우 자신의 마음이 어디로 달아났는지 알아차리고 부드럽게 호흡으로 주의를 되가져온다.

부드럽고 자연스럽게 호흡하면서 호흡을 조작하지 않으면서 들어오고 나가는 호흡을 다만 알아차린다.

이 명상을 마칠 시간이 되면 현존의 시간을 가진 자신에게 축하의 메시지를 보낸다. 또한 이것이 사랑의 행위임을 깨닫는다. 우리 모두가 평화롭기를, 모든 존재가 평화롭기를 기원한다.

5분 마음챙김 호흡 기록지

5분 마음챙김 호흡을 하는 동안 자신의 생각, 감정, 몸에서 일어난 어떤 일이든 다음 빈칸에 적어 본다.

_____

_____

_____

_____

_____

_____

_____

_____

비공식 수련: 마음챙김의 여덟 가지 태도를 자신의 삶에 가져오기

초보자의 마음, 비판단, 인정, 애쓰지 않음, 평정심, 내버려 두기, 자기신뢰, 자기연민의 여넓 가지 마음챙김 태도를 자신과 타인, 그리고 자신의 활동에 적용해 본다. 예를 들어, 요리를 하고 있다면 그것이 마치 태어나서 처음 하는 요리인 것처럼 해 본다. 초보자의 마음으로 자신과 음식, 요리에 대한 어떤 판단도 갖지 않고 양파와 당근, 야채를 썰면서 느끼는 질감을 느껴 보고 일어나는 향기를 맡아 본다. 이 요리를 통해 자신과 타인을 돌본다는 자기신뢰감을 가져본다. 이것이 어렵게 느껴진다면 지금 하고 있는 요리를 자기연민을 연습하는 기회로 생각하고, 자신이 최선의 노력을 다하고 있다는 것을 자각한다. 자신이 원하는 대로 되어가지 않는다 하더라도 결코 포기하지 않는다. 마음이 바빠지고 빨리 요리를 완성하고 싶은 마음이 들더라도 자신이 이미 현재 순간에 도달해 있고 현재 할 일로 돌아와 있음을 자각하면서 애쓰지 않음을 연습하는 기회로 삼는다. 이 과정의 항상적이지 않은 특성을 보고 이해하면서 있는 그대로 내버려 두는 것은 평정심을 기르는 연습도 된다. 이런 태도로 임할 때 자신의 몸과 마음이 어떻게 느껴지는지, 또 이런 태도를 갖지 않을 때는 어떻게 느껴지는지 관찰해 본다. 이 수련을 일상의 다른 영역에도 적용해 보고 자신과 타인, 세상과의 관계가 어떻게 변하는지도 살펴본다.

직접 해 보기

지금 바로 자신의 감각을 가지고 마음챙김 연습을 해 본다. 현재 방 주변이나 창 밖을 마치 처음 보는 것처럼 초심자의 마음을 가지고 바라보라. 소리가 들리면 소리를, 향기가 나면 향기를, 입안에 어떤 맛이 느껴진다면 그 맛을, 그리고 배가 고프다면 먹을 것을 '의도와 마음챙김을 가지고' 듣고 맡고 맛보고 먹어 보라. 그때 자신의 몸과 감정에 일어나는 어떤 것이라도 느껴 보라. 또 마음에 일어나는 생각도 알아차려 보라. 이제 모두 해 보았으면 이렇게 시간을 내어 마음챙김을 수련한 자신에게 감사하라. 그리고 이렇게 자신의 감각과 생각, 감정을 가지고 마음챙김 체크인을 하는 것이 어땠는지 확인해 보라.

수련 계획과 리뷰

다음은 여러분이 지금까지 배운 공식 수련의 종류다. 지금부터 1주일간 자신의 스케줄에 이것을 기록해 두고 매일 혹은 거의 매일 수련해 보도록 한다. 지금부터 1주일에 한 번은 자신의 수련을 돌아보고 어떻게 진행되고 있는지 리뷰하는 시간을 갖도록 한다.

● **공식 수련**
☐ 5분 마음챙김 호흡
☐ 마음챙김 체크인

다음은 일상생활에 적용할 수 있는 비공식 수련 세 가지다.

● **비공식 수련**
☐ 마음챙김의 여덟 가지 태도를 자신의 삶에 가져오기
☐ 마음챙김을 일상생활에 적용하기
☐ 마음챙김 먹기

공식 수련 기록하기

공식 수련을 할 때마다 다음 기록지를 작성한다. 기록지를 작성하고 지난주의 수련을 되돌아보면서 자신의 수련이 어떻게 진행되어 가고 있는지 생각해 본다. 자신에게 맞는 어떤 패턴이 나타났는가? 어떻게 하면 자신의 수련을 지속하는 데 도움이 되는 변화를 줄 수 있는가?

날짜 / 공식 수련의 종류	시각	이번 수련 동안 일어났던 생각, 감정, 감각 / 나중에 어떻게 느꼈나

비공식 수련 되돌아보기

　마음챙김을 자신의 삶의 방식으로 만들어 가고 그것을 자신의 일상 활동으로 확장시키는 과정에서 비공식 수련의 모든 사례를 기록하는 것은 실용적이지 못하다. 그럼에도 하루에 적어도 한 가지의 비공식 수련에 대해 돌아보는 시간을 갖는 것이 좋다. 이를 통해 자신의 비공식 수련을 깊게 하는 데 도움이 될 수 있다.

수련 종류	상황	수련 전에 관찰한 것	수련 후에 관찰한 것	무엇을 배웠나

Chapter 4

마음챙김이 어떻게 스트레스를
완화시키는가

How mindfulness works with stress reduction

오늘날 스트레스와 불안을 안고 사는 것은 우리가 상상하는 것보다 훨씬 광범위한 현상이다. 수백만 명의 사람이 매일같이 스트레스로 힘들어하며 스트레스와 함께 살고 있다. 스트레스의 원인에는 일상적인 사건들, 통증과 질병, 힘든 인생 사건들 그리고 더 흔하게는 이런 요인들이 함께 작용하는 경우가 있다. 우리들 대부분은 우리 자신의 스트레스와 불안에 대해 말하는 것을 원치 않으며 우리 안에 있는 이런 것들과 직접 대면하는 것도 달가워하지 않는다. 영화배우이자 제작자인 우디 앨런은 이런 말을 했다. "내가 그곳에 있지 않아도 좋다면 죽어도 상관없다."(Bastian & Staley, 2009, p. 9) 약간은 농담조로 이야기한 것이지만 이것은 우리 문화에 매우 보편적인 현상으로 우리가 불안과 두려움을 직면하기를 회피하는 방식을 잘 보여 주고 있다.

우리는 우리가 누구이며 어디서 와서 어디로 가는가와 같은 삶의 신비에 대한 대동소이한 질문을 안고 산다. 우리는 삶의 의미에 목말라하고 죽음의 실체가 무엇인지 궁금해한다. 우리는 매일 수많은 두려움에 직면하며 때로 심각한 공포증을 경험하기도 한다. 때로 자신감이 없어지기도 하고, 인간관계, 직장, 세상일, 음식, 잠과 관련된 불안감을 겪기도 한다. 이렇듯 우리가 불안해하고 두려워하는 목록은 끝이 없다. 가족, 친구, 지인들, 직장 동료들과 의사소통에 문제가 생겨 인간관계가 어려움에 처하는 경우도 있다. 직장에서는 마감일에 맞춰 일을 처리해야 하고, 일정한 성과를 내지 않으면 안 된다. 전쟁과 테러, 세계적인 기후변화, 인구과밀, 기아, 피할 수 없는 자연재해 가운데 사는 우리가 불안감을 느끼지 않는 것이 오히려 더 이상할 정도다. 심지어 우리의 불안감에 대해 불안을 느끼기도 한다.

우리가 이런 일들을 무시하고 마치 그것들이 존재하지 않는 것처럼 행동한다 해도 불편한 진실은, 우리가 우리 주변의 세상을 통제할 수 없으며, 우리에게 걱정과 스트레스, 불안을 일으키는 상황들은 앞으로 계속해서 생길 것이라는 사실이다. 그런 상황으로부터 고개를 돌리는 것이 정답은 아니다. 오히려 그 속으로 들어가야 한다. 마음챙김 명상은 이 점에서 큰 도움이 된다. 마음챙김 명상은 우리가 이러한 불안감과 접촉하고 그것이 우리를 완전

히 마비시켜 버리지 않도록 그것과 함께 하는 법을 가르쳐 준다. 수십만 명의 마음챙김 수련가들은 우리가 스트레스와 함께 살면서도 고통과 두려움을 줄이는 것이 가능하다는 사실을 보여 주었다. 또 우리가 스트레스의 원인을 언제나 통제하고 제거할 수 없지만 그것과 관계 맺는 방식에 변화를 줄 수 있다. 그 열쇠는, 우리가 살면서 맞이하는 도전에 대한 우리의 관계에 영향을 미치는 요인이 무엇인지 깨어 있는 마음으로 탐구하고, 그것을 다루는 데 무엇이 효과가 있고 효과가 없는지를 탐색하는 것이다.

탐구: 무엇이 효과가 있고, 무엇이 효과가 없나?

때로 여러분이 과거에 겪었던 힘들고 스트레스를 주었던 사건이 여러분의 현재 스트레스와 불안에 영향을 미치고 있을 수 있다. 예를 들어, 어린 시절에 겪었던 신체적·정서적 상처가 아직도 아물지 않고 남아 있는 사람이 많다. 또 직장에서 수치스러운 일을 겪거나 친구들로부터 거절당하는 것과 같은 정신적 외상을 입은 사람도 많다.

지금까지도 나에게 영향을 미치고 있는 과거의 힘들었던 사건을 잠시 머릿속에 떠올려 보고 그것에 관해 자신이 쓰고 싶은 만큼 다음 빈칸에 적어 본다.

_____

_____

_____

_____

_____

지금껏 인생을 살아오면서 당신은 스트레스와 고통, 질병에 대처하는 자신만의 방법을 찾았을 것이다. 예컨대, 친구에게 고민을 털어놓는다거나 운동을 한다거나 명상을 하거나 맛있는 음식을 먹거나 혹은 재미있는 영화를 보는 등 말이다. 이 중에서 스트레스를 다루는 데 지금까지 여러분에게 도움이 되었던 방법은 무엇인가? 이 질문에 대해 곰곰이 생각해 보는 시간을 갖고, 이때 떠오르는 생각과 느낌, 몸의 감각을 알아차려 보자. 어떠한 판단이나 평가도 없이 무엇이든 떠오르는 대로 내버려 두고 원하는 만큼 다음 빈칸에 적어 보자.

_____

_____

_____

_____

_____

_____

_____

　때로 당신은 자신에게 닥친 힘든 도전에 대해 건강하지 못한 방식을 선택한 적도 있을 것이다. 과식을 하거나 과로를 하거나 텔레비전을 너무 많이 보거나 혹은 인터넷을 하느라 몇 시간이나 보내거나 아니면 이메일을 하루 종일 체크하거나, 술이나 성관계, 약물에 탐닉하는 등. 이런 방법들은 처음에는 도움이 되는 듯 느껴지지만 장기적으로는 그렇지 않다. 스트레스와 불안을 다루는 데 있어 여러분이 시도해 본 방법 중 결과적으로 도움이 되지 않았던 것에는 무엇이 있는가? 이 질문에 대해 잠시 곰곰이 생각해 보고 그때 떠오르는 어떠한 생각이나 감정, 감각이라도 알아차려 보자. 어떠한 판단도 없이 떠오르는 대로 내버려 두고, 판단이 생기더라도 그 판단마저도 내버려두고 다만 알아차리도록 한다. 이에 대해 떠오르는 생각들을 다음에 간략하게 적어 보자.

_____

_____

_____

_____

_____

_____

_____

_____

희망은 삶의 도전에 직면하여 고통을 줄여 주고 회복탄력성을 북돋아 준다. 희망은 우리 모두가 가지고 있는 내적 자원이다. 당신은 무엇에 희망을 품는가? 앞으로 어떤 방향으로 자신의 삶을 변화시키기를 희망하는가?

_____

_____

_____

_____

_____

_____

_____

도움이 되었던 방법, 도움이 되지 않았던 방법과 접촉하는 과정에서 당신의 희망은 웰빙을 향해 나아가는 여정에서 강력한 단계가 된다. 당신은 당신에게 진정으로 도움이 되는 것을 기억해 내거나 혹은 처음으로 그것에 대해 알게 될지 모른다. 이것은 이러한 자원을 좀 더 의식적이고 효율적으로 활용하는 데 도움을 줄 것이다. 반대로, 당신에게 도움이 되지 않았던 방법에 대해서는 그것을 자각하고, 고통을 야기하는 비효과적인 방법들을 멀리하는 동기부여가 될 수 있다. 자신의 희망과 접촉하면 자신이 바라는 사람으로 되어가는 비전이나 잠재성에 대해 알 수 있다.

앞으로 더 나아가기 전에 자신의 호흡과 연결하는 시간을 잠시 가진 뒤 자신이 방금 적은 내용에 대해 마음챙기면서 반추하고, 이러한 탐험으로부터 배운 모든 것을 연민으로 인정하고, 통합하는 시간을 갖는다.

마음의 덫

마음챙김이 스트레스 완화에 도움을 주는 한 가지 주요한 방식은 여러분이 여러분의 스트레스와 그에 대한 반응에 중요한 역할을 하는 마음의 덫을 관찰하도록 해 준다는 점에서다. 일단 이 마음의 덫을 자각한 다음에는 거기에 쉽게 빠져드는 일을 피할 수 있다. 처음에는 그 덫에 걸린 다음에야 그것을 자각할 수 있을 뿐이다. 그러나 시간을 들여 수련하면 마음의 덫에 빠지기 전에 그것을 알아차릴 수 있다. 그리고 궁극적으로는 자신이 마음의 덫에 다가가는 과정에서 이러한 함정들을 알아볼 수 있게 될 것이다. 물론 언제나 그럴 수는 없지만, 여러분의 스트레스와 웰빙, 자신의 삶을 경험하는 방식에 차이를 만들어 낼 수 있을 만큼 충분히 자주는 그렇게 할 수 있다.

부정적인 자기대화

자기대화란 우리가 자신에게 말을 거는 방식을 말한다. 그것은 또한 우리의 습관적인 사

고방식, 사건을 해석하는 우리의 자동적인 방식을 일컫기도 한다. 불행히도, 이 내적 독백은 종종 부정적이다. 우리들 각자가 자신에게 최악의 비평가라는 것은 공공연한 사실이다. 사람들은 종종 믿을 수 없을 만큼 자신에게 냉혹하다. 후회되는 일을 한 후 여러분은 '나는 멍청이야.' '나는 쓸모없는 존재야.' 심지어 '내가 너무 싫어.' 같은 생각들을 스스로 해 보았을 것이다. 단 한 차례의 후회 되는 행동을 한 뒤에 그것을 확대 해석하여 "나는 절대 이 일을 해낼 수 없을 거야. 아무도 나를 도와주지 않을 거야. 상황은 결코 변하지 않을 거야." 라고 생각하기도 한다. 만약 친구가 여러분에게 이런 부정적인 말을 했더라면, 여러분은 어떤 기분일까? 아마 절망에 빠지고, 슬프고, 화가 나며 그 친구와 다시는 함께 지내지 않을 거라고 생각할지 모른다.

스트레스, 불안, 공포가 일어날 때 그것은 실제를 왜곡하고 그것을 더 걱정스러운 것으로 만드는 안경을 쓰는 것과 같다. 이렇게 되면 불안한 생각의 연결고리가 여러분의 머릿속에서 계속해서 돌아가고 공포를 더 악화시키며 공황 상태로 이어질 수도 있다. '나는 한참 모자라.' '아무도 나를 이해해 주지 않아.' '결코 내 짝을 찾을 수 없을 거야.' 같은 내적 생각을 예로 들어 보자. 이런 생각들에 아무 생각 없이 홀려 있다 보면 스트레스와 불안, 우울감은 점점 커진다. 그리고 이런 생각 다음에는 어김없이 부정적인 자기평가가 뒤따른다. '나는 쓸모없는 사람이야. 그러니까 좋은 사람이 아니야.' '아무도 나를 이해해 주지 않아. 나는 뭔가 어정쩡하고 어디에도 잘 들어맞는 사람이 아니니까 말야.' '나 같은 사람에게 누가 관심을 가져 줄까.' 같은 것들이다. 마음챙김의 훌륭한 점은 이러한 괴로운 것들을 포함한 생각들을 '사실(facts)'이 아닌 하나의 '정신적 사건(mental events)'으로 간주하게 도와준다는 것이다.

어떤 생각이 여러분의 마음속에 탁 하고 떠오를 때 여러분은 그것을 '사실'이 아닌 마음속에 일어난 하나의 '사건(event)'으로 간주할 수 있다. 그것이 일어나고 사라지는 것을, 그 과정을 자각할 수 있는 것이다. 시냇가에 앉아서 물 위에 떠오른 나뭇잎이 흘러가는 것을 물끄러미 바라보듯이, 혹은 하늘의 구름이 생겼다가 사라지는 것을 바라보듯이 그렇게 마음챙김을 연습하면 여러분 마음속에서 생기고 사라지는 무엇이든, 그것에 집착하지 않고 다만 일어나고 사라지는 과정 자체를 자각하는 법을 배울 수 있다.

습관적인 사고방식

　부정적인 자기대화 외에도 습관적인 사고방식에 사로잡혀 기분이 우울해지는 것도 우리들의 웰빙에 분명히 해가 된다. 이런 사고 패턴은 무의식적으로 일어나기 때문에 이러한 덫에 걸려들기 시작할 때 그것을 알아차릴 수 있도록 자신의 습관적인 사고방식에 대해 잘 알아두는 것이 도움이 된다. 다음 다양한 부정적인 사고 패턴에 대한 설명을 읽어 보고 자신이 어디에 해당하는지 살펴보라. 이 연습의 목적은 체크된 수로 여러분을 평가하려는 것이 아니라 다만 여러분의 길을 막고 있는 사고방식에 대한 자각력을 높이기 위한 것이다. 이렇게 자각력이 커져야만 동일한 상황이라도 지금까지와 다르게 볼 수 있는 눈, 자신의 생각을 사실이 아닌 다만 하나의 사건으로 보는 눈이 생긴다.

- **재앙화(catastrophizing)**는 불안을 증폭시키는 사고 유형이다. 도전적인 상황에서 재앙화는 재난을 예기하고, 자동적으로 가능한 최악의 결과를 상상한다. 이것은 최악의 시나리오에서 '~하면 어쩌지(what-if)' 게임이다. 예컨대, 누군가 비가 아주 많이 온다고 말하면, 그 말을 들은 상대가 "맞아요, 절대 멈추지 않을 것처럼 오는군요. 홍수가 나고 결국엔 우리가 키운 작물을 모두 쓸어 가 버리겠지요."라고 대답하는 것이 그 예이다.
- **부정적 과장(exaggerating the negative)**을 하고 긍정적인 면을 축소하는 것(discounting the positive)은 함께 작용하여 불안하고 우울한 기분을 키운다. 무언가 긍정적인 말을 하고서도 '하지만~'으로 말을 이어갈 때가 이에 해당한다. 예컨대 "나는 직장에서 일을 잘 하고 있어요. 하지만 아직도 실수를 하죠." 이것은 긍정적인 면을 깎아내리고 부정적인 것에 더 큰 힘을 실어 준다. '하지만'을 '그리고'로 바꿔 긍정적인 면과 부정적인 면에 동일한 무게를 줘 보라.
- **독심술(Mind reading)**은 내가 상대방의 생각과 감정, 그리고 왜 그들이 그렇게 행동하는지를 '실재적 증거도 없으면서' 알고 있다고 스스로 확신하는 것을 말한다. 예컨대, 당신은 누군가가 당신을 좋아하지 않는다고 부정확하게 가정한다. 이런 해석은 불안과 우울을 키운다.
- **결코 틀리지 않는 전문가 되기(being the eternal expert)**는 스트레스 증가의 주범으로 여러분은 끊임없이 자신의 의견과 행동이 옳다는 것을 방어해야 하는 처지에 놓이게

된다.

- **반드시 해야 하는 일(shoulds)**은 스트레스에 더하여 죄책감과 분노를 일으키는 매우 흔한 사고 패턴이다. '해야 하는 일'은 자신과 타인에 대한, 절대로 깨뜨려서는 안 된다고 생각하는 규칙들을 말한다. 자기 스스로 규칙을 깨뜨린 경우, 여러분은 스스로의 기대에 부응하지 못한 자신에 대해 종종 죄책감을 느낀다. 한편 타인이 이러한 규칙을 깨뜨렸다면 당신은 그들에게 분노하게 된다.
- **비난하기(blaming)**는 자신의 고통에 대한 책임을 타인에게, 타인의 문제에 대한 책임을 자신에게 돌리는 것을 말한다. 비난하기는 언제나 당신의 고통의 원인이 당신 바깥의 누군가 혹은 무언가에 있다. 그렇지만 일반적으로 당신은 타인을 바꿀 수 없고 상황을 바꾸기도 어렵다. 오직 바꿀 수 있는 것은 자신뿐이다. 해결책이 당신 바깥에 있다고 생각하면 변화를 일으킬 수 있는 힘을 자신에게서 빼앗는 셈이 된다.

이러한 사고 유형을 마음대로 풀어놓으면 스트레스와 불안, 심지어 우울한 기분이 일어나게 된다. 어떠한 평가도 없이 다만 자신의 사고 유형을 자각하는 것으로 당신은 그것들 바깥에 서서 자신의 마음의 내적 작용에 대한 더 큰 통찰을 얻을 수 있다. 다시 말해 그렇게 할 때 여러분은 자신의 마음이 여러분을 통제하는 것이 아니라 여러분 자신이 자기의 마음을 더 현명하게 다룰 수 있게 될 것이다.

부정적 해석

여러분이 사건을 어떻게 해석하는가가 여러분의 스트레스 수준에 큰 영향을 미친다. 다음 시나리오를 읽고 여러분의 최초의 반응이 어떤 것인가 알아보라. 최근 소개팅한 상대가 내 전화를 받지 않는다면 그(그녀)가 나에게 관심이 없다는 말인가, 아니면 그(그녀)가 바쁘다는 의미일까? 자동차 속도위반 딱지를 떼였다면 세상이 일부러 나를 골탕먹이려고 하는 것인가, 아니면 내가 속도를 낮출 필요가 있다는 말인가? 자신의 감정을 솔직하게 드러내는 것은 나약함의 표시인가, 용기의 표시인가? 이런 경우에 우리의 첫 반응이 부정적이 되는 것은 전혀 드문 일이 아니다. 그리고 이 일은 너무 빨리 무의식적으로 일어나기 때문에 우리는 우리가 부정적인 해석을 하고 있다는 사실 자체도 알아차리지 못한다. 그렇지만 이런 자각이 없으면 우리는 불안한 느낌과 경직된 신체감각의 악순환에 계속 갇히게 된다. 여기서도 마음챙김은 우리가 부정적인 해석을 알아차리고, 부정적 해석 이외의 다른 선택권과 해석에 대한 열쇠를 인식하는 방책이 될 수 있다. 이런 경우, 재앙으로 생각되던 것이 실제로는 선물이 된다.

이 점을 잘 보여 주는 현명한 노인에 관한 이야기가 있다. 마을의 모든 사람이 이 노인을 존경했고 그에게 조언을 구했다. 어느 여름 날 농부 하나가 허겁지겁 노인에게 달려와서는 이렇게 말했다. "어르신, 방금 제 소가 죽었습니다. 밭을 갈 수 없게 되었으니 큰일입니다."

노인은 농부를 바라보며 이렇게 말했다. "그럴 수도 있고, 그렇지 않을 수도 있지요." 반신반의한 농부가 집으로 돌아와서는 이제 그 노인을 더 이상 존경할 수 없겠다고 가족들에게 말했다. 왜냐하면 소를 잃은 것은 농부가 겪을 수 있는 일 중 최악의 일이기 때문이었다.

다음 날 아침 농부는 이제 소 없이 어떻게 밭을 갈까 궁리를 하며 길을 걷고 있었다. 그때 멀리서 힘센 말 한 마리가 들판에서 풀을 뜯고 있는 것이 보였다. 농부는 이 말을 잡아다가 밭을 갈게 하면 만사 오케이일 것이라고 생각했다. 마침내 농부는 말을 잡아 밭을 갈게 하는 데 성공했다. 그는 자신이 운이 좋다고 생각했고, 밭 갈기는 훨씬 수월하게 진행되었다. 다음 날 노인을 찾아간 농부는 이렇게 말했다. "저의 사과를 받아주십시오. 어른의 말이 분명히 옳았습니다. 만약 내가 소를 잃지 않았더라면 다음 날 길을 걷지도 않았을 것이고, 그렇다면 그 말을 잡아 오지도 못했을 겁니다. 이 말을 잡을 수 있었던 것은 제게 일어난 일 중 최상의 일입니다."

이 말에 노인은 다시 농부를 바라보며 이렇게 말했다. "그럴 수도 있고 그렇지 않을 수도 있지요."

'놀리는 건가?' 농부는 집으로 돌아오며 이렇게 생각했다. "미친 사람 아냐? 다시는 당신을 찾을 일이 없을 거요." 농부는 중얼거렸다. 며칠 뒤 농부의 아들이 그 말을 타다가 말에서 떨어졌다. 다리가 부러진 아들은 밭에 나가 일을 도울 수 없었다. 농부는 "최악의 일이 벌어졌군. 우리 가족은 앞으로 어떻게 생활해 나가지?" 지난번에 현명한 조언을 해 준 일이 기억난 농부는 다시 노인을 찾아가 자초지종을 이야기했다. "당신은 미래를 알고 있음이 틀림없습니다. 어떻게 이 일이 일어날 줄 아셨지요? 우리는 전혀 예측하지 못했습니다. 그러나 이번에는 틀림없이 최악의 일이 일어나고 만 겁니다. 이 점은 인정하시겠지요?"

다시 한 번 노인은 조용히 그리고 사랑스러운 눈빛으로 농부의 눈을 바라보더니 이렇게

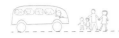

말했다. "그럴 수도 있고 그렇지 않을 수도 있지요." 농부는 저번과 똑같은 말을 하는 노인에게 화가 나서 마을로 돌아와 버렸다.

다음 날 계속되는 전쟁에 동원될 건장한 젊은이를 징집하기 위해 군대가 마을에 도착했다. 그러나 농부의 아들은 부러진 다리 때문에 마을에서 유일하게 징집을 당하지 않았고 결국 거의 모든 젊은이가 전사한 전쟁에서 목숨을 보존할 수 있었다.

직접 해 보기

지금 현재 자신의 머릿속에 떠오르는 부정적인 자기대화를 알아차려 보라. "소용없는 일이야." "농담하고 있나? 사정은 바뀌지 않아." 그렇다면 스스로에게 상황을 다르게 볼 수 있는 방법이 있는지 물어보라. 이야기 속의 노인이 "그럴 수도 있고 그렇지 않을 수도 있지요"라고 말했던 것처럼, 상황을 다르게 본다면 어떤 일이 일어날까? 다음 한 주 동안 이 연습을 일상생활로 가져가 자신의 자동적인 부정적 해석이나 기타 마음의 덫이 없는지 살펴보라.

공식 수련: 15분 마음챙김 호흡

3장에서 소개한 마음챙김 호흡의 15분 버전인 이 수련은 여러분이 더 큰 자각과 연민, 평화로 현재 순간으로 돌아오는 데 도움을 줄 것이다. 이 수련은 온갖 마음의 함정에 대한 강력한 처방전이며, 이 책에 소개하는 명상의 출발점이 되어 준다. 어떤 순간에도, 호흡을 현재 순간으로 돌아오는 닻으로 사용할 수 있음을 기억하라. 오직 다만 호흡에 주의를 집중하라. 호흡을 조정하려 하지 마라. 다만 자연스럽게 호흡하면서 들숨과 날숨 시에 코와 배 아니면 호흡이 가장 두드러지게 느껴지는 곳의 감각을 느껴 보라.

전화 같은 주의를 방해하는 요인이 없는 곳에서 이 수련을 하라. 누워서 해도 좋고 앉아서 해도 좋다. 만약 누워서 할 때 졸립다면 앉아서 하라. 다음 지침을 읽으면서 이 수련에, 분산되지 않은 온전한 주의를 기울이라. 각 문단이 끝날 때마다 앞서 5분 호흡 수련에서보다 좀 더 길게 휴지기를 둔다.

　　잠시 고요히 있는 시간을 갖는다. 명상 수련을 위해 이렇게 시간을 마련한 자신에게 축하를 보낸다.

　　자신의 몸에서 호흡이 가장 두드러지게 느껴지는 곳으로 의식을 가져간다. 코가 될 수도 있고, 목, 가슴, 배 혹은 다른 신체 부위가 될 수도 있다. 평소와 마찬가지로 자연스럽게 호흡하면서 숨을 들이쉴 때 들이쉬는 느낌을, 내쉴 때는 내쉬는 느낌을 알아차린다. 들숨과 날숨을 반복하면서 호흡에 대한 이 자각을 지속적으로 유지하도록 노력한다.

　　호흡을 이미지화하거나 호흡의 수를 세거나 호흡을 변화시키려고 할 필요는 전혀 없다. 다만 들어오고 나가는 호흡을 알아차리면 된다. 잘한다, 못한다는 판단이나 평가 없이, 바다의 썰물과 밀물처럼 호흡이 들어오고 나가는 것을 관찰한다. 다만 호흡을 알아차리며 지금 여기에 존재하는 것 말고는 우리가 가야 할 다른 곳도, 해야 할 다른 일도 지금은 없다. 단지 한 번에 하나씩 들숨과 날숨을 '사는' 것뿐이다.

　　자연스럽게 호흡하면서 들숨에 호흡이 부풀어 오고 날숨에 호흡이 꺼지는 것을 알아차린다. 들숨과 날숨의 순간마다 호흡의 파도를 탄다고 생각하라.

　　때로 호흡 이외의 다른 곳으로 주의가 달아날 것이다. 이 경우 자신의 마음이 어디로 달아났는지 알아차리고 부드럽게 호흡으로 주의를 되가져온다.

　　부드럽고 자연스럽게 호흡하면서 호흡을 조작하지 않으면서 들어오고 나가는 호흡을 다만 알아차린다.

　　이 명상을 마칠 시간이 되면 현존의 시간을 가진 자신에게 축하의 메시지를 보낸다. 또한 이것이 사랑의 행위임을 깨닫는다. 우리 모두가 평화롭기를, 모든 존재가 평화롭기를 기원한다.

15분 마음챙김 호흡 기록지

이 수련을 처음으로 할 때 자신의 몸과 마음, 감정에 어떤 일이 일어났는지 적어 본다. 5분 마음챙김 호흡 수련 때와 차이점은 무엇인가?

공식 수련: 걷기 명상

마음챙김 걷기는 스트레스를 받고 불안한 머릿속에서 나와 땅에 닿는 발의 감각을 느껴 보는 훌륭한 방법이다. 일상생활에서 걷기는 대개 A 지점에서 B 지점으로 이동하는 데 소용된다. 우리는 거의 항상 어디론가 이동하고 있다. 그러나 걷기 명상은 이것과 다르다. 걷기 명상은 단지 A에서 B 지점으로 이동하는 것과는 다른 좀 더 의도적인 행위이다. 걷기 명상의 목적은 매 발걸음으로 현재 순간에 도착하는 것이다.

당신에게 걷는 능력이 있다면 대개는 매일같이 걸음을 걸을 것이며 그러면서도 아마 걷는 행위 자체에 별로 관심을 가져본 일은 없을 것이다. 아기 때 그 작은 발로 균형을 잡고 서는 법을 배우는 데 1년여가 걸렸지만 일단 걷게 된 다음부터는 뒤를 돌아보지 않았다. 지금 당신은 걷는 것을 당연하게 생각할 것이다. 그러나 당신 몸의 크기에 비해 발의 크기가 얼마나 작은지 한번 생각해 보라. 어떤 면에서는 인간이 두 발로 균형을 잡고 서서 걸음을 걸을 수 있다는 것은 대단한 기적이다.

걷기 명상은 걸을 때 발을 들고, 나아가고, 내려놓는 동작 하나하나의 움직임을 알아차리는 것이다. 아주 간단한 듯 보이지만 한 발을 완전히 내려놓은 다음 다른 발을 드는 것이 도움이 된다. '들고, 나아가고, 내려놓고, 들고, 나아가고, 내려놓고' 걷는 과정을 천천히 하면서 발의 움직임을, 몸에 대한 신중한 알아차림을 계발하는 기회로 활용한다. 하루 중 우리는 걷는 데에서도 많은 변화를 관찰하게 된다. 때로 빨리 걷고 싶을 때도 있고, 아니면 좀 천천히 걷고 싶어지는 때도 있다. 상황이나 자신의 성향이 어떻든 간에 자신의 온전한 주의를 발의 들고 나아가고 내려놓는 움직임의 느낌에 두도록 한다. 이것은 다음 공식 수련으로 제시되었지만, 마음챙김 걷기는 일상 중 어느 때나 수련할 수 있다. 이 책에 제시된 모든 수련법과 마찬가지로 마음챙김 걷기도 하루 중 한 번에 단 몇 분만 수련할 수도 있다.

10~20피트의 거리를 왕복해서 10분 정도 방해 받지 않고 걸을 수 있는 조용한 장소를 선택한다. 다음 지시문을 읽으면서 온전한 주의를 이 수련에 기울인다. 천천히 걸으면서 발의 감각, 특히 발꿈치에서부터 발가락에 이르는 발바닥이 땅에 닿는 감각에 주의를 기울인다. 걸음을 걸으면서 그리고 팔이 앞뒤로 움직이면서 몸이 어떻게 움직이는지 살핀다. 걷는 도중 마음이 발이 아닌 다른 곳으로 달아나면 다만 이것을 알아차리고 부드럽게 다시 발의 움직임으로 마음을 가져온다.

우선 제자리에 똑바로 선 채 몸의 느낌을 느껴 보도록 한다. 자신의 몸이 땅 혹은 바닥과 연결되어 있음을 느껴 본다.

주변의 빛이나 냄새, 맛, 소리, 다른 감각 등을 자각한다. 자신에게 떠오르는 어떠한 생각이나 감정도 알아차린다. 이 모든 감각과 내적 경험에 대해 그것을 변화시키려고 하지 말고 다만 있는 그대로 내버려 둔다.

이제 오른발을 들면서 몸의 무게중심이 왼발에 쏠리는 것을 느껴 본다. 그다음 오른발이 앞으로 나아가고 바닥에 닿는 느낌도 느낀다.

이제 마음을 챙기면서 왼발을 들고 몸의 무게중심이 오른발로 쏠리는 것을 느낀다. 그다음 왼발이 앞으로 나아가고 바닥에 닿는 느낌을 느낀다.

천천히 걸으면서 발꿈치에서부터 발가락까지 발바닥의 각 부위에 느껴지는 감각과 발바닥이 바닥에 닿는 감각에 주의를 기울인다. 걸으면서 양팔이 앞뒤로 흔들리면서 몸이 움직이는 느낌, 혹은 뒷짐 지거나 앞으로 모은 손의 느낌도 느껴 본다.

매 순간, 매 발걸음을 자각하면서(알아차리면서) 걷는다.

정해 놓은 끝 지점까지 한 번에 한 걸음씩 천천히 걷는다. 마음챙김의 흐름이 끊어지지 않도록 하면서 끝 지점에서 몸을 돌려 다시 시작 지점으로 천천히 걷는다.

한 번에 한 걸음씩 알아차림을 지니고 걷는다.

계속해서 한 번에 한 걸음씩 걷고, 끝 지점에서 몸을 돌려 다시 시작 지점으로 돌아온다.

마음챙김을 지니고 걷는다.

걷기 명상 기록지

처음 걷기 명상을 끝낸 뒤 잠시 시간을 내어 걷기 명상 중에 느꼈던 자신의 생각과 느낌, 감각에 대해 적어 본다.

_____

_____

_____

_____

_____

_____

_____

비공식 수련: STOP

일상생활에서 스트레스와 불안을 줄이는 데 마음챙김을 활용하는 비공식 방법을 두문자어 STOP으로 요약할 수 있다. STOP은 몸과 마음을 균형 상태로 되돌리는 매우 간단하고 효과적인 방법이다.

S = Stop(멈추기)

T = Take a breath(숨쉬기)

O = Observe(관찰하기)

P = Proceed(나아가기)

우리는 실제로 우리 안에서 일어나는 일들을 자각하지 못하는 경우가 많다. 잠시 멈추어 호흡을 하면서 지금 현재 우리 안에서 일어나는 일들(자신의 생각, 감정, 감각 등)을 관찰하는 시간을 가짐으로써 우리는 자신의 경험과 다시 연결을 맺을 수 있고, 그런 다음 하던 일을 계속한다면 더 효과적으로 반응할 수 있다. 이 연습은 우리에게 큰 깨달음을 준다. 아마도 여러분의 어깨는 단단하게 굳어 있고 턱은 꽉 다물어져 있으며 몸은 긴장으로 가득 차 있을지 모른다. 아마 당신은 배가 고픈 상태이거나 지쳐 있거나 휴식이 필요한지도 모른다. 그렇다면 여러분이 다시금 현재 순간으로 돌아와야 함을 스스로에게 상기시킬 때이다. 몸이 긴장되거나 화가 나거나 혼란스럽거나 혹은 마음이 내키는 언제라도 여러분은 이것을 연습할 수 있다. 혹은 특정 활동 전이나 후에 이 연습을 할 수도 있다. 아니면 하루 중 여러 시간대에 STOP 수련을 배정해 자신과의 연결을 되찾을 수도 있다. 우리는 한 시간마다 팝업 창을 띄우는 스케줄링 소프트웨어를 사용하여 STOP 수련을 상기시키는 사람도 보았다. 어떤 방법이든 자신에게 맞는 방법으로 STOP 수련을 하면서 현재 순간으로 돌아오도록 하라. 우리들 모두는 우리 자신의 건강을 관리하는 데 있어서 적극적인 참여자가 될 수 있다. 또 아무리 어렵고 힘든 순간이라도 더 큰 균형감과 평화의 마음을 가지고 매 순간을 경험할 수 있는 잠재력도 키워 갈 수 있다.

FAQ

명상을 할 때 자꾸 불안한 생각, 슬픈 생각, 혼란스럽고 두려운 마음이 듭니다. 이런 감정들을 어떻게 받아들이고 있는 그대로 내버려 둘 수 있을까요?

우선, 당신은 그것을 받아들일 필요가 없다. 받아들인다, 수용한다는 것은 그에 대해 괜찮다, 그것과 평화롭게 지낸다는 의미다. 아마 당신은 당신이 직접적으로 경험하고 있는 감정을 우선 인정하는 것에서부터 시작해야 할 것이다. 마음챙김은 당신의 감정을—그것이 무엇이든—수용하려고 애쓰기보다 있는 그대로 인정하도록 해 준다. 어떠한 검열도 없이 말이다. 감정적 고통에 저항하는 것 자체가 종종 더 큰 고통을 불러온다는 것을 관찰하는 것으로 시작하라. 그리고 감정적 고통에 맞서 싸우기보다 그것과 '함께 가는 법'을 배우면 그 고통과의 관계가 변화하고 결국엔 종종 사라질 수 있다는 것을 관찰하게 된다. "고통과 함께 간다"는 것은 지금 당신의 몸과 마음에서 느껴지는 것을 있는 그대로 인정한다는 의미다. 다만 감각과 감정의 물결을 가만히 내버려 두는 것이다. 그것들이 가야 할 필요가 있는 방향으로 가도록 그냥 내버려 두는 것이다.

감정을 내버려 두는 것에 관하여 우리는 여러분의 에너지를 감정을 있는 그대로 내버려 두는 법을 배우는 데 쏟기를 권한다. 이것은 내려놓는 것과 다르다. 만약 여러분이 진정으로 내버려 두는 법을 알게 된다면 여러분의 삶은 지금보다 훨씬 수월해질 것이다. 그러나 분명 이것은 쉽지 않은 일이다. 있는 그대로 내버려 두는 법을 배움으로써 여러분은 고통을 인정하고 그 고통이 회복될 수 있는—그 고통이 어떤 방향으로 흘러가든—공간을 마련하게 되는 것이다. 지금 현재 여러분에게 일어나고 있는 일과 맞서 싸우기보다 그것과 '함께 가는' 법을 알게 될 때 고통과 저항은 줄어들 것이다. 명상을 할 때도 두려움이나 기타 여러분의 몸에서 느끼는 어떠한 감정의 에너지라도 다만 있는 그대로 내버려 두라. 그것을 변화시키려고 하거나 물리치려고 하지 마라. 이러한 감정들이 여러분의 몸과 마음에서 어떻게 발현되고 있는가를 아는 것은 매우 귀중한 정보다. 명상 수행의 맥락을 벗어나서도 여러분은 이러한 감각을, 여러분이 두려워하고 불안해하며 안절부절못하는 경우 그에 대한 일종의 신호로 활용할 수 있다. 그리고 어떠한 감정이 일어나더라도, 또 그에 따르는 어떠한 신체감각이라도 그것과 함께 있을 수 있게 됨에 따라 그것들도 결국에는 사라지게 된다는 사실을 이해하게 될 것이다.

수련 계획과 리뷰

이 장에서 소개한 공식 수련을 다음과 같이 정리하였다. 다음 1주일 동안 다음 수련에 대한 계획표를 세우고 1주일에 적어도 5회 수련하도록 하라. 또한 1주일에 한 번은 자신의 수련을 리뷰하는 시간을 갖도록 한다.

● **공식 수련**
☐ 15분 마음챙김 호흡
☐ 걷기 명상

다음은 일상생활에서 실천할 수 있는 비공식 수련이다.

● **비공식 수련**
☐ STOP
☐ 마음챙김의 여덟 가지 태도를 자신의 삶에 가져오기
☐ 마음챙김을 일상생활에 적용하기
☐ 마음챙김 먹기

공식 수련 기록하기

공식 수련을 할 때마다 다음 기록지를 작성한다. 기록지를 작성하고 지난주의 수련을 되돌아보면서 자신의 수련이 어떻게 진행되어 가고 있는지 생각해 본다. 자신에게 맞는 어떤 패턴이 나타났는가? 어떻게 하면 자신의 수련을 지속하는 데 도움이 되는 변화를 줄 수 있는가?

날짜 / 공식 수련의 종류	시각	이번 수련 동안 일어났던 생각, 감정, 감각 / 나중에 어떻게 느꼈나

비공식 수련 되돌아보기

매일 적어도 한 가지의 비공식 수련에 대해 돌아보는 시간을 갖는다. 이를 통해 자신의 비공식 수련을 깊게 하는 데 도움을 받을 수 있다.

수련 종류	상황	수련 전에 관찰한 것	수련 후에 관찰한 것	무엇을 배웠나

Chapter 5

몸에 대한 마음챙김

Mindfulness of the body

우리가 삶을 사는 데 몸이 필요하고, 또 이번 생에 또 다른 몸을 얻지 않을 거라는 사실은 분명하다. 사고로 팔, 다리를 절단하거나 수술을 받는 경우는 있어도 몸 전체를 완전히 이식하는 경우란 불가능하다. 몸은 인생이라는 여행을 살아나가는 데 있어 우리의 탈 것이며, 우리는 몸의 건강과 안녕, 장수를 위해 그것을 보살펴야만 한다. 마음챙김을 몸에 적용하는 것은 우리의 몸이 건강하기 위해 무엇을 필요로 하고 필요로 하지 않는가를 아는 데 도움이 된다. 몸에 대한 마음챙김을 통해 우리는 스트레스와 불안이 우리에게 어떤 영향을 미치며, 신체적 고통과 질병에도 불구하고 우리가 어떻게 지금보다 더 잘 살 수 있는가를 배울 수 있게 된다. 이 장에서 우리는 여러분에게 바디스캔(body scan)이라는 오랜 시간에 걸쳐 검증된 수련법을 사용하여 몸에 대한 더 큰 마음챙김으로 들어가는 문을 열어 보일 것이다. 우리는 또한 신체적 통증을 다루는 방법, 감정과 신체감각 사이의 연관성, 그리고 신체감각을 우리의 정서 상태에 대한 열쇠로 사용하는 법에 대해서도 알아볼 것이다.

몸에 대한 알아차림이 주는 이익

바디스캔 명상은 몸의 매 순간 경험에 대한 깊은 탐구다. 몸에서 느끼고 감지되는 그 어떤 것에든 알아차림과 수용을 적용하는 바디스캔은 스트레스, 불안, 신체 통증을 다스리는 데 매우 도움이 된다. 여러분은 '몸 밖으로' 나가는 유체이탈 경험을 만들어 내는 명상에 대해 들어 보았을 것이다. 그러나 바디스캔의 목적은 오히려 '몸 안으로' 들어오는 체험을 하는 데 있다. 이러한 자각을 계발함으로써 우리들 대부분은 이익을 볼 수 있다. 만약 당신이 대부분의 사람과 같다면 당신은 아마도 당신의 몸 바깥에서 살면서 대부분의 시간을 보낼 것이다. 미래나 과거에 대해 생각하면서, 온갖 종류의 각본을 상상하면서, 또는 추상적

인 사고에 몰두하면서, 아니면 자신의 생각에 몰입한 채 말이다. 〈고통스러운 사례〉라는 제목의 단편에서 제임스 조이스(James Joyce)는 "자신의 몸에서 약간 떨어진 곳에 살았던" 더피 씨(Mr. Duffy)에 대해 이야기했다(2006, p. 86). 당신도 더피 씨와 같지는 않은가?

바디스캔에서 우리는 왼쪽 발가락 끝에서부터 정수리에 이르는 몸 전체에 의도적으로 주의를 보낸다. 가려움, 통증, 따끔거림, 가벼움, 무거움, 따뜻함, 차가움, 아무 느낌이 없음 등 다양한 신체감각을 알아차린다. 이런 감각에는 생각이나 감정이 함께 따라올 수도 있다. 여러분이 바디스캔을 수련할 때 이런 다양한 감각과 내적 경험은 다음 세 가지의 기본적인 느낌으로 축약된다. 즉, 좋은 느낌, 불쾌한 느낌, 좋지도 불쾌하지도 않은 무덤덤한 느낌이 그것이다. 우리 신체는 끊임없이 변화하고 있는 역동적인 기관이기 때문에 한 사람이 하는 바디스캔은 매번 다르다. 여러분이 수련을 계속하게 되면 마사 그레이엄(Martha Graham)이 현명하게 말한 것처럼 "몸은 언어가 말하지 못하는 것을 말해 준다."라는 말이 사실이라는 것을 알게 될 것이다(Hanna, 2006, p. 33). 몸은 그 자체의 지혜를 가지고 있다. 우리가 그것에 귀를 기울여 듣게 되면 몸은 신체적 긴장과 생각, 감정이 우리 몸의 어디에 놓여 있는지를 알려 준다. 신체감각, 생각, 감정에 대한 이러한 탐구는 자각의 삼각형(triangle of awarness)이라고 불린다. 왜냐하면 이것은 인간 경험의 총체성에 대한 여행이기 때문이다.

처음 바디스캔을 할 때는 다만 이러한 느껴진 감각(felt sense)을 탐험함으로써 신체감각을 자각하기만 하면 된다. 이것은 자신의 몸에 대해 '생각하는' 것과는 다르다. 자신의 몸을 어떠한 방식으로든 분석하거나 조작하려고 할 필요가 없다. 다만 어떠한 감각이든 있는 그대로, 느껴지는 대로 느끼고 받아들이면 된다. 이러한 깊은 조사를 통해 몸은 다양한 느낌을 드러내 준다. 이러한 방식으로 바디스캔은 여러분을 삶의 다양한 측면과 접촉하게 해 준다.

공식 수련: 바디스캔

바디스캔은 우리의 몸 · 마음과 접촉할 수 있는 훌륭한 방법이다. 방해 받는 요인이 없는 편안한 장소에서 바디스캔을 실시하라. 누워서 하는 것을 권하나 졸립다면 자리에 앉거나 서서 해도 좋다. 분산되지 않은, 온전한 주의를 이 수련에 기울인다. 다음 지시문을 읽고 바디스캔을 할 때 각 문단이 끝날 때마다 잠시 쉬는 시간을 두어 전체 수련 시간이 45분, 30분, 혹은 15분이 되도록 조절한다.

잠시 가만히 있는 시간을 갖는다. 명상 수련을 위해 이러한 시간을 마련한 자신에게 축하를 보낸다.

마음챙김 체크인을 한다. 자신의 몸과 마음속으로 온전히 들어가서, 일어나는 어떠한 생각과 감정, 신체감각이라도 마치 파도를 타듯 있는 그대로 느껴 본다.

바디스캔을 하려고 지금 이렇게 누운 시간이 아마도 오늘 하루를 바쁘게 보낸 당신이 처음으로 멈추어 선 시간일지 모른다. 행위(doing)가 아닌 존재(being)의 세계에 이제 막 들어선 당신은 자신이 갖고 다니던 감정의 궤도를 알아차리게 될지 모른다.

여기서 판단이나 분석, 해결은 필요하지 않다. 다만 지금 여기 있는 것과 함께 지금 이 순간에 존재하도록 스스로 허용하기만 하면 된다.

때로 마음은 호흡에 대한 의식으로부터 다른 곳으로 달아날 것이다. 이것을 알아차리면 자신이 어디에 갔었는지를 알아차리고 들숨과 날숨을 자각하면서 자신의 호흡으로 되돌아온다.

이제 천천히 호흡에 대한 자각을 몸으로 옮겨가면서 바디스캔을 시작한다. 몸 전체를 훑으면서 여러분은 아마 신체 어느 부위가 딱딱하거나 긴장되어 있는 것을 알게 될 것이다. 그 부위를 부드럽게 풀어 줄 수 있으면 그렇게 하라. 잘 풀어지지 않으면 그것도 그냥 그대로 두어라. 그 신체감각을 있는 그대로, 흘러가는 대로 내버려 두라. 이것은 신체감각뿐 아니라 바디스캔 중 일어나는 모든 감정에도 적용된다. 몸 전체를 훑어 내려가면서 신체감각으로부터 생기는 어떠한 생각이나 감정도 모두 알아차린다.

왼쪽 발이 바닥에 닿는 감각을 느껴 본다. 그곳은 발꿈치가 될 수도 있고 (앉아 있거나 서 있는 경우라면) 왼쪽 발바닥이 될 수도 있다. 어느 부위든 왼쪽 발이 바닥에 닿는 감각을 있는 그대로 느껴 본다.

이제 왼쪽 발가락과 발등, 그리고 아킬레스건, 왼쪽 발목으로 차례대로 의식을 옮겨 간다.

이제 왼쪽 아랫다리(발목과 무릎 사이)로 의식을 옮겨 종아리와 정강이, 그리고 그 부위가 왼쪽 무릎과 연결되어 있음을 느껴 본다. 현재 순간에 존재하면서.

이제 의식을 왼쪽 허벅지로 올려 왼쪽 윗다리(무릎과 고관절 사이)를 느끼고, 그 부위와

왼쪽 고관절이 연결되어 있음을 느껴 본다.

이제 의식을 왼쪽 고관절에서 왼발로 내리면서 이번에는 오른발로 의식을 가져가 오른발과 바닥이 닿는 부위의 감각을 느껴 본다. 오른쪽 발꿈치가 될 수도 있고 (앉아 있거나 서 있다면) 오른발 발바닥이 될 수도 있다. 발꿈치, 엄지발가락 아래의 동그란 부분 혹은 발바닥을 느껴지는 대로 느낀다.

이제 오른쪽 발가락과 발등, 그리고 아킬레스건, 오른쪽 발목으로 차례대로 의식을 옮겨 간다.

이제 오른쪽 아랫다리(발목과 무릎 사이)로 의식을 옮겨 종아리와 정강이, 그리고 그 부위가 오른쪽 무릎과 연결되어 있음을 느껴 본다. 현재 순간에 존재하면서.

이제 의식을 오른쪽 허벅지로 올려 오른쪽 윗다리(무릎과 고관절 사이)를 느끼고, 그 부위와 오른쪽 고관절이 연결되어 있음을 느껴 본다.

이제 천천히 오른쪽 고관절로부터 골반 부위로 의식을 옮겨간다. 배설기관, 생식기, 항문 등을 느껴 본다. 이때 일어나는 어떠한 신체감각이나 생각, 감정이라도 다만 알아차린다.

이제 의식을 배 부위로 옮겨간다. 소화기, 위장 등을 다만 있는 그대로 느낀다.

이제 의식을 배에서 몸 뒤쪽의 꼬리뼈로 옮겨간 다음, 척추의 하단, 중단, 상단을 차례대로 느껴 본다. 각 부위의 감각을 있는 그대로 느낀다. 뻣뻣하게 굳은 부위는 의식(자각, 알아차림)의 빛을 보내 풀어지도록 하고, 풀어지지 않는 부분은 그냥 내버려 두고 그 부위의 느낌만 느껴 보도록 한다.

이제 의식을 가슴으로 보내 심장과 폐를 느껴 본다. 현재 순간에 존재하면서 갈비뼈와 흉골, 가슴을 느낀다.

이제 가슴으로부터 의식을 왼쪽 손가락으로 옮겨 간다. 손가락과 손바닥을 느낀 다음 왼쪽 손등과 손목을 느낀다.

나음으로 왼쪽 아래팔(손목부터 팔꿈치 사이)과 팔꿈치, 위팔(팔꿈치에서 어깨까지)을 아래로부터 천천히 훑듯이 느껴 본다.

이제 의식을 오른쪽 손가락으로 옮긴 다음 마찬가지 순서대로 오른쪽 손가락과 손바닥, 손등과 손목을 느껴 본다.

이제 계속해서 오른쪽 아래팔, 팔꿈치, 위팔을 순서대로 느껴 본다.

이제 의식을 양쪽 어깨와 겨드랑이, 다음으로 목과 목구멍으로 차례대로 옮겨 간다. 지금 이 순간의 어떠한 감각이나 생각, 감정이라도 그것을 있는 그대로 느끼면서 의식을 신체 각 부위로 옮겨 간다.

이제 의식을 천천히 턱과 이빨, 혀, 입, 그리고 입술로 옮겨간다. 혹 미세하게 떨리는 느낌이 있더라도 있는 그대로 느끼면서 그냥 내버려 둔다.

이제 의식을 양 볼, 부비강(두개골 속의, 코 안쪽으로 이어지는 구멍), 눈, 눈 주위의 근육으로 차례로 옮겨 간다. 이마와 관자놀이도 느껴 본다.

이제 의식을 머리 정수리와 뒤통수로 옮겨 간다. 양 귀와 머리 안도 느껴 본다.

이제 의식의 장을 몸 전체로 확장시켜 머리에서부터 발가락, 손가락까지 전체로서 느껴 본다. 머리에서부터 목, 어깨, 팔, 손, 가슴, 등, 허리, 배, 고관절, 골반 부위, 다리, 발까지 위에서 아래로 죽 훑듯이 느껴 본다.

자신의 몸을, 다양한 신체감각과 생각, 감정이 혼재한 온전한 유기체로서 느껴 본다. 현재 순간에 존재하면서.

숨을 들이쉬면서 몸 전체가 확장되는 것을 느끼고 숨을 내쉬면서 몸이 전체적으로 수축되는 것을 느낀다. 현재 순간에 존재하면서 몸 전체를 느낀다.

이제 바디스캔을 마무리하면서 지금 이 순간에 존재하기 위한 시간을 마련한 자신에게 축하를 보낸다. 이것이 사랑의 행위임을 깨닫게 된 자신에게 축하를 보낸다.

모든 존재가 평화롭게 살기를…….

바디스캔 기록지

바디스캔을 통해 자신의 몸과 접촉하고 자신이 몸 어느 부위에서 스트레스와 긴장을 느끼고 있는지, 또 다양한 감정들이 어느 부위에 있는지 알게 되는 경험은 매우 놀라운 체험이다. 여러분이 자신의 신체를 직접적으로 느끼면서 다양한 생각과 감정, 체험들이 떠오르게 된다. 때로 별다른 느낌이 없는 듯 느껴질 때도 있는데 이것조차 좋은 탐구 대상이 될 수 있다. 아무 느낌이 없는 것, 혹은 그저 덤덤한 느낌이란 대체 어떤 느낌인가? 여러분이 자신의 몸을 느끼면서 제외해야 할 경험이란 아무것도 없다. 모든 것이 경험의 대상이 된다. 또 많은 사람들이 바디스캔 도중 이유 없는 통증을 경험하기도 한다. 바디스캔을 통해 여러분은 여러분의 긴장 혹은 감정이 가슴, 목, 턱, 어깨, 허리, 위장에 쌓여 있음을 알게 될지 모

른다. 바디스캔을 통해 자신의 긴장 혹은 감정이 몸의 어느 부위에 있는지 알게 되었는가? 잠시 자신이 바디스캔 도중 신체 어느 부위에서 스트레스와 불안, 기쁨, 슬픔, 분노 등의 감정을 느꼈는지 떠올려 보라. 바디스캔을 처음 하면서 자신에게 정신적, 감정적, 신체적으로 떠오른 어떤 것이라도 다음 빈칸에 적어 보자.

_____

_____

_____

_____

_____

_____

_____

FAQ

아무 느낌이 없으면 바디스캔을 잘못하고 있는 건가요?

무덤덤한 느낌, 느낌이 없는 것도 바디스캔의 의식 대상이 될 수 있다. 인간은 대개 세 종류의 느낌을 갖는다. 좋은 느낌, 싫은 느낌, 그리고 중립적인, 즉 좋지도 싫지도 않은 느낌이 그것이다. 별다른 느낌이 없다면 다만 **무덤덤한 느낌**이라고 알아차리면 된다. 바디스캔을 계속해 나가면서 점점 더 많은 미세한 느낌들을 알아차릴 수 있게 될 것이다. 바닷가에 처음 갔을 때는 거친 파도 소리밖에 들리지 않지만 차츰 시간이 흐른 다음에는 파도 소리 안의 미세한 소리에 대해 더 많이 알게 되는 것과 같다. 바디스캔도 마찬가지이다. 수련을 계속 할수록 더 미세하고 다양한 감각들에 대해 알게 될 것이다.

신체 통증을 다루는 법

우리 모두는 종종 신체 통증을 경험한다. 만약 당신이 만성 통증을 겪고 있다면 당신이 이 책을 읽고 있는 이유도 아마 그것 때문일 것이다. 혹은 바디스캔을 하면서 당신은 자신에게 자기도 모르던 통증이 있거나 습관적으로 몸의 특정 부위를 긴장하고 있음을 알게 되었을 수도 있다. 통증을 다루는 첫 단계는 그것이 급성 통증인지, 만성 통증인지 확인하는 것이다. 급성 통증은 대개 물리적 원인을 갖고 있으며 최근의 신체적 부상이나 질병과 관련되어 있는 경우가 많다. 급성 통증은 즉각적인 의료적 처치를 요한다. 한편 만성 통증도 물리적 원인을 갖고 있을 수 있지만 슬픔, 분노, 두려움, 혼란 등의 인지적이고 감정적인 요인들과도 밀접한 관련을 맺고 있다.

마음챙김 명상은 만성 통증을 완화시키는 데 도움을 주는 것으로 나타났다(Kabat-Zinn et al., 1986). 마음챙김을 만성 통증에 적용하는 데는 세 개의 중요한 단계가 있다. 첫째는 조사(investigation)로서, 자신의 몸을 직접 느껴 봄으로써 자신이 어떻게 긴장과 통증을 붙들고 있는지를 아는 것이다. 두 번째 단계는 그러한 통증과 긴장에 대한 자신의 정서적 반응을 아는 것이다. 세 번째는 좀 더 철학적인 접근법으로, 지금-여기서 사는 법을 배우는 것, 그리고 한 순간에 하나씩의 통증을 처리하는 법을 배우는 것이다. 각 단계에 대해서 다음에 좀 더 자세히 설명한다.

1단계: 몸의 통증과 긴장을 살핀다

몸에 통증을 느낄 때 그곳에 집중된 주의를 보내라는 말은 사실 좀 이상하게 들릴지 모른다. 통증을 피하고 싶은 것은 자연스럽고 정상적인 일 아닌가? 통증이 있으면 그것을 제거하면 되는데 군이 그곳에 의식을 두어야 하는가 의아할 수도 있다. 그런데 만약 당신이 어떻게 통증과 긴장을 몸 안에서 붙잡고 있는지 알지 못하면 의도하지 않게 통증을 더 키울 수도 있다는 사실을 알 필요가 있다. 여기에 마음챙김의 소용이 있다.

우리는 일반적으로 몸의 통증에 대해 움츠러들고 점점 더 긴장하는 자동적인 반사 반응을 보인다. 그러나 불행히도 이것은 신체 통증을 더 키울 뿐만 아니라 이로 인해 더 큰 분노

와 두려움, 슬픔과 혼란으로 이어지는 악순환의 사이클이 시작되기도 한다. 통증에 대해 긴장하고 움츠러드는 것은 관련 근육을 수축시키고 혈액의 흐름을 제한한다. 이것은 더 큰 경련이나 통증을 일으킨다. 통증과 직접적인 관련이 없는 신체의 다른 부위에서 이런 일이 일어날 수도 있다. 이 악순환의 사이클은 멈추기가 쉽지 않다. 그리고 머지않아 당신은 통증 부위뿐만 아니라 자신의 몸 전체가 긴장되고 조여 있다는 사실을 알게 된다.

바디스캔은 우리가 긴장과 통증을 처리하는 것으로 다시 방향을 바로잡는 기회를 제공한다. 바디스캔을 통해 신체감각을 정신적, 감정적 느낌과 구분하는 법을 알 수 있는 것과 마찬가지로 우리는 강한 신체감각이라도 그것을 다만 신체감각으로 지각하는 법을 배울 수 있다. 신체 긴장과 통증을 안고 사는 것은 매우 힘든 일이며 상당한 스트레스와 불안을 유발한다는 사실을 고려할 때 우리가 통증에 대처하고 통증을 완화시키는 방법을 아는 것은 매우 중요하다.

일단 자신이 몸에서 어떻게 통증을 붙잡고 있는지 알게 되면 어떻게 통증에 대처해야 하는지도 알 수 있다. 예를 들어, 요통을 겪고 있다면 바디스캔을 통해 자신의 긴장과 조임이 머리 정수리까지 뻗쳐 있음을, 즉 상반신 전체가 긴장된 통증 덩어리임을 알고 느낄 수 있다. 허리 부위를 넘어 긴장과 조임을 만들어 낼 필요가 있는가? 진실은, 당신이 이러한 근골격계의 긴장을 붙잡고 있음으로써 자신의 통증을 더 악화시키고 있다는 것이다.

그렇다면 당신은 이러한 긴장되고 통증을 일으키는 신체 부위에 어떻게 대처할 것인가? 마음챙김 알아차림은 당신에게 당신이 어느 신체 부위에서 불필요한 통증을 붙잡고 있는지 보게 해 줄 뿐 아니라 이 부위의 긴장을 풀어 줄 수도 있다. 마음챙김은 또한 만약 당신이 신체의 긴장을 풀어 줄 수 없다면 다만 그 흐름을 타고 있는 그대로 내버려 둔 채 그것을 관찰하는 법을 연습할 수 있게 해 준다. 마치 호수의 물결이 동심원을 타고 멀리 퍼져나가는 것을 보는 것처럼 우리는 마음챙김을 통해 신체감각이 어디로 진행되어 가든 그것에 공간을 부여할 수 있다. 통증과 함께 있는 것은 불합리하게 보일지 모른다. 그러나 그것은 치유의 첫 단계다. 자신의 에너지를 통증에 맞서 싸우는 데 쏟기보다 통증과 함께 가는 법을 배울 필요가 있다. 이것은 무엇이든 있는 그대로의 것에 대한 저항이 존재하는 곳에 고통이 있다고 설파한 붓다가 가르친 고대의 지혜다.

2단계: 신체 통증에 있어서 감정에 대처하는 법

왜 우리는 신체적·정서적 고통(통증)을 처리하는 데 이토록 힘들어하는가? 그것은 우리의 양육 때문인가? 우리는 통증의 존재를 부정하는 것을 좋아하는 문화에 살고 있는가? 우리는 확실히 통증과 기타 감정에 대해 내색하지 않고 그것을 억압하고 회피하며 부정하라는 문화적 메시지를 받고 있다.

한편 마음챙김은 우리가 신체 통증이나 분노, 슬픔, 혼란, 좌절, 불안, 두려움 같은 것을 경험할 때 종종 일어나는 불편한 정서에 대처하는 방법을 제공해 준다. 마음챙김 자각을 감정에 적용하면 그것에 대해 검열하거나 저항하지 않고 있는 그대로 인정할 수 있다. 신체 통증과 마찬가지로 힘겨운 감정에 대한 저항도 종종 더 많은 고통을 부른다. 한편 힘겨운 감정을 있는 그대로 내버려 두고 그것과 함께 갈 수 있다면 그것과 관련된 고통을 경감하거나 변화시킬 수 있다. 힘겨운 감정에 맞서 싸우기보다 다만 자신이 현재 느끼고 있는 것을 있는 그대로 내버려 두고 인정할 필요가 있다. 어떠한 감정이 일어나더라도 마치 그 감정의 물결을 타고 그 물결이 흘러가는 대로 간다고 느끼면서 말이다.

앞에서 언급한 것처럼, '인정(acknowledgment)'과 '수용(acceptance)' '있는 그대로 두는 것(letting be)'과 '놓아 버리는 것(letting go)' 사이에는 중요한 차이가 있다. '인정한다'는 것은 우리가 그것을 좋아하든 그렇지 않든 간에 다만 있는 그대로 보는 것을 말한다. 한편 '수용한다'는 것은 있는 그대로의 것에 대해 괜찮다고 느끼는 것, 그것과 타협하는 것으로 생각될 수 있다. 만약 당신이 현재 고통을 경험하고 있다면 고통과 함께 있는 것이 괜찮다고 여기지 않을 것이다. 그러나 당신은 고통을 수용하지는 못하더라도 그것을 인정할 수는 있다. 마찬가지로 '놓아 버린다'는 것은 쥐고 있던 것을 놓을 수 있다는 의미인 데 비해 '있는 그대로 둔다'는 것은 무엇이든 그것이 존재하는 그대로 있을 수 있는 공간을 제공해 준다는 의미다. 마치 하늘이 폭풍에 공간을 제공하는 것처럼 우리도 자신의 감정에 공간을 제공할 수 있다.

감정적 고통을 인정하면 더 깊은 이해와 연민, 평화에 대한 가능성을 창조하는 데 도움이 된다. 자신의 신체적 통증과 그에 대한 감정적 반응을, 그리고 그 둘의 차이를 더 깊이 이해하게 됨에 따라 당신은 신체적 통증(pain)과 고통(suffering)이 서로 다르다는 것을 알게 될 것이다. 즉, 신체의 통증 감각은 변화시키지 못하더라도 그에 대한 당신의 정서적 반응은

변화시킬 수 있고 그럼으로써 고통을 줄일 수 있는 것이다. 바꿔 말하면 신체 통증은 바꿀 수 없는 현실(reality)이지만 고통은 우리가 선택할 수 있는 선택사항(option)이다. 우리 몸은 통증을 느끼는 통증 수용기를 가지고 있어 통증을 느끼도록 만들어져 있다. 그래서 우리가 심한 부상을 당하지 않도록 막아 준다. 그러나 신체 통증에 대한 감정적 반응은 우리 손에 달려 있다. 시간을 들여 수련하면 통증을 느끼면서도 고통은 줄이는 법을 배울 수 있다.

3단계: 현재 순간에 살기

3단계는 현재 순간에 사는 것이다. 진실은, 우리는 누구나 지금-여기에밖에 살 수 없다는 것이다. 지금-여기야말로 우리가 어떠한 변화라도 일으킬 수 있는 유일한 순간인 것이다. 우리가 스트레스, 긴장, 만성 통증과 자신을 동일시할 때 우리는 그것을 장기적인 문제, 평생 짊어지고 살아야 할 문제로 인식한다. 이러한 태도는 당신이 현재 순간을 살지 못하게 만들어 괴로움을 증가시킨다. 마음챙김은 지금-여기에 존재하도록 해 준다. 사실 미래는 어떻게 전개될지 모르며 스트레스와 통증이 영원히 지속될지도 알 수 없다. 마음챙김 수련을 통해 우리는 한 번에 하나씩의 통증과 함께 있는 법을 배울 수 있다. 그렇게 우리는 이런 태도를 키울 수 있다. "내가 지금 이 순간의 통증과 함께 있을 수 있는지 한번 보자. 다음 순간에 통증이 일어나면 그건 그때 가서 처리하면 돼."

마음챙김 수련이 깊어지면 당신은 자신과 다시 연결을 맺게 되며 긴장과 통증을 처리하는 새로운 방법을 발견할 수 있다. 불편함의 노예가 되기보다 그 불편함으로부터 무언가를 배울 수 있는 태도를 계발할 수 있다. 지난 일은 놓아 버리고 아직 오지 않은 미래의 일에 집착하지 않게 되면서 당신은 지금 이 순간 있는 그대로의 것을 볼 수 있다. 이것은 우리에게 더 큰 자유의 느낌과 새로운 선택의 가능성을 선사한다. 이러한 관점은 당신을, 당신의 통증을, 그리고 통증에 대한 당신의 관계를 변화시킬 수 있다.

비공식 수련: 통증에 마음챙기기

우리가 스트레스, 긴장, 감정적 고통 혹은 만성 신체 통증을 경험할 때 우리들 대부분은 그러한 불편한 느낌을 제거하려는 반응을 즉각적으로 보인다. 그러나 우리는 또한 그러한 불편한 느낌을 몸속에 붙잡는 방식에 주의를 기울임으로써 지금까지와 다른 방식으로 그것과 관계를 맺을 수도 있다. 몸의 불편한 부위를 알아차리고 그곳을 풀어 줄 수 있다면 좋다. 그렇지 않다 하더라도 마음챙김의 태도를 취하여 그 불편한 감각의 파도를 타고 그것을 있는 그대로 놓아두는 것도 충분히 가능하다.

비공식 수련의 하나로 다음 1주일 동안 자신의 신체감각이나 몸에서 느껴지는 감정들에 주의를 기울이면서 자신이 어떻게 느끼고 있는가를 관찰해 본다. 그 느낌에 초심자의 마음 혹은 부드러운 호기심을 적용하면서, 그것을 당신의 알아차림의 장 안에서 어르면서 (cradling) 어떠한 저항이나 평가도 없이 있는 그대로 놓아둔다. 수련을 잊지 않기 위해 "지금 내 몸은 어떤가?" 같은 문구를 전자 팝업창으로 뜨도록 전자 스케줄러에 장치해 두는 것도 좋다.

몸에서 느껴지는 감정

바디스캔은 힘들고 두려운 감정과 접촉하게 해 준다. 그 첫 단계는 그러한 감정들을 창의적으로 다룰 수 있도록 그것들을 확인하는 법을 배우는 것이다. 불안을 예로 들어 보자. 만약 당신이 지금 느끼는 불안을 자각하지 못하고 있다면, 불안을 줄이기보다 오히려 커지게 만드는 식으로 당신의 행동에 영향을 줄 수 있다. 바디스캔은 자신의 신체감각에 주파수를 맞추게 해 주고, 그것은 특정 감정이 존재하고 있는 것을 알리는 표지판이 되어 준다. 불안이 있을 때 당신은 가슴이 죄어 오고, 어깨나 허리가 긴장되며 혹은 위장의 경련을 느낄지 모른다. 당신은 바디스캔으로 이러한 신체감각을 자각할 수 있고, 이를 자신이 현재 불안을 느끼고 있음을 알려 주는 표시로 삼을 수 있다. 이런 식으로 당신은 당신이 현재 느끼고 있

는 불안이 눈덩이처럼 불어나기 전에 그것에 대처할 수 있게 된다.

이것을 잘 보여 주는 실화가 있다. 조는 교통사고로 가족을 잃고 얼굴에 웃음을 잃어 버렸다. 그는 자신의 이런 변화에 대해 무척 의식적이 되어 다른 사람이 그를 향해 미소를 지으면 이내 고개를 돌려 딴 곳을 쳐다보았다. 조의 치료사가 조에게 다른 사람들이 그에게 미소를 지을 때 그의 몸에서 어떤 느낌이 일어나는지 묻자 조는 아무런 느낌도 없다고 말했다. 그래서 치료사는 바디스캔을 통해 조가 자신의 몸에서 일어나는 신체감각을 자각하도록 했다. 그런 다음 치료사는 조에게 상상으로 거리를 걸으면서 사람들이 그를 향해 미소를 보내는 모습을 상상해 보도록 했다. 이렇게 시각화 연습을 하는 동안 치료사는 조에게 그의 몸에서 일어나는 신체감각을 관찰하도록 했다. 조는 가슴이 죄어 오고, 어깨가 긴장되며, 고개를 떨굴 때 목이 자신의 머리를 돌리는 신체감각을 알아차리게 되었다. 조는 이러한 신체감각이 두려움과 자기비난, 그리고 외면의 무의식적인 반응 사이클을 알려 주는 신호라는 것을 이해하게 되었다.

조는 바디스캔을 지속적으로 수련하여 실제로 거리를 걸을 때 자신의 몸에서 일어나는 신체감각을 더 잘 알아차리게 되었다. 이내 조는 이러한 신체감각을, 즉 자신의 무의식적인 반응에서 벗어나 현재에 존재하면서 지금까지와 다른 반응을 선택하라는 신호로 사용할 수 있게 되었다. 조는 자신에게 미소를 지어 보이는 사람들을 향해 고개를 돌렸고 그들의 미소에 미소로 화답하는 연습도 하게 되었다. 머지않아 조의 미소는 훨씬 자연스러워졌고, 조의 생각과 기쁨의 느낌이 커졌고, 몸의 만성적인 긴장과 뻣뻣함도 호전되었다.

────── ✱ 밥의 이야기: 벤의 아얏! ✱ ──────

몇 년 전 어린 아들 벤이 계단에서 넘어져 머리를 부딪친 일이 있다. 다행히 벤은 크게 다치지 않았지만 그때의 고통스러웠던 경험을 아들은 무척 싫어했다. 아들은 떠나갈 듯 큰 소리로 울어 댔고 친구 둘이 도움을 주기 위해 달려왔다. 친구 하나가 주머니에서 사탕을 하나 꺼내더니 이렇게 말했다. "벤, 여기 사탕 있어. 이거 먹으면 훨씬 괜찮아질 거야." 그 모습을 지켜본 나는 아들 친구에게 고맙다고 말하는 한편, 벤에게 사탕을 주지 말라고 했다. 왜냐하면 머리를 부딪친 아들이 울음을 터뜨린 것은 당연한 반응이라고 생각했기 때문이다. 또 한 녀석은 재미있는 표정을 지어 보이며 벤을 웃게 하려고 했다. 이번에도 나는 그러지 말라고, 벤이 우는 것은 아파서 그러는 것이니 당연한 반응이라고 했다.

벤은 계속해서 울며 고함을 질렀다. 나는 벤을 안고 그저 아들의 통증을 어루만져 줄 뿐이었다. 아들이 내게 말했다. "아빠, 머리를 세게 부딪치면 무척 아파요." 나는 이렇게 대답했다. "그럼, 벤. 머리를 부딪치면 원래 아픈 거란다." 마침내 벤은 잠잠해졌고, 이따금 나를 쳐다보더니 이내 이렇게 말했다. "아빠, 됐어요. 이제 가요."

집으로 차를 몰고 오면서 나는 생각했다. 벤이 머리를 부딪친 뒤 사탕이나 친구의 웃음 같은 다른 것으로 그 아픔을 어루만질 필요가 없다는 것을 깨달았다. 앞으로 고통이 있을 때마다 그런 것으로 달래 준다면 벤은 아플 때 울음을 울고 화를 내면 안 된다고 생각할 것이다. 이처럼 자연스러운 감정을 억압하는 것은 건강에 좋지 못한 영향을 미친다.

감정의 알아차림에 방해가 되는 것들

자신의 감정을 자각하는 데 방해가 되는 것들 가운데 특히 네 가지를 언급할 필요가 있겠다. 첫 번째 장애물은 우리들이 느끼는 감정들이 종종 부적절한 것으로 폄하된다는 사실이다. 성장기에 이런 일이 일어나면 우리는 불안해하거나 두려워하거나 슬퍼하거나 혹은 화낼 이유가 없다는 말을 듣게 되는데―이것이 실제로 우리가 느끼는 것임에도 불구하고―이렇게 되면 자신이 무언가 잘못된 감정을 갖고 있다고 생각하여 이것들을 억압해야 한다고 생각하게 된다. 그러나 감정이란 것은 다른 모든 것과 마찬가지로 일어나고 사라지게 되어 있는 것이다. 감정을 억압하거나 외면하면 몸과 마음에 스트레스를 일으킨다.

감정을 알아차리는 데 방해가 되는 두 번째 장애물은 감정을 생각과 흔히 혼동하는 것이다. 우리가 "~라고 느껴져요(I feel that~)"라고 말할 때 실은 감정이 아니라 자신의 생각이나 판단(평가)를 말하고 싶은 것이다. 예를 들어, 줄리라는 내담자는 곧잘 "내 인생이 통제 불능인 것처럼 느껴져요."라고 말하곤 했다. 그런 줄리가 생각과 감정의 차이를 알아 가면서 '통제 불능'이라는 것은 자신의 감정이 아니라 생각이라는 것을 깨닫게 되었다. 줄리는 불안과 혼동이라는 감정이 '통제 불능'이라는 생각과 연결되어 있음을, 그리고 그런 감정들이 가슴이나 어깨의 긴장처럼 자신의 몸을 통해 표현되고 있다는 것을 깨달았다. 줄리는 이것을 자신의 감정 상태에 대한 하나의 신호로, 그리고 생각과 감정의 차이를 구별할 것을

상기시키는 신호로 받아들였다. 이후 줄리가 불안을 느꼈을 때 그녀는 자신의 삶이 실제로 통제 불능인지 그 증거를 살펴보았고, 그러자 그녀의 삶의 많은 부분이 충분히 잘 통제되고 있다는 것을 깨닫게 되었다.

"나는 멍청한 것처럼 느껴져." "나는 무가치한 사람처럼 느껴져." "나는 구제불능인 것처럼 느껴져."라는 말을 잘 살펴보면, 거기서 '나는 멍청하다(무가치하다, 구제불능이다)'는 것은 자신의 생각이며, 실제 감정은 수치심, 슬픔, 두려움 등이다. 이처럼 우리가 생각과 감정을 혼동할 때는 감정을 생각 뒤에 감추게 되는데, 그것은 그 부정적인 감정에 대해 알게 되는 것으로부터 스스로를 보호하고자 하는 무의식적인 시도 때문이다. 그러나 생각과 생각 뒤에 숨겨진 감정의 차이를 구분하게 되면 자신이 세상을 보는 방식을 물들이고 있던, 그래서 자신의 발목을 붙잡고 있던, 즉 당신을 스트레스와 불안, 우울의 늪에 더 깊이 빠뜨리고 있던 생각들의 신빙성을 찬찬히 살펴볼 수 있다.

감정을 알아차리는 것이 쉽지 않은 세 번째 이유는 감정은 손에 잡히지 않아서 쉽게 정의를 내리기 어렵기 때문이다. 우리가 꽃을 꽃이라고 아는 것은 언제가 누군가가 당신에게 꽃을 가리키면서 그것의 이름이 '꽃'이라고 말해 주었기 때문이다. 이후 우리는 꽃을 느끼고 보고 만질 수 있다. 그러나 아무도 두려움, 슬픔, 죄책감 같은 감정을 명확하게 가리키면서 그것들의 이름을 불러 주지 않았다. 그래서 우리는 성장하면서 그런 감정들을 직접 체험하면서 스스로 해석해야만 했던 것이다.

네 번째 장벽은 우리들 대부분이 감정과 관련하여 그것을 표현할 적절한 어휘를 갖고 있지 못하다는 점이다. 우리들 중 많은 사람이 감정을 경험하고 그에 대해 이야기하는 것이 그다지 권장되지 않는 문화에서 자랐다. 그래서 감정을 표현하는 법도 배우지 못했다. 다음 연습을 통해서 우리는 감정에 대한 더 풍부한 어휘를 만들어 보고, 특정 감정이 자신의 몸에서 표현되는 방식에 대한 더 큰 자각을 계발하는 연습을 해 볼 것이다.

탐구: 몸으로 표현된 감정 확인하기

인간이 기본적으로 느끼는 감정은 그 수가 정해져 있으며, 나머지 모든 감정은 그 기본적인 감정들에 덧붙여진 것이라고 말하곤 한다. 이런 설명은 복잡한 실제 상황에는 그다지 적합한 것 같지 않지만 감정의 다양성에 익숙해지는 기본적인 얼개를 제공한다는 점에서 의미가 있다. 이 연습에서 우리는 편안하고 불편한 감정들을 일정한 범주로 묶어, 더 다양한 감정 어휘를 개발하여 자신의 감정을 더 잘 자각하게 만드는 토대를 제공하고자 한다. 다음에 나열한 감정들을 읽으면서 자신이 자주 경험하는 감정에 동그라미를 친다. 그런 다음 자신의 몸 어디에서 이런 감정들을 느끼며, 그 감정들이 어떻게 몸을 통해 표현되며 여러분이 이 감정 단어들을 읽을 때 어떤 생각이나 이미지가 마음속에 떠오르는지 적어 본다. 감정에 대한 자각력을 키우고 감정이 어떻게 자신의 몸에서 표현되는지 아는 데는 시간이 필요하다. 특정 감정을 신체감각과 연결 짓지 못하겠다면 혹은 그에 관해 아무것도 쓸 것이 없다 해도 좋다. 그것을 몸에서 느끼게 될 때 다시 이 연습을 해 보면 된다.

두려움 염려, 불안, 괴로움, 초조함, 조마조마함, 예민함, 공황, 긴장됨, 불편함, 걱정, 놀람, 압도당하는 느낌

_____

_____

_____

_____

_____

_____

혼란 당황, 모호함, 혼란스러움, 혼돈, 뿌연, 알지 못하는 느낌

_____

_____

분노 공격성, 안달, 짜증, 파괴적, 혐오, 질투, 좌절, 불만, 뿌루퉁함, 격노

슬픔 소외, 고뇌, 절망, 실망, 우울, 슬픔, 희망 없음, 불안정, 외로움, 비참함, 불행감, 거부 당한 느낌

수치심 죄책감, 낯이 없음, 창피함, 어정쩡함, 후회, 치욕감

사랑 애정, 흥분, 매력, 돌봄, 연민, 욕망, 좋아함, 미혹, 친절, 바람, 따뜻함, 공감, 감상적임

기쁨 즐거움, 축복, 만족, 열의, 상승감, 즐김, 열정, 흥분, 짜릿함, 희망, 낙관주의, 기쁨, 만족

_____

_____

_____

_____

_____

_____

_____

이들 감정이 몸의 어디에 존재하는지 알아차리는 것은 쉽지 않을 것이다. 바디스캔을 꾸준히 연습하면 신체감각에 더 민감해지고 그 감각들이 어떻게 자신의 감정과 연결되어 있는지도 더 쉽게 자각할 수 있다. 때로 이 감정 목록들을 다시 읽어 보고 일상생활에서 이들 감정들의 다양한 측면들이 어떻게 나타나는지 살펴보라. 다음번에 강렬한 감정이 일어날 때 자신의 몸에 마음챙기며 주의를 기울여 그 감정과 관련된 어떠한 신체감각이 나타나는지 살펴보라.

앞으로 나아가기 전에 잠시 자신의 호흡과 연결하는 시간을 갖고, 자신이 방금 적은 내용을 반추해 보라. 자신이 이 탐험을 통해 알게 된 바를 연민을 가지고 인정하고 확인하고 통합하라.

─────────── ✳ 엘리샤의 이야기: 감정에 다가서기 ✳ ───────────

나는 내 감정에 대해 꽤 잘 알고 있다고 생각했는데 실제로는 그렇지 못했다. 나는 깨닫지도 못하고 있었지만, 슬픔이나 분노가 올라올 때면 내 신경계는 그것을 하나의 위험 신호로 간주하고 있었다. 그에 대한 나의 무의식적인 반응은 주제를 바꾸거나 상황을 바로잡으려고 하거나 아니면 텔레비전의 채널을 돌리는 것이었다. 바꿔 말해 어떤 비용을 치르더라도 그 감정을 회피하는 것이었다. 아내가 나에게 내가 불편한 감정을 자주 회피하려고 하는 것 같다고 말하자 나는 그것을 부정했다. 나는 그때까지만 해도 나에 대한 알아차림 작업을 상당히 많이 했다고 생각하고 있었다.

그렇지만 그 후 몇 년에 걸쳐서 나는 아내의 말이 옳았음을 알게 되었다. 내가 감정을 회피한다는 것에 대해 곰곰이 생각해 보니 내가 친구, 가족, 지인들과 함께 있을 때 내 몸이 종종 뻣뻣해지거나 얼굴이 긴장되곤 한다는 사실을 깨닫게 되었다. 그리고 그 사람들과의 상호작용에서 진정으로 현존하기를 피할 구실을 찾고 있었다는 것도 알게 되었다. 나의 이러한 반응과 그 뒤에 무엇이 있는지를 관찰했을 때, 나는 이들과의 혹시라도 괴로울 수 있는 관계를 피하고 싶었을 때 내 몸에 이런 현상이 나타난다는 것을 알게 되었다. 그리고 이들은 나에게 가장 가까운 사람들이었다. 이것은 말이 되는데, 왜냐하면 가장 가까운 관계가 가장 큰 고통을 안길 가능성도 가장 크기 때문이다.

이런 일련의 통찰을 통해 나는 내 몸에서 일어나는 뻣뻣함이나 얼굴의 긴장이 내가 그 상황을 불편하게 느끼고 있다는 신호로 받아들였다. 그러나 나는 그때 막다른 골목에 이르고 말았는데, 왜냐하면 그러한 상황을 표현할 감정 어휘가 부족했기 때문이었다. 당시 나의 감정 상태를 표현하려고 했을 때 내게 떠오른 말은 고작해야 '불편하다' 혹은 '괴롭다' 정도였다. 그래서 나는 감정 어휘를 확장하는 작업을 했고, 결국 내가 초조함, 조마조마함, 염려 등을—이 모든 것이 두려움과 관련된다—느끼고 있다는 사실을 알게 되었다. 나 자신을 더 탐험해 가면서 나는 그 두려움이 심장 바로 위의 가슴에서 뜨겁게 타오르고 있다는 것을 느낄 수 있었다. 그러자 내 안의 어린 소년의 모습이 별안간 마음에 떠올랐다. 그 소년은 벽에 난 구멍을 들여다보며 이렇게 말했다. "안 돼요. 난 밖에 나가지 않을 거예요." 나는 내 안의 그 어린 소년의 상처와 고통에 커다란 슬픔과 연민을 느꼈다.

그로부터 얼마 되지 않아 내가 사람들과 연결하는 것에서 물러나고 싶은 충동을 느낄 수 있었다. 이번에는 나는 그 충동을 인정하고 두려움을 경험하는 것에 내 의식을 가져갔다. 두려움을 좋다, 나쁘다 판단하는 것이 아니라 다만 있는 그대로 두고 그것과 연결을 맺으려고 했다. 이것은 나와 나의 인간관계에 커다란 치유적 경험이었다.

직접 해 보기

지금 당장, 자신이 몸이 어떻게 느끼고 있는지 살펴본다. 몸에서 자신의 감정이나 생각에 대한 신호를 보내고 있는가? 몸에 어떠한 긴장이나 피로, 뻣뻣함이 느껴지는가? 아니면 그런 것이 느껴지지 않는 상태인가? 자신의 몸과 몸이 보내는 메시지에 주의를 기울일 때 어떤 현상이 일어나는지 살펴보라. 그리고 그 메시지에 한번 귀를 기울여 보라. 당신의 몸은 당신에게 중요한 정보를 보내려고 하고 있는지 모른다.

당신은 얼마나 스트레스를 받습니까

축하한다! 이제 여러분은 책의 절반을 지났다. 자신의 삶에 더 현존할 수 있는 이러한 시간을 자신에게 준 것은 얼마나 큰 선물인지…… 앞으로 더 나아가기 전에 31쪽에 소개한 "당신은 얼마나 스트레스를 받고 있는가?" 연습으로 다시 돌아가 보자. 그때 여러분이 적어 놓은 자신의 스트레스 요인을 다시 떠올려 보고 지금 그것에 어떻게 대처하고 있는지 살펴보자.

이 과정을 마음챙김으로 알아차리면서 해 본다. 성급히 점수를 매기기 전에 우선 천천히 호흡을 하면서 자신의 몸과 연결하는 시간을 갖는다. 그런 다음 각각의 스트레스 요인에 대해 생각해 보고 그 요인들에 대해 지금과 그때가 다르게 느껴지는지 아니면 똑같은지 생각해 본다 이 연습을 처음 했던 이래 새로운 스트레스 요인이 생겨났다면 그것도 스트레스 요인 목록에 추가하여 평가해 본다.

이 비공식 평가는 임상 평가를 대체하는 것이 아니다. 다만 자신이 어떻게 느끼고 있는가를 알기 위한 목적이다. 그러나 만약 여러분의 점수가 지나치게 높다면(스트레스를 많이 받고 있다면) 이 책과 함께 건강관리 혹은 정신건강 전문가의 상담을 함께 받는 것이 좋다.

수련 계획과 리뷰

이 책 전체에 걸쳐 우리는 여러분의 안녕감을 키워 줄 수 있는 공식 및 비공식 마음챙김 수련을 계속해서 소개할 것이다. 여러분이 이 수련을 모두 하는 것은 여러 이유로 어려운 일이다. 우리는 여러분이 이 여정을 자신의 것으로 만들어 자신에게 가장 적합한 방식으로 해 나가기를 바란다. 어떤 수련은 다른 수련보다 여러분에게 더 적합할 것이다. 또 어떤 때는 며칠 동안 한 번도 수련하지 않는 자신을 발견할지도 모른다. 자신을 평가하거나 질책하지 않는다. 다만, 그런 사실을 알아차릴 때마다 여러분은 다시 한 번 현존하게 된다고 생각하라. 과거는 과거 그대로 놓아두고 수련을 위한 공간으로 스스로를 초대하라.

다음 1주일에 걸쳐 바디스캔을 수련하면서 우리는 여러분에게 1주일에 적어도 5일을 마음챙김 걷기 수련을 하기를 권한다. 마음챙김 걷기 수련은 이 장에서 소개한 내용을 움직이는 몸으로 확장하는 아주 훌륭한 방법이다. 이 두 수련에 대한 다음 1주일의 스케줄을 지금 바로 달력에 체크하라. 거의 매일 수련하도록 하라. 또 지금부터 1주일에 한 번 자신의 수련을 리뷰하는 시간을 갖도록 하라.

- **공식 수련**
☐ 바디스캔
☐ 걷기 명상

이제 여러분은 일상생활에서 실천할 수 있는 다섯 가지의 비공식 수련을 갖게 되었다.

- **비공식 수련**
☐ 통증 알아차리기
☐ STOP
☐ 마음챙김의 여덟 가지 태도를 자신의 삶에 가져오기
☐ 마음챙김을 일상생활에 적용하기
☐ 마음챙김 먹기

공식 수련 기록하기

공식 수련을 할 때마다 다음 기록지를 작성한다. 기록지를 작성하고 지난주의 수련을 되돌아보면서 자신의 수련이 어떻게 진행되어 가고 있는지 생각해 본다. 자신에게 맞는 어떤 패턴이 나타났는가? 어떻게 하면 자신의 수련을 지속하는 데 도움이 되는 변화를 줄 수 있는가?

날짜 / 공식 수련의 종류	시각	이번 수련 동안 일어났던 생각, 감정, 감각 / 나중에 어떻게 느꼈나

비공식 수련 되돌아보기

매일 적어도 한 가지의 비공식 수련에 대해 돌아보는 시간을 갖는다. 이를 통해 자신의 비공식 수련을 깊게 하는 데 도움을 받을 수 있다.

수련 종류	상황	수련 전에 관찰한 것	수련 후에 관찰한 것	무엇을 배웠나

Chapter 6

수련을 심화시키기

Deepening your practice

3장에서 우리는 마음챙김 명상의 공식 수련에 대해 여러분에게 소개했다. 우리는 마음챙김 수련에 필수적인 여덟 가지의 태도를 살펴보았고, 마음챙김 호흡을 소개했으며, 마음이 다른 곳으로 떠돌 때—반드시 그렇게 된다—어떻게 해야 하는지 이야기했으며, 공식 수련을 위한 신체 자세에 대한 특정한 권고도 주었다. 3장에서 소개한 공식 수련은 5분 마음챙김 호흡이었다. 5장에서는 바디스캔에 초점을 맞췄다. 이 모든 것이 이번 장의 초점에 대한 기초를 마련했다. 그것은 바로 마음챙김 명상의 공식 앉기 수련으로, 마음챙김 호흡으로 시작하여 점차 신체감각, 소리, 생각과 감정, 그리고 궁극적으로 선택 없는 알아차림(choiceless awareness)—'현재 순간에 대한 알아차림'이라고 알려져 있는—으로 확장된다. 오랜 시간 앉기 명상을 하면 몸이 굳어질 수 있기 때문에 이번 장에서는 몸과 마음, 그리고 이 둘의 상호 연결성에 대한 여러분의 마음챙김 수련을 심화시키는 동시에 신체의 뒤틀림을 풀어 주기 위한 마음챙김 요가 수련에 대해서도 소개할 것이다. 앉기 명상을 통해 여러분의 마음챙김 수련이 깊어지면 여러분은 자신의 생각과 느낌, 그리고 여러분에게 도움이 되지 않는 습관적인 행동 패턴에 대해서도 더 쉽게 자각하게 될 것이다. 초심자의 마음으로 여러분의 행동을 이런 방식으로 바라보면 지금까지와는 다른 가능성이 존재한다는 것을 깨닫게 될 것이다. 그것은 지금까지와 다른 행동 방식을 선택하는 중요한 첫 단계가 된다.

공식 마음챙김 앉기 명상

겉으로 보기에 공식 마음챙김 앉기 명상은 우리가 명상에 대해 갖고 있는 대중적인 관념과 가장 가깝다. 조용히 묵상하면서 자리에 가만히 앉아 있는 모습 말이다. 여러분은 앉기 명상을 통해 자기 경험의 항상 변화하는 속성을 자각하게 되면서 이 수련이 매우 풍부하고 심오하다는 것을 알게 될 것이다. 호흡과 신체감각, 소리, 생각, 감정이 어떻게 끊임없이 일

어났다가 사라지는가를 관찰하면 모든 사물의 변화하는(무상한) 속성에 대해 알게 된다. 또한 이러한 자각과 함께 잠재적인 자유의 가능성도 나타난다. 여러분이 초심자의 마음으로, 어떠한 평가나 판단, 또 특정한 결과를 바라지 않고, 현재 존재하는 것과 다만 함께 있을 때 여러분은 커다란 평안을 경험하게 될 것이다. 그리고 시간이 지나고 수련이 깊어지면서 더 큰 지혜와 연민의 감각도 계발하게 될 것이다. 앞에서 말했듯이 이 수련은 호흡에 대한 집중에서 시작하여 신체감각, 소리, 생각과 감정, 그리고 마침내는 선택 없는 알아차림으로 확장된다. 이들 각각에 대하여 좀 더 자세히 살펴보자.

호흡에 대한 마음챙김

앉기 명상은 종종 호흡에 대한 마음챙김으로부터 시작한다. 숨을 들이쉬고 내쉴 때의 변화하는 호흡의 특성에 의식을 둠으로써 여러분은 끊임없이 변화하는 삶의 특성에 대해 많은 것을 배울 수 있다. 바다의 썰물과 밀물처럼 우리의 호흡도 들어오고 나가면서 끊임없이 변화하는 상태에 있다. 이것은 우리들 삶의 모든 것이 변화하고 있으며, 그 변화의 흐름에 맞서 싸우기보다 그것과 함께 가는 것이 가능하다는 것을 보여 주는 강력한 가르침이라고 할 수 있다. 그것은 또한 우리가 삶의 변화에 저항하면 할수록 고통도 그만큼 더 커진다는 것을 깨닫게 한다. 자신이 원하는 것을 추구하고, 싫어하는 것을 밀쳐 내는 것은 자연스러운 일이다. 그러나 이러한 자기제한적(self-limiting) 정의는 자기가 싫어하는 것과 좋아하는 것 사이에 밀고 당기는 관계를 만들어 여러분을 불안정하게 만든다. 간단히 말해, 고통으로 이어지는 것이다. 예를 들어, 여러분이 자연스러운 호흡의 과정에 저항한다면 여러분은 곧 불편함이 일어나고 즉각적으로 이것이 괴로움으로 이어진다는 것을 알게 될 것이다. 여러분이 마음챙김 명상을 수련하면서 여러분의 호흡과 함께 머무는 것은, 여러분에게 자기 경험의 항상 변화하는 속성을 직접적으로 체험하게 하고, 더 적은 집착과 회피, 더 큰 자유로움의 감각으로 삶의 흐름과 함께 가는 것에 열려 있게 해 준다.

신체감각에 대한 마음챙김

호흡과 함께 얼마간 시간을 보낸 뒤 여러분은 신체감각 영역으로 자각의 범위를 확장하게 된다. 이것은 바디스캔과 다르다. 신체 각 부위를 정해진 순서대로 이동하며 의식을 옮기는 바디스캔과 달리 여기서는 매 순간 어떠한 신체감각이라도 가장 두드러진 그것에 주의를 기울인다. 이런 방식으로 몸 여기저기서 일어나고 사라지는 신체감각을 주시하는 것은 이 수련을 훨씬 더 유연하게 만들어 주며, 현재 순간에 대한 직접 체험을 하게 해 준다. 인간의 신체는 감각 기관을 지닌 역동적 유기체로서, 매 순간 다양한 감각(가려움, 따끔거림, 따뜻함, 차가움, 건조함, 축축함, 무거움, 가벼움, 통증 등)을 경험하는 끊임없는 유동 상태에 있다. 그리고 이들 감각은 유쾌한 것, 불쾌한 것, 아니면 중립적인(무덤덤한) 것으로 구분할 수 있다. 특별한 신체감각이 두드러지게 느껴지지 않으면 여러분은 자신의 신체가 신체 아닌 것과 접촉하고 있는 부분에 주의를 둘 수 있다. 예를 들어 자신의 몸과 의자가 접촉하고 있는 부분이라든지, 아니면 바닥과 접촉하고 있는 발바닥이라든지, 혹은 무릎 위에 올려져 있는 손이라든지 등등. 마음챙김 명상에서는 이러한 신체감각에 대해 어떤 식으로든 분석하거나 해석하려고 할 필요가 없다. 다만 각각의 신체감각이 일어나고 사라지는 것을 관찰하면서 그 감각 경험의 영역에 지속적으로 의식을 두기만 하면 된다. 신체감각의 변화하는 속성에 직접적으로 주의를 기울이면 변화의 속성에 대한 여러분의 이해가 더 깊어질 것이다.

청각에 대한 마음챙김

이제 여러분은 청각(듣기)으로 마음챙김 자각을 확장한다. 다양한 소리가 일어나고 사라지는 것을 귀 기울여 들음으로써 여러분은 지금까지와 또 다른 방식으로 무상(impermanence)과 직접적인 접촉을 갖게 된다. 소리에 대한 마음챙김은 매우 유용하다. 호흡 마음챙김과 마찬가지로 우리들 대부분은 이 수련에 대해서도 언제 어느 곳에서나 할 수 있다. 왜냐하면 우리들은 대개 항상 소리가 일어나고 사라지는 시끄럽고 분주한 환경 속에 살기 때문이다. 자동차의 경적 소리, 시끄러운 음악 소리, 울어 대는 아이, 자동차 소리, 비행기 소리 등 어떠한 특정 소리가 일어나서 여러분을 성가시게 만들 때는 그 소리에 대해 어떠한 평가도 하지 말고 다만 그 소리 자체에 주의를 기울여 보라. 보다 근본적인 차원에서, 마음은 다만 그 소리의 파동을―소리에 대한 자신의 해석이 아니라―듣게 된다. 청각 현상은 언제나 우리 곁에 존재한다. 우리는 소리로부터 도망칠 수 없다. 깊은 동굴 속에 혹은 방음장치가 잘 된 방에 혼자 있더라도 우리는 자기 내부의 소리, 이를테면 맥박이나 심장

박동, 귀 속의 윙윙거리는 소리를 듣게 된다. 자신의 청각 환경이 어떠하든 간에 그 소리를 좋다, 나쁘다 평가하지 말고 다만 소리가 일어나고 사라지는 것을 변화무쌍한 사건으로 받아들이며 관찰해 보라.

이렇게 소리에 주의를 기울임으로써 여러분은 소리에 대한 자신의 성가신 반응을 변화시킬 수 있다. 즉, 소리를 좋아하거나 싫어할 필요가 없게 되는 것이다. 그것은 다만 소리일 뿐이다. 실외에서 나는 소리든, 실내에서 나는 소리든, 여러분의 집중력이 깊어지면서 여러분의 몸속에서 나는 소리까지도 들을 수 있게 될 것이다. 이 모든 것은 다만 나타났다 사라지는 소리일 뿐이다. 이들 소리를 분석하거나 해석할 필요가 없다. 다만 청각 경험의 변화무쌍한 장에 순수한 주의(bare attention)를 지속적으로 기울이기만 하면 된다.

생각과 감정에 대한 마음챙김

소리에 대한 명상을 한 후에 여러분은 정신적 사건(mental events) 즉 생각과 감정을 명상의 대상으로 삼는다. 마음과 사고 과정 자체에 주의를 기울이는 것이다. 자신의 생각과 감정의 내용물을 직접적으로 보고 체험하면서 여러분은 생각과 감정도 호흡이나 신체감각, 소리와 마찬가지로 항상 변화한다는 사실을 깨닫게 될 것이다. 여기서는 마음이 생각하는 내용에 함몰되기보다 다만 생각의 과정 자체를 경험하는 데 관심을 갖는 것이 중요하다. 자신이 마음속으로 지어내는 온갖 이야기와 함정들에 주의하면서 여러분은 그것들로부터 자신을 분리할 수 있다.

마음챙김은 생각과 감정이 일어나고 진행되고 사라지는 과정을 관찰하고 경험하는 능력을 계발한다. 생각과 감정을 분석하거나 해석할 필요는 전혀 없다. 다만 그것들을, 일어나고 사라지는 정신적 형성물로 보는 법을 익히면 된다. 이것은 마치 풀밭 위에 누워 하늘에 떠가는 구름을 바라보는 것과 같다. 아니면 영화관에 앉아 스크린 위에 지나가는 이미지와 소리를 물끄러미 쳐다보는 것과도 비슷하다. 다시 말해, 이 수련은 매 순간 생겼다 사라지는 정신적 형성물의 변화하는 속성을 직접적으로 체험하고 알아차리는 것이다.

하나의 비유를 들자면 이렇다. 지구 대기에는 여러 유형의 폭풍이 일어난다. 때로 5등급 허리케인과 같은 매우 강력한 폭풍이 일어나는 때도 있다. 그러나 아무리 강력한 폭풍이라도 하늘은 그것의 영향을 받지 않은 채 그대로 있다. 하늘의 미덕은, 폭풍이 제 갈 길을 가도록 허여하는 넉넉한 공간을 갖고 있다는 것이다. 이 넉넉한 공간 속에서 폭풍은 결국 소멸한다. 어떤 의미에서 마음챙김은 여러분에게 하늘처럼 광대한 내면의 자각을 키우게 해준다. 마음챙김을 수련함으로써 여러분은 두려움, 불안, 기타 감정의 폭풍을 다만 관찰하면서 그것들이 제 갈 길을 가는 데 필요한 넉넉한 공간을 마련할 수 있다. 생각과 감정을 관찰하고 경험함으로써, 또 그것들이 제 갈 길을 가도록 허용함으로써 여러분은 그것들이 무상한 정신적 현상이라는 것, 또 여러분이 바로 그 생각 자체는 아니라는 것을 알게 된다. 여러분의 생각은 생각일 뿐, 사실이 아니다. 또 그 생각이 여러분을 완전하게 정의하는 것도 아니다. 자기제한적인 구조에서 스스로를 자유롭게 하면 여러분은 더 깊은 차원의 자유와 평화를 맛볼 수 있다.

선택 없는 알아차림

마음챙김 앉기 명상 수련의 마지막이자 가장 광범위한 측면은 선택 없는 알아차림(choiceless awareness) 혹은 현재 순간에 대한 알아차림(present moment awareness)이다. 이 수련에서는 현재 순간이 주 의식 대상이 된다. 선택 없는 알아차림은 현재 순간의 끊임없는 연속에서 매 순간 일어나는 그 어떠한 것도—신체감각, 소리, 기타 감각 현상 혹은 생각과 감정 같은 정신적 사건 등 몸과 마음에서 일어나는 것들—알아차리는 것이다. 겉으로는 가만히 있는 것처럼 보이지만 여러분이 가만히 앉아서 신체적·정신적 경험의 변화하는 흐름을 관찰할 때 여러분의 내적 경험은 매우 다를 것이다.

여러분의 몸과 마음은 생각, 감정, 신체감각, 소리, 광경, 냄새, 맛의 자극 사이에서 서로 상호작용하는, 끊임없는 변화 과정에 있는 하나의 역동적 유기체이다. 선택 없는 알아차림을 수련할 때는 다만 현재 순간의 몸과 마음에서 가장 두드러진 것을 관찰하고 그것에 현존하라. 특별히 두드러진 대상이 나타나지 않거나 의식을 어디에 두어야 할지 모를 때에는 언제든지 호흡이나 신체감각, 소리, 생각과 감정으로 돌아가 '지금-여기'로 돌아올 수 있다.

이 수련은 강둑에 앉아 강물이 흘러가는 것을 바라보는 것과 유사하다. 어떤 것이든 흘러가는 대로 지켜보는 것이다. 이것은 가장 유연한 형태의 명상 수련으로 매 순간 여러분의 직접적인 체험이 전개되는 양상을 반영한다. 어떤 때는 소리가 두드러지고, 어떤 때는 신체감각이, 어떤 때는 생각과 감정이 두드러진다. 다만 앉아서 여러분의 몸과 마음에서 일어나

는 변화의 바다를 관찰하라. 불안, 고통, 슬픔, 분노, 혼란의 폭풍을 경험하더라도 그것들에 넉넉한 공간을 부여하면 점차 사라질 것이라는 사실을 알라.

FAQ

저는 생각에 너무 빠지는 경향이 있는데 어떻게 하면 좋죠?

마음챙김은 생각과 감정도 결국엔 사라져 버린다는 사실을 가르쳐 준다. 신체감각이 끊임없는 변화 상태에 있는 것과 마찬가지로 마음도 또한 언제나 변화하고 있다. 우선 소리, 맛, 냄새, 광경, 감촉 등의 신체감각이 변화하는 것을 관찰하도록 한다. 그리고 그것들을 일종의 파도—일어나고 지속되다가 결국 사라지는 형성물—로 보는 법을 익힌다. 생각과 감정도 그와 마찬가지다. 마음챙김을 수련하는 많은 사람들은 마음을 또 하나의 감각기관으로 간주하곤 한다. 코가 냄새를 맡듯이, 혀가 맛을 보듯이, 몸이 감촉을 느끼듯이, 귀가 소리를 듣듯이, 눈이 사물을 보듯이, 그렇게 마음은 '생각'이라는 기능을 하는 것이다. 생각은 곧 마음의 본연의 기능인 셈이다. 여러분이 수련을 통해 모든 사물의 변화하는 속성을 알게 될 때 여러분은 매 순간이 새로운 전망 혹은 새로운 시작을 위한 기회를 제공한다는 것도 알게 될 것이다. 이것은 엄청난 자유로움이고, 이것이야말로 명상이 우리에게 선사하는 가장 커다란 선물일지 모른다. 마음의 노예 상태에서 조금 더 자유로워지는 것이다. 여러분이 계속해서 특정한 생각에 집착하거나 그것을 회피하고 있다면, 혹은 그 생각을 너무 심각하게 받아들이고 있다면 바깥에 앉거나 누워서 하늘에 떠가는 구름을 바라보기를 권한다. 여러분이 하늘이라고 생각하고, 여러분이 집착하거나 회피하고 있는 생각을 구름이라고 여겨 보는 것이다. 그러면 구름이 생겼다가 사라지듯이 생각도 그러함을 알게 될 것이다.

공식 수련: 앉기 명상

편안하되 깨어 있는 자세를 취한다. 다음 지시문을 읽으면서 분산되지 않은, 온전한 주의를 이 수련에 기울인다. 지시문을 읽는 경우에는 45분, 30분 혹은 15분 동안 수련을 지속할 수 있도록 각 지시문이 끝난 다음 약간의 휴지기를 둔다. 우리는 45분 수련이나 30분 수련을 권한다. 그러나 시간이 부족하다면 15분 수련도 좋다.

우선, 소중한 시간을 명상에 바친 자신에게 축하를 보낸다. 이것이 사랑의 행위임을 알기를……

멈추어 현존하면서 자신의 몸과 마음, 그리고 현재 자기 안에 있는 그 무엇이든 알아차린다. 그날 있었던 일에 대한 생각이나 느낌일 수도, 최근에 여러분에게 있었던 일일 수도 있다.

지금 현재 자기에게 일어나고 있는 일에 대해 어떠한 분석이나 평가도 없이 다만 알아차린다.

천천히 자연스럽게 평상시대로 호흡하면서 의식의 초점을 호흡으로 가져간다. 숨을 들이쉬면서 들이쉬는 느낌을 알고, 내쉬면서 내쉬는 느낌을 알아차린다.

양 콧구멍이나 배에서 느껴지는 호흡의 감각을 다만 알아차린다. 콧구멍에 집중하는 경우에는 숨을 들이쉬고 내쉴 때 공기가 콧구멍을 통해 들어오고 나가는 느낌을 느끼면 된다. 배에 집중하는 경우에는 숨을 들이쉴 때 배가 불러오고 숨을 내쉴 때 배가 수축되는 느낌을 느끼면 된다.

한 번에 하나씩의 들숨과 날숨을 느낀다. 들숨과 날숨에서 각각의 호흡이 생겼다가 사라지는 것을 관찰하면서 다만 호흡한다.

이제 부드럽게 호흡에 대한 의식을 거두어 신체감각의 세계로 의식을 옮긴다. 어떠한 회피나 몰입도 없이 다만 매 순간 변화하는 신체감각을 관찰한다.

몸속으로 느끼며 들어가면서 여러분은 긴장이나 뻣뻣함을 느낄지 모른다. 그곳을 부드럽게 풀어 줄 수 있다면 그렇게 하라. 그렇게 되지 않으면 다만 그대로 놓아두라.

긴장되고 뻣뻣한 신체 부위가 잘 풀어지지 않는 경우에는 그 사라지지 않는 감각을 인정하고, 그것이 갈 필요가 있는 방향으로 전개되어 가도록 그것에 공간을 제공하라. 다만 이 감각의 파도가 흘러가는 대로 흘러가도록 내버려 두라.

이제 신체감각에 대한 의식을 듣기로 옮겨 가 어떠한 회피나 몰두도 없이 모든 소리를 다만 관찰하라. 가장 기초적이고 근본적인 차원에서 소리를 자각하라. 즉, 몸이 청각기관

을 통해 받아들이고 있는 소리의 파동을 느껴 보라.

이런 차원에서 소리를 자각하면서 자기 외부와 내부의 다양한 소리들을 순간순간 받아들인다.

외부의 소리든 내부의 소리든 그것들이 어떻게 순간순간 변해 가는지 관찰하라. 이렇게 변화를 확인하라. 일어나고 사라지는 소리를 다만 있는 그대로 관찰하라.

이제 부드럽게 소리에 대한 의식을 마음, 즉 생각과 감정으로 가져간다. 어떠한 회피나 몰두도 없이 다만 마음을 관찰하라. 매 순간 생기고 사라지는 다양한 정신적 형성물들을 인정하라. 들판에 누워 하늘에 떠가는 구름을 바라보듯 자신의 마음을 관찰하라.

자신을 어떠한 판단도 내리지 않고 다만 있는 그대로의 내면의 기상 패턴을 관찰하는 기상학자라고 생각하라. 생각과 감정이 일어났다가 사라진다. 그것들이 일어났다가 사라지는 것을 다만 생각으로, 감정으로 경험하라.

여러분은 마음이 그 자신의 마음을 갖고 있다는 것을 알게 될지 모른다. 마음은 분석하고 조사하며 계획하고 기억한다. 또 부정적 사고를 하고 비교하고 대조한다. 마음은 꿈을 꾸고 비난하며 슬픔과 분노, 두려움을 느낀다. 마음은 환상을 품고, 좋은 것과 싫은 것을 구별한다. 마음은 늘 생각을 일으키고 유지하고 사라지게 만들면서 이것 아니면 저것을 생각하느라 분주하다. 마음이 일어났다가 사라지는 것을 다만 생각이라고 관찰하라.

아마도 여러분은 몇 번이고 생각과 감정에 빠져 있는 자신을 관찰하고 경험하게 될지 모른다. 그렇더라도 자신을 평가하거나 비난하지 마라. 이러한 자각(생각과 감정에 빠져 있는 자신을 자각하는 것)조차도 현재 순간으로 돌아오는 방법임을 기억하라. 이 모든 정신적 상태가 변화무쌍한 일시적 현상임을 당신의 자각이 깨닫게 하라. 이것은 다시 한 번 모든 현상의 무상의 속성을 드러내 준다. 일단 자신의 마음이 생각과 감정에 빠져 있다는 것을 자각하는 순간, 당신은 더 이상 그것들에 빠져 있지 않게 된다. 이렇게 마음 상태의 끊임없이 변화하는 속성을 계속해서 체험해 나가라. 여러분은 자신의 마음을 생각과 감정이 세차게 떠내려가는 강의 급류라고 생각할 수도 있다. 만약 마음이 계속해서 딴 곳으로 방황한다면 호흡으로 돌아와 중심을 잡는 것도 좋은 방법이다.

이제 아주 부드럽게 정신적 사건에서 의식을 거두어 현재 순간을 주 의식 대상으로 삼으라.

선택 없는 알아차림은 소리, 신체감각, 기타 감각 경험이나 부산한 생각과 감정 등 지금 이 순간의 펼쳐짐 속에서 자신의 몸과 마음에서 일어나는 그 어떤 것이든 알아차리도록 해 준다. 겉으로는 가만히 앉아 있는 것처럼 보이지만 당신의 내면의 체험은 이와 매우 다르다. 여러분의 몸과 마음은 다양한 감각과 마음에서 오는 자극들, 그 끊임없이 변화하는 자극들을 가지고 상호작용하는 역동적인 유기체가 된다.

지금 현재 몸과 마음에서 두드러지게 느껴지는 어떠한 것이든 다만 관찰하면서 그것에 현존하라. 특별히 두드러지게 느껴지는 것이 없거나 어디에 주의를 두어야 할지 모르겠다면 언제나 호흡이나 기타 주의 대상으로 돌아가 지금-여기에 머무는 닻으로 삼을 수 있다.

이 수련은 강둑에 앉아 흘러가는 강물을 바라보는 것과 유사하다. 때로 소리가 들리고 때로 신체감각이 느껴지며 또 때로는 생각과 감정이 일어나기도 할 것이다. 별다른 것이 일어나지 않으면 언제나 호흡이라는 닻으로 돌아오면 된다. 가만히 앉아서 자기 몸과 마음에서 일어나는 변화라는 바다를 관찰하라.

더 큰 평정심과 균형감각으로, 지금 현재 일어나고 있는 것에 공간을 부여하게 되면서 당신은 그 흐름과 함께 갈 수 있다. 지금 현재 존재하는 것에 저항하면서 그것과 맞서 싸우는 대신 당신은 모든 것이 변화한다는 사실을 깊이 이해하게 될 것이다.

불안, 고통, 슬픔, 분노, 혼란의 폭풍우를 경험하고 있더라도—혹은 아마도 특히 이러한 시기에 더욱—여러분은 이들 감정에 공간을 부여함으로써 그것들이 점차로 사라지게 된다는 사실을 알게 될 것이다.

이제 선택 없는 알아차림에서 주의를 거두어 다시 호흡으로 돌아와 들숨과 날숨을 쉴 때의 몸 전체를 느껴 보도록 한다. 들숨과 함께 몸 전체가 부풀어 오르는 것, 그리고 날숨과 함께 몸 전체가 수축되는 것을 느껴 본다. 자신의 몸 전체를 하나의 단일하면서 완전한 유기체, 전체와 연결된 완전한 유기체로 느껴 본다.

이 수련을 통해 자신의 건강과 안녕에 기여한 것에 대해 스스로에게 축하를 보낸다. 이것이 사랑의 행위임을 알게 되기를……

앉기 명상 기록지

이 수련을 처음 할 때 정신적으로 감정적으로, 그리고 신체적으로 어떤 일이 있었는지 다음 빈칸에 기록해 본다.

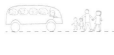

_____

_____

_____

_____

_____

_____

_____

_____

_____

———— ✽ 밥의 이야기: 수탉 명상 ✽ ————

  1980년대 초 나는 불교 사원에서 많은 승려들과 여섯 마리의 수탉과 함께 살았다. 도시에서 자랐던 나는 수탉은 아침에 해가 뜰 때에만 운다고 생각했다. 수탉들이 하루 중 어느 때고 시도 때도 없이 운다는 사실을 아는 데는 오랜 시간이 걸리지 않았다.

  토요일마다 우리는 종일 명상 시간을 가졌다. 명상 홀은 1층에 있었는데 종종 수탉들이 창의 밑틀에 올라와 하루 종일 꼬꼬댁거렸다. 나는 이 소리에 즉각적으로 분노가 발동했다. 계속해서 꼬꼬댁거리는 수탉들을 죽일 수 있는 여러 가지 방법이 떠올랐다. 수탉들을 밟아서 죽일 수도 있고, 돌멩이를 던져서 죽일 수도 있었다. 아니면 독약을 먹이거나 불에 태워 버리거나 칼로 베거나 물에 익사시킬 수도 있었다. 내 상상력은 무궁무진했다.

  마침내 어느 날 나는 스승인 흘라잉 텟 사야도에게 수탉에 대해 불평했다. 그러자 사야도께서는 나를 꾸짖으시며 이렇게 말씀하셨다. "당신은 명상에 대해 아무것도 모르는군요. 여기 수탉들은 당신에게 가르침을 주기 위해 이곳에 있는 거랍니다. 당신은 듣고, 듣고,

듣고, 분노하고, 분노하고, 분노하고 있군요. 빨리 가서 자리에 앉아 수행하세요!"

시간이 지나면서 수탉의 울음소리는 차츰 짜증나는 소리에서 단지 소리의 파동으로 바뀌어 갔다. 그것은 이제 일어나고 사라지는 청각 신호에 불과했다. 물론 이 수련이 말처럼 쉬운 것만은 아니다. 오늘날까지도 나는 내 삶에서 나타나는 이 수탉들—실제적이고 비유적인 의미에서의—에 여전히 붉으락푸르락하고 있다. 그러나 서서히 수행이 성장해 가면서 인내와 이해심이 짜증을 넘어서게 되었다.

직접 해 보기

지금 당장 하던 일을 멈추고 자신의 주변에서 들려오는 소리에 귀를 기울여 보자. 아마도 사이렌 소리, 사람들의 잡담 소리, 귀뚜라미의 울음소리, 음악 소리 등이 들릴 것이다. 또한 이들 각각의 소리에 대해 우리 마음이 얼마나 재빨리 범주화해서 이미지를 만들어 내는지도 살펴보자. 그런 다음 다시 돌아와 소리를 다만 소리로 지각하는 연습을 해 보자. 그리고 소리들의 무상한 성질을 느껴 보자. 아무런 평가 없이 소리를 듣는 것은 어떤 느낌일까? 이 수련을 자신의 일상에 가져와 소리를 다만 소리로, 아무런 평가나 판단 없이 듣는 시간을 자주 가져 보자.

요가와 마음챙김

요가는 수천 년 전 인도의 시골 지역에서 살던 명상가들에 의해 개발되었다고 한다. 그들 중 많은 이들이 대부분의 시간을 앉기 명상 수행에 쏟기를 원했으나 한 장소에 오랫동안 앉아 있으면 몸 이곳저곳에 통증이 일어나 마음을 고요히 할 수 없었다. 그들은 동물들 가까이에 살았기 때문에 여러 동물들이 어떻게 몸을 스트레칭하면서 그로부터 이익을 얻는가를 관찰하기 시작했다. 시간이 지나면서 명상가들은 동물들의 자세를 따라 하기 시작했으며 그로 인해 그들의 신체가 더 유연해지고 강해진다는 사실을 알게 되었다. 그들은 또한 더 오랜 시간 고요히 앉아 명상을 할 수 있다는 것을, 그리고 그들의 마음이 전보다 더 고요하고 평안해졌다는 사실도 알게 되었다. 요가는 이렇게 시작되었으며 오늘날 요가 자세의

대다수가 동물의 이름을 갖게 된 연유도 이 때문이다.

이제 앉기 명상을 시작한 당신은 오랜 시간 앉아 있는 것 때문에 생긴 통증을 완화하기 위해 몸을 스트레칭 하고 움직여야 한다고 느낄지 모른다. 또 요가는 본래적으로 마음을 챙기는 신체 수련이기도 하다. 산스크리트어로 요가(yoga)는 '메다, 묶다(to yoke)'는 뜻으로 이 경우에는 '몸과 마음을 한곳에 묶는다'는 의미다. 요가는 동작 중인 신체에 마음챙김을 가져가는 아주 훌륭한 방법일 뿐 아니라 노화하는 뼈나 관절, 근육, 신경, 신체기관을 건강하고 탄력 있고 유연하게 유지해 주는 건강상의 이익도 제공한다.

공식 수련: 마음챙김 눕기 요가

마음챙김 요가는 호흡, 몸의 동작, 자세, 생각과 감정 등에 의식을 가져가는 수련법이다. 신체 동작에 방해되지 않는 편안한 옷을 입는다. 몸을 자유롭게 움직일 수 있는 충분한 공간을 마련하고 요가 매트나 카페트 바닥을 준비한다. 시작하기 전에 우선 다음 그림의 순서를 살펴보고 이 수련 자세에 익숙해지도록 한다. 다음 지시문을 읽고 그에 따라 수련하되, 만약 당신이 규칙적으로 운동을 하지 않았거나 몸이 유연하지 못한 상태라면 우선 15분짜리 요가를 통해 몸을 풀어 주는 것이 좋다. 그렇게 하면서 자신의 몸이 지닌 지혜에 귀를 기울인다.

주의사항 각 사람의 몸은 모두 다르다. 어떤 사람은 다른 사람보다 더 유연한 신체를 가졌고 또 어떤 사람은 그렇지 못하다. 이 수련을 할 때는 자신의 몸이 지닌 연민의 지혜에 귀를 기울이는 것이 좋다. 모든 신체 동작을 천천히 그리고 마음을 챙기면서 하도록 한다. 자기 몸이 가진 능력의 110퍼센트를 발휘하기보다 처음에는 오직 60퍼센트 정도만 발휘한다고 생각하라. 천천히 수련을 키워가는 것이 무리하게 오랜 시간 자세를 취하여 몸을 다치게 하는 것보다 낫다. 특정 자세를 할 수 없겠다 싶으면 건너뛰어도 좋다. 여러분은 이것을 요가 자세로 간주할 수 있다. 즉, 특정 자세를 취하는 것이 목적이 아니라 자세를 취할 때 자신의 몸과 마음에서 일어나는 어떠한 현상이라도 그것을 느끼고 인정하도록 스스로에게 허락하는 것이 요점이다. 이런 관점에서, 여러분이 마음챙김 요가에서 무엇을 하든(혹은 하지 않든) 그것에 의식을 둔다면 그것은 마음챙김 요가 체험의 일부라고 할 수 있다.

반듯이 누운 자세

등을 바닥에 대고 누워 양팔은 몸 양쪽에 편안하게 놓는다. 손바닥은 천장을 향하고 자연스럽게 수차례 호흡한다.

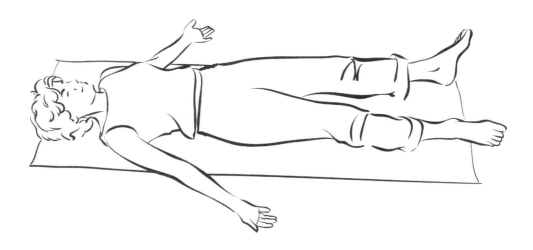

반듯이 누워 전신 뻗기

숨을 들이쉬면서 팔을 위로 들어올려 머리 위를 지나 바닥에 닿을 때까지 뻗어 준다. 양 손바닥을 서로 마주보게 한다. 다시 숨을 내쉬면서 팔을 원래 위치(몸통 양쪽)로 되돌린다.

반듯이 누워서 몸 틀기

　이 자세에서 양팔을 어깨 높이에서 양 옆으로 뻗는다. 발바닥을 바닥에 붙인 채 양 무릎을 가슴 쪽으로 끌어당긴다. 이제 숨을 내쉬며 양 무릎을 오른쪽 바닥으로 떨어뜨린다. 이때 어깨와 팔은 바닥에 붙인 자세를 그대로 유지하며 머리는 왼쪽을 쳐다본다. 자연스럽게 호흡하면서 몸에서 느껴지는 어떠한 신체감각이나 생각, 감정이라도 다만 알아차린다. 숨을 들이쉬며 원래 자세로 돌아가 무릎을 가운데 오게 하고 발바닥은 바닥에 붙인다. 이제 자연스럽게 호흡하면서 반대편 방향으로 무릎을 떨어뜨린다.

반듯이 누워 전신 뻗기

　앞서 했던 반듯이 누워 전신 뻗기 동작을 다시 한다. 숨을 들이쉬면서 양팔을 머리 위로 쭉 뻗어 양 손바닥이 서로 마주보게 한다. 다시 숨을 내쉬면서 양팔을 원래 위치에 놓는다.

다리 뻗기

반듯이 누운 자세에서 왼쪽 무릎을 굽혀 왼 발바닥이 바닥에 닿도록 한다. 오른 다리를
천장을 향하여 들어올린다. 이때 오른쪽 발꿈치가 천장을 향하도록 한다. 자연스럽게 호흡

하면서 발가락이 천장을 향한다는 느낌으로 발목을 원을 그리며 가볍게 풀어 준다. 천천히 오른쪽 다리를 바닥에 내려놓는다. 앞서 했던 전신 뻗기 동작을 다시 반복한 후 이번에는 오른쪽 무릎을 굽혀 오른 발바닥을 바닥에 댄 후 왼발을 천장을 향하여 들어올린다. 왼발을 내린 후 전신 뻗기 동작을 다시 취한다.

한쪽 무릎 가슴으로 당기기

바닥에 누운 자세에서 왼쪽 다리는 쭉 뻗은 채 오른쪽 무릎을 양손으로 감싸 쥐고 가슴 쪽을 향하여 당긴다. 오른쪽 대퇴부가 가슴에 가까이 오도록 한다. 이때 머리는 바닥에 붙이거나 아니면 턱을 가슴 쪽으로 당겨도 좋다. 자연스럽게 호흡하면서 몸에서 일어나는 모든 신체감각이나 생각, 감정 등을 알아차린다. 천천히 오른 다리를 바닥에 내려놓고 양다리를 쭉 뻗어 준다. 이제 반대쪽 왼쪽 무릎을 양손으로 감싸 쥐고 가슴 쪽을 향하여 당긴다. 다시 왼쪽 다리를 바닥에 내려놓고 전신 뻗기 동작을 취한다.

골반 들어올리고 누르기

양 무릎을 구부려 가슴 쪽으로 당긴 후 발바닥이 바닥에 닿게 한다. 숨을 들이쉬면서 꼬리뼈를 가볍게 바닥을 향해 눌러 허리와 바닥 사이에 작은 공간이 생기도록 한다. 이번에는 숨을 내쉬면서 부드럽게 허리를 바닥을 향해 눌러 허리가 바닥에 닿도록 한다. 이런 식으로 호흡을 할 때마다 골반을 상하로 움직이면서 그때 일어나는 모든 신체감각과 생각, 감정들을 알아차린다. 전신 뻗기 스트레칭을 헤 준다.

교각 자세

　누운 자세에서 양 무릎을 위로 향하고 발바닥은 바닥에 붙인 채 양팔은 몸통 옆에 자연스럽게 둔다. 숨을 들이쉬면서 척추를 바닥에서부터 들어올린다. 엉덩이부터 들어올려 허리, 등까지 차례대로 바닥에서 떨어지게 한다. 양손은 몸통 아래에서 깍지를 끼고 모은 채 발 쪽으로 향한다. 자연스럽게 호흡한다. 숨을 내쉬면서 팔을 원래 지점으로 이동시킨 후 천천히 등에서부터 요추 뼈 하나하나를 바닥에 내려놓듯이 상체를 바닥으로 내려놓는다. 이때 일어나는 모든 신체감각과 생각, 감정들에 현존하면서 알아차린다.

팔 뻗은 채 교각 자세

　교각 자세를 반복하되, 이번에는 숨을 들이쉬고 등을 바닥에서 떨어지게 할 때 양팔을 머리 위로 들어올린다. 숨을 내쉬고 등과 허리를 바닥에 내려놓으면서는 양팔을 몸통 옆 원래 위치로 돌아온다. 5회 반복한다.

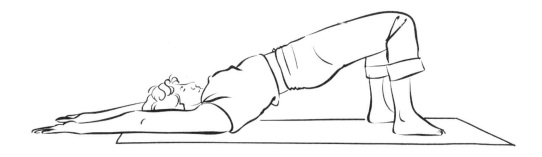

교각 자세

기본 교각 자세를 반복한다. 숨을 들이쉬면서 엉덩이와 허리, 등을 차례대로 바닥에서 떨어지게 한다. 이와 동시에 양손은 몸통 아래에서 깍지를 낀 채 발 쪽을 향하게 한다. 다음으로 숨을 내쉬면서 양팔을 원래 자리로 이동시킨 후 등, 허리, 엉덩이를, 한 번에 척추 뼈 하나씩을 내려놓는다는 느낌으로 바닥으로 내려온다.

몸통 앞뒤로 흔들기

등을 바닥에 대고 누운 상태에서 양 무릎을 양손으로 잡고 가슴 쪽으로 끌어당기면서 천천히 앞뒤로 몸통을 굴린다. 이것은 숨을 들이쉬고 내쉬는 것과 유사한 리드미컬한 동작이다. 이 자세로 수차례 앞뒤로 구른 다음, 대퇴부를 가슴 쪽으로 최대한 당긴 채, 굽혔던 다리를 천장을 향하여 뻗는다. 양손으로 각각의 발을 부드럽게 잡는다. 자연스럽게 호흡하면서 몸통을 앞뒤로 한 번 더 굴린다. 이제 처음 자세로 돌아와 다시 한 번 양 무릎을 양손으로 잡은 채 몸통을 앞뒤로 흔들어 준다.

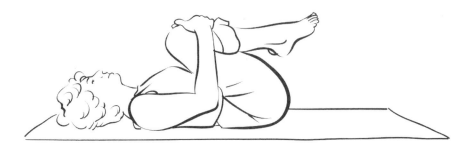

옆으로 누워 다리 들어올리기

오른쪽으로 몸을 뉘고 왼쪽 다리가 오른쪽 다리 위에 포개지도록 한다. 머리는 팔베개를 해 오른팔 위에 두고, 왼팔은 가슴 앞 바닥을 짚는다. 자연스럽게 호흡한다. 숨을 들이쉬면서 천천히 왼쪽 다리를 천장을 향하여 들어올린다. 다음으로 숨을 내쉬면서 천천히 원 위치시킨다. 이때 일어나는 모든 신체감각과 생각, 감정을 알아차린다. 3~4회 반복한 뒤 등을 바닥에 대고 누워 양손으로 양 무릎을 감싸 쥐고 가슴 쪽으로 향하여 당기면서 앞뒤로 천천히 몸통을 흔들어 준다. 이때 호흡은 자연스럽게 한다. 이번에는 왼쪽으로 몸을 틀어 동일한 동작을 반복한다.

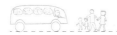

엎드려 다리 뻗기

배를 바닥에 대고 누운 상태에서 양손은 몸통 양쪽에 자연스럽게 둔다. 이제 주먹을 쥐어 양 치골 아래에 고인 다음 양다리를 바닥에서 15센티미터 정도 떨어지도록 천장을 향하여 들어올린다. 들숨과 날숨을 쉬면서 천천히 양다리를 바닥에 내려놓는다. 이제 양 팔뚝이 바닥에 닿게 하여 상체를 지탱시킨다.

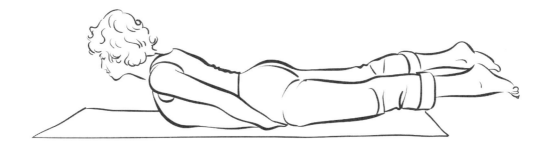

변형 코브라 자세

숨을 내쉬면서 상체를 천장을 향하여 들어올린다. 이때 상체의 무게를 양 팔뚝으로 지탱하면서 허리와 다리는 바닥에서 떨어지지 않도록 한다. 이것이 변형 코브라 자세다. 숨을 들이쉬고 내쉬면서 천천히 상체를 다시 바닥에 내려놓는다. 양손과 팔도 원 위치로 돌아간다.

완전 코브라 자세

변형 코브라 자세를 반복한다. 숨을 내쉬면서 상체를 들어올린다. 이번에는 팔뚝을 바닥에서 뗀 채 양 손바닥만 바닥을 지탱하면서 상체를 들어올린다. 이것이 완전 코브라 자세다. 자연스럽게 호흡하면서 일어나는 신체감각이나 생각, 감정 등 어떠한 것이든 다만 알아차린다. 숨을 들이쉬면서 천천히 상체를 바닥에 내려놓는다.

소 자세 및 고양이 자세

양팔을 뻗어 바닥과 수직이 되게 세운 다음 양손과 양 무릎으로 몸통을 받친다. 숨을 들이쉬면서 배가 바닥을 향하게, 동시에 머리는 천장을 향하도록 한다. 이것이 소 자세다. 이제 숨을 내쉬면서 등을 동그랗게 구부려 꼬리뼈가 바닥을 향하도록 한다. 마치 쉬익 소리를 내는 고양이가 취하는 자세와 비슷하다고 하여 이것을 고양이 자세라고 부른다. 숨을 들이쉬면서는 소 자세를, 내쉬면서는 고양이 자세를 3~4회 반복한다.

어린이 자세

무릎을 꿇은 자세에서 상체를 앞으로 바닥을 향하여 누인 채 머리를 바닥에 놓는다. 팔은 앞으로 뻗어 바닥에 붙여도 좋고 몸통 양옆에 자연스럽게 두어도 좋다. 자연스럽게 호흡한다.

사냥개 자세

양손과 무릎으로 바닥을 지탱한 채 바닥과 수평으로 몸통을 유지한다. 왼팔을 앞으로 뻗어 엉덩이와 같은 높이가 되게 하고 동시에 오른쪽 다리를 뒤로 뻗어 어깨와 같은 높이가 되게 한다. 자연스럽게 호흡하면서 몸에서 느끼는 어떠한 신체감각과 생각, 감정 등을 알아차린다. 원 위치로 돌아온 뒤 이번에는 오른팔과 왼쪽 다리를 뻗는다.

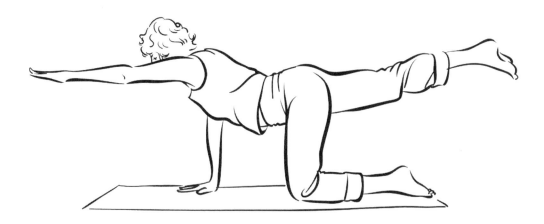

반듯이 누워 전신 스트레칭

등을 바닥에 대고 누운 채 양팔을 손바닥이 천장을 향한 채 몸통 옆에 둔다. 3~4회 자연스럽게 호흡한다. 숨을 들이쉬면서 양팔을 머리 위로 들어올려 쭉 뻗는다. 이때 양 손바닥이 서로 마주보게 한다. 숨을 내쉬면서 팔을 원래 위치로 돌린다.

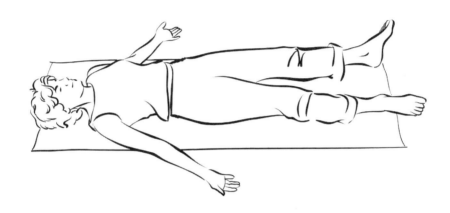

개방 자세

숨을 들이쉬면서 머리 위로 팔을 쭉 뻗는 전신 스트레칭을 한 번 더 실시한다. 숨을 내쉬면서 팔을 원 위치로 되돌리면서 이번에는 어깨 높이에서 팔을 양 옆으로 뻗어 이완시키고 개방된 자세를 취한다. 양팔과 겨드랑이가 열린 느낌을 느껴 본다. 손가락을 꼼지락거려 풀어 주면서 손바닥을 열어 준다. 자연스럽게 호흡하면서 눈과 입, 콧구멍을 연다. 귀로 의식을 가져가 귀가 주변 소리에 완전히 열려 있음을 느낀다. 이번에는 양다리를 완전히 이완시킨 채 다리가 열려 있는 느낌을 느껴 본다. 발가락 사이의 공간조차 완전히 개방되어 있는 것처럼 느껴 본다. 이처럼 개방된 자세에 완전히 열려 있는 느낌을 느껴 본다. 피부의 수천 개 땀구멍이 완전히 열려 있는 듯이 느낀다. 이것은 모든 가능성에 완전히 자신의 몸과 마음을 개방하는 매우 용기 있는 자세다.

이 자세로 머물면서 자신의 삶에 대해 잠시 생각하는 시간을 갖는다. 나는 지금 내가 원하는 삶을 살고 있는가? 현재 자신이 원하는 삶을 사는 것을 가로막는 요인을 느껴볼 수 있는가? 자신의 가슴과 꿈을 좇을 수 있도록 모든 가능성에 나를 열 수 있는가? 자연스럽게 숨을 들이쉬고 내쉬면서 개방 자세를 취하면서 그것에 자신을 완전히 열어 둔다. 이때 떠오르는 어떠한 신체감각이나 생각, 감정 등을 모두 알아차린다.

송장 자세

이제 양팔을 몸통 옆이나 가슴 위에 둔다. 어느 것이든 편한 자세를 취한다. 눈을 감고 자연스럽게 호흡한다. 이 마지막 자세가 깊은 이완감을 주는 송장 자세다. 요가에서 몸을 움직이는 것이 중요한 것만큼이나 모든 동작을 멈추고 가만히 있는 것도 중요하다. 송장 자세는 마음챙김 요가 수련의 모든 동작을 통합하는 시간이다. 식물이 성장하는 데 햇볕뿐 아니라 밤의 어둠도 필요한 것처럼 휴지(休止)와 성장, 움직임과 정지는 서로 균형을 이룰 필요가 있다. 자연스럽게 숨을 들이쉬고 내쉬면서 우리 모두가 이 우주의 축복 속에서 자유롭고 평화롭게 되기를 기원한다. 모든 존재가 건강하고 평화롭기를…….

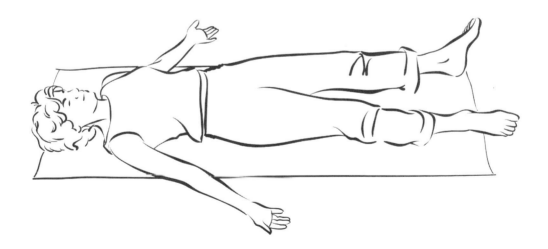

마음챙김 눕기 요가 기록지

이 수련을 처음으로 해 본 뒤에 잠시 자신의 경험에 대해 기록하는 시간을 갖는다. 정신적, 감정적, 육체적으로 무엇을 관찰하였는가?

_____

_____

_____

_____

_____

_____

_____

_____

_____

습관적인 패턴

앉기 명상을 하면서 여러분은 여러분의 신체감각과 다른 감각 자극들뿐 아니라 자신의 생각과 감정에 대해서도 훨씬 더 잘 알아차리게 되었을 것이다. 이것이 바로 마음챙김을 수련하는 가장 중요한 이유 가운데 하나다. 다시 말해 여러분은 마음챙김 수련을 통해 평소 무엇이 자신의 행동을 추동하고 있는지, 그 실상을 보게 된다. 이것은 여러분의 건강과 안녕, 인간관계의 질에 부정적인 영향을 미치는 삶의 패턴을 관찰하게 해 준다는 점에서 특히

유익하다고 할 수 있다.

인간은 습관의 동물이라고 한다. 그런데 이것이 반드시 나쁜 것만은 아니다. 습관은 우리가 일상적인 과제를 크게 고민하지 않고 자연스럽고 효과적으로 수행하도록 해 준다. 그러나 일상적으로 반복되는 행동 패턴은 자칫 우리가 자동조종 모드로 삶을 살게 할 수도 있다. 이것은 특히 스트레스와 불안의 측면에서 볼 때는 확실히 바람직한 현상이 아니다. 우리가 자동조종 모드로 삶을 살면 스트레스와 불안에 대해 잘 자각할 수 없다. 그것에 대해 스스로 어떤 선택을 내리는 것은 더 어려운 일이 될 것이다. 결국 여러분은 과거의 조건화된 상태대로 습관적으로 반응하게 된다. 자동조종 모드에 있을 때 우리는 자극과 반응—지금까지와 다른 것을 선택할 수 있는 반응—사이에 공간이 있다는 것을 자각하지 못한다. 행동 패턴이 뿌리 깊게 자리를 잡으면 그것은 기차선로처럼 되어 버려 그것을 벗어나기란 좀처럼 쉽지 않게 된다. 이때 선로를 벗어나도록 해 주는 것이 바로 마음챙김이다. 마음챙김은 여러분이 지금 무엇을 하고 있으며, 더 중요하게는 그것을 '왜' 하고 있는지 명확하게 보게 해 준다. 초심자의 마음—마치 처음인 듯 사물을 바라보는 능력—을 계발하면 여러분은 여러분에게 열려 있는 가능성을 더 많이 자각할 수 있다.

우리가 습관적인 행동 패턴에 얼마나 쉽게 사로잡힐 수 있는지 보여 주는 사례가 여기 있다. 무릎 관절염으로 오랫동안 고생한 한 노인이 무릎 관절 이식 수술을 받기로 했다. 수술 후 회복은 더뎠고, 다리를 절룩거리는 것은 그의 습관이 되어 버려 자신이 더 잘 걸을 수 있음에도 노인은 계속해서 다리를 절룩거리며 걸었다. 수개월에 걸쳐 물리치료사의 도움을 받은 노인은 마침내 정상적으로 걸음을 걸을 수 있게 되었다. 물리치료가 끝나갈 무렵의 어느 날 마침 그날의 물리치료가 정오가 되기 직전에 끝이 났다. 그리고 환자가 돌아간 몇 분후 물리치료사는 점심을 먹기 위해 밖으로 나갔다. 거리에서 치료사는 그 환자가 다른 사람과 함께 길을 가고 있는 것을 목격했다. 그런데 또다시 다리를 절룩이며 걷고 있는 게 아닌가. 매우 놀라 말문이 막힌 치료사는 환자에게 다가가 왜 다시 다리를 절룩이느냐고 물었다. 환자는 이렇게 대답했다. "사촌과 걸을 때는 항상 이렇게 걸었어요."

불행히도 우리는 종종 부정확한 가정과 습관적인 행동을 통해 우리 자신의 한계를 만들어 낸다. 마음챙김이 없으면 우리는 전기 울타리 안의 소와 다름없다. 전기 울타리에 혼쭐이 난 소들은 이제 울타리에 접근하는 것조차 하지 않으려고 할 것이다. 이제 전류를 흐르게 하지 않아도 소들은 다시는 울타리에 가까이 가지 않을 것이다. 자유가 이렇게 가까이 있는데도, 즉 이제 전류가 흐르지 않으니 쉽게 울타리를 부수고 밖으로 나갈 수 있는데도 소들은 자기 마음의 한계에 지배당하고 있다. 우리는 이 소들과 얼마나 다를까?

이것이 습관적 패턴과 변화에 대한 두려움이 지닌 속성이다. 알지 못하는 것에 대한 막연한 두려움은, 익숙하다는 이유로 문제 되는 것을 지속하는 어려움이나 가슴앓이보다 더 크기 때문에, 많은 역기능적 인간관계가 지속되고 있다는 것은 슬픈 사실이다. 많은 경우, 우리는 알지 못하는 것에 직면하기보다 아는 것으로 기꺼이 고생하고 싶어 한다. 우리의 생각과 지평을 확장하고 우리의 방아쇠와 반응을 촉발하는 것에 호기심을 갖는 것이야말로 우리에게 주어진 도전이다.

회복탄력성과 스트레스

왜 어떤 사람은 역경을 도전으로 간주하고 그것에 의미를 부여하고, 또 어떤 사람은 역경을 두려움으로 맞이할까? 이와 관련된 핵심 성격이 회복탄력성(resilience)이라고 하는 것인데 이 회복탄력성은 우리가 사물을 지금까지와 다르게 보고 좀 더 현명하게 대처하도록 돕는다.

수십 년 전 연구자이자 심리학자인 수잔 코바사(Suzanne Kobasa)는 스트레스에 강한 사람들은 통제력과 전념(commitment), 그리고 도전에 대응하는 의지가 더 높다는 사실을 발견했다(Kabat-Zinn, 1990). 여기서 통제력이라고 하는 것은 자신의 스트레스와 불안에 스스로 영향을 줄 수 있다고 생각하는 믿음을 가리키며, 헌신이라고 하는 것은 자신이 직면한 도전에 대하여 그것을 극복하기 위한 최선의 노력을 다하고 아무리 어려운 일이라도 인내하겠다는 의지를 말한다. 역경을 도전으로 본다는 것은 아무리 힘든 상황이라도 그것을 기꺼이 환영하고 그 힘든 상황을 배움과 성장의 기회로 본다는 것을 의미한다. 또 이스라엘의 의료 사회학자 아론 안토노프스키(Aaron Antonovsky)는 극심한 스트레스를 이겨낸 사람들을 연구했는데, 그들이 세계와 자신에 대한 일관된 내적 감각을 갖고 있다는 사실을 발견했다(Kabat-Zinn, 1990). 이런 일관감(sense of coherence)의 특징은, 도전을 우리가 이해하고 관리할 수 있는 무언가로, 그리고 소중한 교훈을 제공할 수 있는 무언가로 보는 능력이다.

프랭크라는 사람의 이야기가 이것을 잘 보여 준다. 프랭크는 어린 시절 소아마비에 걸

려 몇 년 동안 철 폐(iron lung)라고 하는 철제 호흡 보조장치에서 지냈다. 소아마비 때문에 프랭크는 사지가 거의 마비되었으며 오른쪽 다리로만 몸을 움직여야 했다. 그러나 프랭크는 제대로 된 삶을 살 수 없을지 모른다는 두려움 앞에 위축되지 않고 오른쪽 다리로만 운전할 수 있는, 특수장비를 갖춘 자동차를 운전하는 법을 배웠고, 대학에서 컴퓨터공학을 공부했으며, 입에 문 막대기로 컴퓨터 타이핑을 하면서 돈을 벌었다. 프랭크가 일상에서 겪는 불편함은 이루 말할 수 없다. 스스로 지퍼를 올리지도 못하고, 밥 먹고 옷 입는 것, 심지어 가려운 곳을 긁는 것도 혼자서는 할 수가 없다. 매일 밤 인공호흡기를 차야 수면 중에 숨을 쉴 수 있다. 그는 자기를 돌보는 것이 마치 아기를 돌보는 것과 같다고 말하면서도 여전히 삶에 대해 놀랍도록 긍정적인 태도를 지니고 있다. 어떻게 이렇게 역경 앞에 굴하지 않고 활력 있는 삶을 살 수 있는가 물으면 프랭크는 이렇게 대답한다. "나는 진작부터 걱정은 시간 낭비라고 생각하기로 했어요. 아무짝에도 쓸모가 없는 걱정에 왜 시간을 허비해야 하죠? 나는 그보다 내가 할 수 있는 일, 의미 있는 일에 집중하기로 했어요."

　프랭크는 코바사 박사와 안토노프스키 박사가 스트레스 내성과 관련 있다고 본 성격 특징을 다수 갖고 있었다. 프랭크는 자신이 직면한 엄청난 도전에도 불구하고 깊은 일관감을 갖고 산다. 프랭크는 아무리 커다란 역경이라도 극복 가능한 도전으로 생각할 수 있음을 보여 주는 하나의 영감이다. 미지의 영역에 발을 들여놓는 것은 누가 뭐래도 두려운 일이다. 그러나 그 미지의 영역에서 당신이 무엇을 발견할게 될지, 또 어떻게 그 경험에서 당신이 이익을 얻고 성장할 수 있을지는 아무도 모른다. 삶에서 발을 빼고 물러나 있으면 당신은 많은 것을 놓치게 된다.

　마음챙김 수련은 여러분의 건강과 안녕에 도움 되지 않는 낡은 패턴을 인식하는 데 도움이 된다. 마음챙김 수련을 통해 모든 것을 새로운 초심자의 눈으로 바라보는 능력이 커지면서 여러분은 새로운 가능성에 열리게 될 것이고, 더 큰 자유로움으로 나아가는 새로운 길을 또한 발견하게 될 것이다. 〈5장으로 된 짧은 자서전〉이라는 멋진 시에서 포티아 넬슨(Portia Nelson)은 우리가 때로 어떻게 삶의 길목에서 길을 잃고 갇혀 버리는지, 또 어떻게 더 큰 깨달음과 자유의 길로 향하게 되는지를 보여 주고 있다.

1장
길을 걷고 있었어요.
도로변에 깊은 구멍이 하나 있었는데
그만 거기에 빠지고 말았어요.
빠져나올 구멍을 찾지 못했죠. 도무지 어떻게 할 수가 없었어요.
그건 내 잘못이 아니었어요.
밖으로 나가는 길을 언제 찾을 수 있을지도 전혀 알 수 없어요.

2장
길을 걷고 있었어요. 예전의 그 길이었죠.
역시 도로변에 깊은 구멍이 하나 있었고요.
나는 구멍을 못 본 체 했어요.
그러다 다시 구멍에 빠져 버렸죠.
똑같은 구멍에 다시 빠지다니…… 믿을 수 없었어요.
그렇지만 그건 내 잘못이 아니에요.
여기서 빠져 나가려면 시간이 한참 걸릴 것 같군요.

3장
길을 걷고 있었어요. 예전의 그 길이죠.
도로변에 깊은 구멍이 있었어요.
이제는 그 구멍을 보고 있어요.
구멍이 거기 있다는 것을 내 눈으로 보고 있죠.
그럼에도 다시 구멍에 빠져버렸어요. 습관이겠죠. 그렇지만
나는 두 눈을 똑바로 뜨고 있고,
내가 지금 어디에 있는지 알고 있죠.
이제 그건 '내' 잘못이에요.
그러니까 여기서 금방 빠져나갈 수 있어요.

4장

예의 그 길을 또 걷고 있어요.

길가엔 깊은 구멍이 하나 있군요.

이제 나는 그 구멍을 에둘러 가요.

5장

이제 나는 다른 길을 걷고 있어요.

– 포티아 넬슨, 〈5장으로 된 짧은 자서전〉(1994, pp. 2-3)

탐구: 나의 습관적 패턴 이해하기

불안의 결과로 생긴 자신의 습관적 패턴에 대해 잠시 생각하는 시간을 갖는다. 예를 들어, 불안 때문에 하지 않았으면 좋았을 말을 자주 하는가? 불안할 때 음식을 특히 많이 먹거나 아니면 전혀 입에 대지 않는가? 강박적 사고나 걷잡을 수 없는 생각을 일시적으로 멈추기 위해 특정한 행동이나 패턴을 반복하는가? 자신에게 어떠한 습관적 패턴이 있는지, 머릿속에 떠오르는 대로 모두 적어 보자. 잘 생각나지 않거든 사람, 음식, 일과 관련된 자신의 습관적 패턴을 떠올려 보자.

_____

_____

_____

_____

_____

_____

_____

_____

이제 자기가 적은 내용을 돌아보고, 그중 자신의 스트레스와 불안을 더 키우는 습관적인 행동이 없는지 살펴보자. 예컨대, 밤늦도록 잠을 자지 않는다거나 시간과 돈을 아끼기 위해 몸에 좋지 않은 패스트푸드를 자주 먹는다거나 혹은 돈을 너무 많이 쓰거나 회사에서 너무 오랜 시간 일하지 않는가? 자신의 건강과 안녕을 대가로 말이다. 스트레스와 불안, 삶의 어려움을 더 키우는 자신의 습관적 행동을 목록으로 나열해 보자.

_____

_____

_____

_____

_____

_____

_____

우리들 대부분은 습관의 동물이다. 규칙적인 운동이나 건강한 식습관 등 어떤 습관은 우리에게 매우 도움이 되지만 과로라든지 수면 부족처럼 그렇지 않은 것들도 있다. 우리들 대부분은 건강한 습관과 안녕, 삶의 질을 저해하는 건강하지 못한 습관을 함께 가지고 있다. 마음챙김을 자신의 이러한 습관들에 적용하면 자신의 습관적 패턴을 더 분명히 볼 수 있고, 그럴 때 변화는 더 쉬워진다.

이제 앞으로 나아가기 전에 자신의 호흡과 연결하는 시간을 갖고 자신이 위에 적은 내용을 마음챙김으로 반추하는 시간을 갖는다. 자신이 적은 내용을 연민으로 인정하고, 자신이 이 탐구활동에서 배운 바를 통합하는 시간을 갖는다.

비공식 수련: 습관 알아차리기

이제 여러분은 자신의 습관적인 행동 패턴에 대해 생각해 보고 적어 보는 시간을 가졌다. 지금부터 1주일 동안은 자신의 습관—유용한 습관과 그렇지 않은 습관 모두—을 알아차리는 비공식 수련을 해 볼 것이다. 자신의 습관을 알아차릴 때 자신에게 어떤 일이 일어나는지 관찰해 보라. 자신의 습관을 알아차리면 혹은 습관적 행동을 취하려고 하는 자신을 알아차리면 지금까지와 다른 선택을 내릴 수 있음을 직접 확인할 수 있는가?

수련 계획과 리뷰

이 장에서 소개한 공식 수련은 다음과 같다. 지금부터 1주일간 자신의 달력에 이 공식 수련들에 대한 계획표를 작성한다. 1주일에 적어도 닷새 수련하도록 한다. 수련의 종류를 매일 바꾸어도 좋고 마음챙김 눕기 요가에서 시작하여 앉기 명상을 지속하는 식으로 수련법들을 결합할 수도 있다. 또한 1주일에 1회, 자신의 수련을 리뷰하는 시간을 갖도록 한다.

- **공식 수련**
- □ 앉기 명상
- □ 마음챙김 눕기 요가

이제 여러분은 일상에 통합할 수 있는 여섯 가지의 비공식 수련을 갖게 되었다.

- **비공식 수련**
- □ 습관 알아차리기
- □ 통증 알아차리기
- □ STOP
- □ 마음챙김의 여덟 가지 태도를 자신의 삶에 가져오기
- □ 마음챙김을 일상생활에 적용하기
- □ 마음챙김 먹기

공식 수련 기록하기

공식 수련을 할 때마다 다음 기록지를 작성한다. 기록지를 작성하고 지난주의 수련을 되돌아보면서 자신의 수련이 어떻게 진행되어 가고 있는지 생각해 본다. 자신에게 맞는 어떤 패턴이 나타났는가? 어떻게 하면 자신의 수련을 지속하는 데 도움이 되는 변화를 줄 수 있는가?

날짜 / 공식 수련의 종류	시각	이번 수련 동안 일어났던 생각, 감정, 감각 / 나중에 어떻게 느꼈나

비공식 수련 되돌아보기

매일 적어도 한 가지의 비공식 수련에 대해 돌아보는 시간을 갖는다. 이를 통해 자신의 비공식 수련을 깊게 하는 데 도움을 받을 수 있다.

수련 종류	상황	수련 전에 관찰한 것	수련 후에 관찰한 것	무엇을 배웠나

Chapter 7

불안과 스트레스를 줄이는 명상

Meditation for anxiety and stress

지금까지 이 책을 읽으면서 여러분은 스트레스 반응과 그것이 우리의 안녕에 미치는 나쁜 영향에 대해, 그리고 마음챙김이 이 점에서 어떻게 도움이 되는지에 대해 많은 것을 알게 되었을 것이다. 또 자신의 스트레스 요인과 그것이 자신의 삶에 미치는 영향에 대해서도 살펴보았으며, 스트레스와 불안을 키우는 자신의 습관적인 행동 패턴에 대해서도 알게 되었을 것이다. 이러한 정보와 탐구활동을 통해 여러분들이 지금까지 배운 수련법—언제든 일상생활 중에 적용할 수 있는 비공식 수련과 우리가 안내해 주었던 마음챙김 체크인, 마음챙김 호흡, 바디스캔, 마음챙김 앉기 명상 등의 공식 수련—에 시간을 투자하였으면 하는 것이 우리의 바람이다. 이제 여러분은 이 모든 정보와 탐구활동을 통합하여 특히 불안과 스트레스에 효과가 있도록 설계된 명상을 수련할 수 있다. 이 수련은 마음챙김 호흡, 바디스캔, 그리고 생각에 대한 마음챙김을 결합한 것으로 특히 마음챙김 자기탐구(mindful self-inquiry)라는 새로운 수련법도 포함되어 있다. 이 책에 소개된 모든 탐구활동과 수련법이 여러분의 마음챙김 능력을 키워 주고 스트레스에 대처하는 데 도움을 줄 것이다. 또한 이에 자기탐구를 병행하면 여러분의 삶과 여러분이 당면하고 있는 스트레스에 가장 관련 있는 문제점과 상황에 집중함으로써 더 효과적인 수련이 가능할 것이다.

마음챙김 자기탐구

마음챙김 자기탐구는 자기 마음과 존재의 속성에 대한 탐구다. 자기탐구는 여러분이 경험하고 있는 스트레스의 원인이 되는 신체감각, 감정, 생각들을 살펴본다. 일상에서 여러분은 일이나 공부로 매우 바빠 자신을 찬찬히 돌아보는 시간을 좀처럼 갖기 어려울지 모른다. 그렇지만 이러한 탐구활동은 매우 가치 있는 것이다. 두려움이란 종종 알아차림의 표면 바로 아래에 도사리고 있다.

마음챙김 자기탐구를 수련하면 자기 몸과 마음에서 경험하는 모든 스트레스와 불안한 느낌에 따뜻한 자각과 인정을 적용하고 그것을 있는 그대로 허용할 수 있다. 이것은 그러한 불편한 느낌을 분석하거나 억압하거나 더 키우거나 하지 않고 그것들과 함께 머문다는 뜻이다. 이 작업이 처음에는 다소 두렵게 느껴질 수 있으나 자신의 걱정, 짜증, 괴로운 기억 등 자신이 힘들어하는 생각과 감정들을 있는 그대로 느끼고 인정할 때 그것이 사라질 수 있다는 사실을 깨달을 필요가 있다. 현재 자신에게 일어나는 것에 저항해 싸우거나 그것을 회피하는 데 에너지를 쏟기보다 그것과 함께 가는 법을 익힘으로써 우리는 무엇이 자신의 걱정을 일으키는지에 관한 통찰을 얻을 수 있다. 자신의 걱정의 근본 원인에 대해 이해하기 시작하면 자유와 광활한 공간감(sense of spaciousness)이 자연스럽게 생겨날 것이다. 본질적으로 이것은 자신이 현재 느끼는 불편함으로부터 도망가거나 그것을 분석하는 것이 아니라 그것을 신뢰하고 그것과 함께 가는 법을 익히는 과정이다. 이러한 작업을 통해 우리는 눈에 띄는 변화를 경험할 수 있다. 여러분에게 일어나는 느낌은 여러분이 그것에 관해 알아야 하는 모든 것을 여러분에게 보여 줄 것이다. 그것은 여러분 자신의 안녕을 위해 알아야 하는 것이기도 하다.

비공식 수련: RAIN

이 장의 조금 뒤에 우리는 여러분을 스트레스와 불안에 대한 자기탐구를 위한 명상으로 안내할 것이다. 여러분은 우선 마음챙김 자기탐구를 위한 비공식 수련으로 두문자어 RAIN을 이용할 수 있다.

R = 강렬한 감정이 생길 때 그것을 알아보기(Recognizing)

A = 강렬한 감정이 있다는 것을 허용하고 인정하기(Allowing and Acknowledging)

I = 자신의 몸, 감정, 생각을 조사하기(Investigating)

N = 지금 존재하는 것과 자신을 동일시하지 않기(Non-identifying)

RAIN은 우리의 강렬한 감정 반응을 촉발하는 깊은 감정적 실마리를 발견하는 데 도움이 되는, 일상생활에 적용할 수 있는 통찰력 있는 자기탐구 수련법이다. 다음 1주에 걸쳐 자신이 느끼는 강렬한 감정을 알아보고 그것이 그냥 존재하도록 허용해 보라. 당신이 신체적, 정신적, 감정적으로 느끼는 것을 조사해 보고 그것이 여러분을 어디로 데려가는지 보라. 마지막 요소인 '동일시하지 않기'는 우리가 머리로 지어낸 온갖 이야기들의 거품을 빼 주고, 아무리 격렬한 감정이라도 단지 또 하나의 흘러가는 마음 상태일 뿐 그것이 곧 당신이라는 사람을 규정하는 것이 아님을 이해하게 해 준다는 점에서 특히 유용하다. 그것은 마치 영화관에 앉아서 배우들의 연기를 물끄러미 쳐다보는 것과 비슷하다. 여러분이 머릿속에서 만들어 낸 이야기가 확정적인 것이 아님을 알게 되고 그것과 자신을 동일시하지 않으면 여러분은 마음의 족쇄로부터 한결 자유로워질 것이다. 이로써 여러분은 있는 그대로의 것과 함께할 수 있는 마음의 넉넉한 공간을 마련하게 된다. 또 무엇이 여러분의 두려움과 분노, 슬픔 같은 감정을 뒤에서 추동하고 있는지에 대해서도 더 깊이 이해하게 될 것이다. 이때 여러분은 여러분이 처한 상황을 지금까지와 다르게 볼 수 있는, 그리고 여러분이 멋대로 지어낸 이야기가 지시하는 바에 따르지 않고 창의적인 반응을 선택할 수 있는 자유로움이 생길 것이다.

감정 속으로 들어가기

나를 힘들게 만드는 감정을 외면하지 않고 그 속으로 들어가기란 우리에게 무척 낯선 일로 느껴진다. 왜냐하면 우리 문화는 고통을 억압하고 부정하고 제거하는 것을 매우 강조하기 때문이다. 그러나 이제 우리 안의 이런 부분들을 계속해서 회피하거나 무시하기보다 인정해야 할 때가 된 것이 아닐까? 이러한 도전에서 도망가기보다 이것을 일종의 통과의례로 볼 수 있다면 우리는 배움과 성장의 기회를 얻고, 어쩌면 괴로움으로 이어지는 환경을 변화시킬 수도 있을지 모른다.

여러분은 사람이 죽으면 돈을 받는 보험을 왜 '생명보험(life insurance)'이라고 부르는지 의아하게 생각한 적은 없는가? 그것은 실제로 사람이 죽으면 보험금을 타는 '죽음보험

(death insurance)'인데 말이다. 또 왜 '건강보험(health insurance)'이라고 부르는지 이상하게 생각한 적은 없는가? 실제로는 아프면 보험금을 타는 '질병보험(sickness insurance)'인데도 말이다. 멍청한 질문이라고 치부할 수도 있지만 이것은 사실 우리 사회와 언론이 죽음이나 질병 같은 괴로운 주제를 얼마나 완고하게 회피하고 있는지를 보여 주는 한 예라고 할 수 있다. 우리는 늘 젊고 완벽한 몸매를 가져야 한다는 메시지를 끊임없이 주변에서 주입 받는다. 그리고 몸이 아프거나 마음이 슬프고 두려울 때면 무조건 약을 먹으라고 종용받는다. 약이 건강에 반드시 필요할 때도 있지만 스트레스와 통증, 질병을 다루는 데 있어서 우리 내면의 회복력을 키우는 것 또한 매우 중요한 일이다.

자신의 힘든 감정을 외면하지 않고, 스트레스와 불안, 고통에 직면하는 것은 물론 쉬운 일은 아니다. 그것은 위험을 무릅쓰는 행위일 수도 있으며, 당신은 아마도 왠지 내키지 않는 마음을 극복해야만 할 것이다. 그러나 그것 외에 우리가 무엇을 할 수 있는가? "도망갈 수는 있지만 숨을 수는 없다."라는 속담처럼 우리가 고통을 직접적으로 다루지 않으면 그것은 마침내 우리가 더 이상 짊어지고 가기에는 너무 무거워져 버릴 수 있다. 프란츠 카프카(Franz Kafka)는 이렇게 말했다. "당신은 세상의 고통에서 발을 빼고 있을 수 있다. 또 그렇게 하는 것은 당신의 성격에 따라 자유롭게 선택할 수 있다. 그러나 이렇게 발을 빼고 있는 것 자체가 또 하나의 고통―당신이 피할 수 있었던 고통―일 수 있다."(1946, p. 158)

─────── ✳ 밥의 이야기: 내 안으로의 탐색 ✳ ───────

몇 년 전 내 사무실에서 병원 경영자와 MBSR 프로그램에 대해 전화 통화를 한 적이 있다. 통화 도중 나는 그녀가 나의 진실한 의도를 이해하지 못하고 MBSR 프로그램에 시큰둥하다고 느끼고는 화가 나서 하마터면 거친 말을 내뱉을 뻔했다. 마침 그때 다른 약속이 잡혀 있어 동화를 끊어야 했다.

만남 약속 뒤에도 나는 여전히 그 병원 관계자와의 전화 통화에 분노하고 있었다. 그래서 호흡을 알아차리며 마음을 다잡으려고 했다. 그러나 마음은 계속 그 전화 통화에서 떠나지 않았다. 그리고 그것에 대해 생각하면 할수록 화가 치밀어 올랐다. 나는 속으로 이렇게 생각했다. '이번 명상을 끝내고 다시 전화를 걸어 반드시 설득시켜야지.' 이렇게 마음이 떠돌자 나는 '아, 마음이 떠돌고 있구나.' 하고 알아차렸지만 내가 그것을 알기도 전에 내 마음은 다시 어떻게 하면 그 사람에게 톡톡히 앙갚음을 해 줄까에 쏠렸다. 결국 나는 자신이 필요 이상으로 화가 나 있음을 깨달았다. 나는 이것을 더 깊이 살펴볼 필요가 있겠다고 생각했다.

　나는 우선 내가 무척 화가 나 있다는 것을 알아차리고 인정하는 것에서부터 나의 분노에 대한 마음챙김 자기탐구를 시작했다. 나는 내가 느끼는 분노를 해석하려거나 해결하려고 하지 않고 다만 그 느낌 속으로 들어가고자 했다. 물론 그것은 힘들고 불편한 작업이었다. 그리고 내 멋대로 지어낸 이야기 속에 들어가 있는 나 자신을 계속해서 발견해야 했다. 그때 내 속에서 분노가 아닌 또 하나의 감정이 불쑥 솟아올랐다. 그것은 슬픔이었다. 그것도 아주 커다란 슬픔이었다. 나는 분노를 경험할 때와 마찬가지로 슬픔 속으로 들어가 그것을 느끼고자 했다. 그러자 조금 뒤, 마음챙김에 대해 알리려고 했지만 그런 나의 진의를 알아주지 않았던 다른 병원 경영자들에 대한 기억도 떠올랐다. 이해받지 못한 느낌과 함께 머무는 동안 나는 여기서 더 드러내 주어야 할 무언가가 있다는 생각이 들기 시작했다. 나는 그 고통스러운 느낌을 계속해서 느꼈다. 그러자 더 깊은 통찰이 서서히 생겨났다. 내가 사람들의 눈에 띄지 못하고, 이해받지 못하고, 그들로부터 인정받지 못하던 예의 그 익숙한 느낌을 알 수 있었다. 이 느낌은 무척 괴로운 것이었다. 그러나 또한 묘하게도 커다란 자유의 느낌을 선사해 주었다. 이제 내가 무엇 때문에 그 병원 관계자에게 격분했는지 알 수 있을 것 같았다. 그래서 더 이상은 그 관계자와의 '갈등'을 지속하거나 더 키울 필요가 없었다. 실제로 내가 그녀와 나눈 통화 내용을 곰곰이 돌이켜 보니, 그녀가 실제로는 나를 지지하고 있었다는 것, 그리고 나의 선입견과 습관적인 패턴 때문에 그 점을 제대로 보지 못했다는 사실을 깨닫게 되었다.

가슴 찾기

　마음챙김 자기탐구에서 우리는 자신이 더 알고 싶은 어떤 감정이라도 그 느낌을 있는 그대로 인정하고 그 속으로 들어가 그것에 대해 아는 법을 배우게 된다. 처음에는 두렵고 힘들지만 두려움이나 기타 힘든 느낌 속으로 들어가면 의외로 숨겨진 보석을 찾을 수 있다. 자신이 느끼는 두려움을 이런 식으로 인정하고 그 속으로 파고 들어가는 것은 더 깊은 이해를 향한 문을 우리에게 열어 준다. 그리고 그와 함께 연민과 평화의 감정이 우리를 찾아

온다. 제니퍼 페인 웰우드(Jennifer Paine Welwood)는 다음 시에서 이 여정과 그것이 우리
의 심오한 변화를 위해 제공하는 가능성에 대해 이야기하고 있다.

외로움을 기꺼이 느껴 보니,
도처에 관계가 있다.

두려움을 기꺼이 직면하니,
내 안에 용사(勇士)가 있다.

상실에 기꺼이 마음을 여니,
온 우주가 나를 감싸준다.

텅 빈 곳에 나를 내맡기니,
끝없는 충만감이 몰려온다.

달아나려고 하면 할수록 그것은 끝까지 나를 따라오는 법.
기꺼이 맞이하면 할수록 그것은 나를 변화시키는 법.
이제 그것은 빛나는 보석 같은 정수로 변화된다.

세상 이치를 이렇게 만들어 놓은 분께 감사드리네.
이런 마스터플랜을 창조하신 그분께.

이 게임을 즐기는 것은 순전한 기쁨.
이 게임을 축복하는 것은 진정한 헌신.

– 제니퍼 페인 웰우드, 〈무조건적인 것〉(1998, p. 21)

공식 수련: 스트레스와 불안을 해소하는 마음챙김 자기탐구

마음챙김 자기탐구는 누워서 혹은 앉아서 할 수 있다. 그러나 누워서 할 때 졸리면 앉아서 하도록 한다. 다음 지시문을 읽으면서 분산되지 않은 온전한 주의를 이 수련에 기울인다. 각 지시문이 끝난 뒤 약간의 휴지 시간을 두어 전체 수련 시간이 30분이 되도록 조절한다.

우선 지금 이 소중한 시간을 명상에 쓰기로 한 자신에게 축하를 보내는 것으로 수련을 시작한다. 이것이 사랑의 행위임을 알게 되기를…….

이제 멈추어 현존하기 시작하면서 자신의 몸과 마음에서 일어나는 어떠한 것이든—오늘 하루 있었던 일이나 최근에 자신에게 일어났던 일에서 떠오르는 느낌이나 생각 등 어떤 것이든—다만 알아차리도록 한다.

어떠한 분석이나 평가도 없이 다만 현재 자신에게 일어나는 것을 인정하고 있는 그대로 놓아둔다.

천천히 의식의 초점을 호흡으로 향한다. 자연스럽게 평소처럼 호흡하면서. 숨을 들이쉬면서 들이쉬는 느낌을 알아차린다. 내쉬면서는 내쉬는 느낌을 알아차린다.

다만 호흡을 느끼면서 배를 알아차린다. 매 들숨과 날숨마다 배가 팽창하고 수축하는 것을 느낀다.

한 번에 하나씩의 들숨과 날숨과 알아차린다. 숨을 들이쉬고 내쉬면서 각 호흡이 일어나고 사라지는 것을 알아차린다.

이제 호흡에서 의식을 거두어 몸이 느끼는 감각의 세계로 들어가라.

몸의 각 부위를 차례대로 스캔하라. 바디스캔을 할 때처럼 몸에서 일어나는 어떠한 감각이라도 다만 느끼고 인정한다. 처음에는 생각에 빠지기 쉬우므로 다만 신체감각을 느끼는 것이 중요하다. 단지 매 순간 신체감각의 파도를 타듯이 하다 보면 생각과 감정까지도 알아차릴 수 있을지 모른다. 그 내용에 빠져들지 않고 어떠한 분석이나 평가 없이 다만 관찰한다.

이제 몸에 대한 알아차림에서 의식을 거두어 마음챙김 자기탐구로 이동한다. 여기서는 여러분의 자각의 표면 아래에 있는 여러분의 불안과 두려움의 원인이 되는 것인지도 모르

는 모든 감정과 생각, 신체감각을 탐구한다.

　부드럽게 여러분의 주의를 두려움, 불안, 기타 힘든 감정에 대한 느낌으로 돌린다. 그 감정 안으로 느껴 들어가도록 스스로를 허용하며 그것이 몸과 마음에서 어떻게 느껴지는지 있는 그대로 보도록 하라.

　이 탐험을 시작하기 위해서 여러분은 우선 자기 자신과 만나서 이 탐험이 안전하게 느껴지는지 그렇지 않은지 살펴본다. 안전하지 않다고 느껴지면 나중을 기다려도 좋다. 그리고 지금 당장은 호흡과 함께 머무르면서, 자기 자신과 만나는 시간을 잠시 가져 본다. 이 탐구를 계속하는 것이 꺼려진다면 자신의 목소리에 귀를 기울인다. 여러분의 지혜로운 연민의 마음과 가슴이 말하고 있을지 모른다. 그 목소리에 귀를 기울인다. 마음챙김 탐구는 다음에 해도 좋다. 계속하고 싶지 않다면 호흡 명상을 해도 좋다.

　이제 안전하다고 느껴지면 의식을 몸과 마음으로 가져가 어떠한 신체감각과 감정, 생각이라도 다만 그 속으로 느껴 들어가고 그것을 인정한다. 그것들을 분석하거나 해석하지 말고 있는 그대로 내버려 둔다.

　여러분은 아마 이런 느낌들 속에 엄청나게 농축된 생각과 감정, 기억 덩어리가 있다는 것을 알게 될 것이다. 이것이 여러분의 두려움과 불안, 기타 힘들어하는 감정을 일으키는 원인이다. 지금까지 스스로에게 인정받지 못했던 것을 인정할 때에야 통찰과 이해를 향한 문이 열린다. 자신의 감정을 들여다보면 여러분이 두려워하고 화내고 슬퍼하고 당황해하는 것이 무엇인지 알 수 있을 것이다.

　또한 여러분은 지금까지 스스로에게 인정받지 못한 감정들에 저항하면 그것이 종종 더 큰 두려움을 일으킨다는 것, 그리고 그것들과 맞붙어 싸우지 않고 다만 그것과 함께 갈 수 있다면 그것의 힘은 줄어든다는 것을 알게 될 것이다.

　여러분의 몸과 마음에서 지금 느껴지는 어떤 것과도 다만 함께 한다. 무엇을 느끼든 그것을 있는 그대로 인정하면서 감정과 사고, 감각의 물결이 다만 흘러가는 데로 내버려 둔다.

　여러분이 느끼는 두려움과 기타 힘든 감정들을 인정함으로써 여러분은 더 깊은 이해와 연민, 평화로 향하는 문을 열 수 있다.

　이제 마음챙김 탐구에서 의식을 거두어 자신의 마음, 즉 생각과 감정으로 주의를 옮긴다. 자신의 마음을 어떠한 회피나 몰두 없이 다만 관찰하면서 매 순간 일어나고 사라지는 다양한 정신적 형성물의 무더기를 다만 있는 그대로 인정한다. 마치 들판에 누워 하늘에 흘러가는 구름을 바라보듯이 그냥 물끄러미 자신의 마음을 지켜본다.

여러분은 아마 마음이 그 자체의 마음을 갖고 있다는 것을 알게 될 것이다. 그러니까 마음은 분석하고 조사하고 계획을 세우고 기억하고 비교하고 대조한다. 또 마음은 꿈을 꾸고 환상을 그리며 좋아하는 것과 싫어하는 것을 갖는다. 마음은 늘 이것저것 생각하느라 분주하다. 매 순간 생각이 일어났다가 진행되다가 사라진다. 생각들이 나타났다 사라지는 것을 다만 물끄러미 바라보라. 단지 '생각'으로 말이다.

스스로를 자신의 내면의 날씨 패턴을 쳐다보는 기상학자라고 생각하라. 어떠한 판단도 없이 다만 있는 그대로를 관찰하는 것이다. 생각이 일어나고, 다음 순간 그 생각이 사라진다. 다만 생겼다 사라지는 생각으로 관찰한다.

자신의 내면에서 일어나는 어떠한 것에도 더 큰 평정심과 균형감을 가지고 그에 넉넉한 공간을 부여하는 법을 배우게 되면 여러분은 그 흐름과 함께 갈 수 있다. 지금 현재 자신의 내면에 존재하는 것과 맞붙어 싸우는 대신 여러분은 모든 현상은 끊임없이 변화하고 있다는 사실을 깊이 이해하게 될 것이다.

지금 현재 자신이 감정의 폭풍, 예컨대 불안, 고통, 슬픔, 분노, 혼란을 경험하고 있다고 하더라도—아니 특히 이런 것을 경험하고 있다면 더욱더—여러분이 이런 감정들에 공간을 주게 되면 이것들이 점차로 줄어든다는 것을 알게 될 것이다.

이제 마음 관찰로부터 다시 호흡으로 돌아와 숨을 들이쉬고 내쉴 때 자신의 몸 전체를 느껴 본다. 들숨과 함께 온몸이 부풀어 오르고 날숨과 함께 온몸이 꺼지는 것을 느껴 보면서. 자신의 몸을 하나의 단일하고 완전한 유기체, 전체와 연결된 하나의 유기체로 알아차린다.

이러한 명상을 한 자신에게 다시 한 번 축하를 보낸다. 여러분이 이것이 사랑의 행위임을 알게 되기를. 모든 존재가 평화롭게 살기를.

스트레스와 불안 해소를 위한 마음챙김 자기탐구 기록지

공식 수련: 마음챙김 서서 요가

　　다시 한 번 말하지만, 마음챙김 요가는 자신의 호흡, 몸 동작, 자세, 생각과 감정에 의식을 기울이는 것이다. 자유로운 신체 동작에 방해되지 않는 편안한 복장과 자유롭게 몸을 움직일 수 있을 만큼의 넉넉한 공간을 준비한다. 요가 매트를 사용하는 것도 좋다. 시작하기 전에 다음 그림의 순서를 일별한 뒤 각 수련의 자세를 눈에 익히도록 한다. 다음 각 자세들에 대한 지시문을 읽고 수련한다. 규칙적으로 운동을 하지 않았거나 몸이 유연하지 않은 사람은 15분 버전부터 시작해 차츰 시간을 늘려 나가는 것이 좋다. 자신의 몸이 지닌 지혜에 귀를 기울여라. 반드시 앞 장에서 언급한 눕기 요가 연습의 주의사항을 다시 한 번 숙독하라. 지혜와 자신의 몸에 대한 연민을 가지고 수련한다.

산(山) 자세

양팔을 옆으로 내리고 손바닥은 가볍게 펴 준다. 몸을 앞으로 구부리거나 뒤로 젖히지 않고, 머리도 좌우 한쪽으로 기울이지 말고 정중앙에 둔다. 체중을 양발에 균등하게 분산시키고, 무릎과 엉덩이, 어깨를 일렬로 정렬한 채 자연스럽게 숨을 쉰다.

서서 전신 스트레칭

숨을 들이쉬면서 양팔을 바깥쪽으로 들어올리면서 하늘을 향하여 쭉 뻗는다. 이때 양 손바닥이 서로 마주보도록 한다. 팔과 가슴이 일직선이 되도록 하늘을 향하여 쭉 뻗어 준다. 이제 숨을 내쉬면서 천천히 알아차리면서 양팔을 원래 위치로 내려놓는다. 숨을 들이쉬고 내쉬며 2회 더 반복한다.

수평 방향 팔 스트레칭

숨을 들이쉬면서 양팔을 어깨 높이
로 들어올리며 바깥 방향으로 밀어
준다. 이때 양팔을 뻗으며 손바닥을
위로 향한다. 아니면 손바닥을 바닥에
향한 채 손목을 굽혀 손바닥이 몸에서 멀어지도록
팔을 뻗을 수도 있다. 알아차림을 유지하며 숨을
내쉬면서 팔을 원 위치에 천천히 내려놓는다. 숨을
들이쉬고 내쉬면서 2회 더 반복한다.

한팔 위로 뻗기

자연스럽게 호흡하면서 오른쪽 팔을 머리 위 하늘을 향하여 쭉 뻗
는다. 동시에 왼발 발가락으로 바닥을 디딘 채 왼발 발꿈치를 최대한
들어 준다. 천천히 산 자세로 돌아와 이번에는 반대쪽으로 해 준다.

옆으로 구부리며 스트레칭

숨을 들이쉬며 양팔을 머리 위로 들어올린 뒤 양손의 엄지손가락을 서로 깍지를 낀 채 숨을 내쉰다. 숨을 들이쉬며 팔을 위로 쭉 뻗는다. 숨을 내쉬며 오른쪽으로 상체를 기울인다. 다시 숨을 들이쉬며 어떠한 감각과 생각, 감정의 파도라도 알아차린다. 원래 자세로 돌아온 다음 하늘을 향하여 팔을 뻗는다. 그다음 숨을 내쉬며 천천히 원 위치로 팔을 내린다. 이제 반대편으로 해 준다.

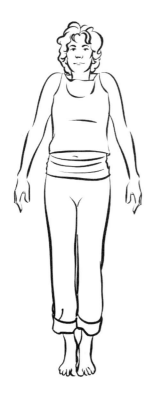

어깨 돌리기

산 자세로 선 상태에서 알아차림을 가지고 어깨를 올렸다 내린다. 처음에는 앞쪽으로 어깨를 돌린 뒤 다음에는 반대 방향으로(뒤쪽으로) 어깨를 돌린다. 원래 상태로 돌아온다.

목 스트레칭
....

천천히 오른쪽 귀를 오른쪽 어깨로 가져간다. 이때 어깨가 귀쪽으로 당겨 올라오지 않도록 어깨는 움직이지 않는다. 자연스럽게 호흡한다. 이제 반대편으로 한다.

대각선 목 스트레칭
....

오른쪽 귀를 오른쪽 어깨로 떨어뜨린다. 이때 어깨가 딸려 올라오지 않도록 어깨를 움직이지 않는다. 오른팔을 몸통 옆에 자연스럽게 늘어뜨린 상태에서 오른쪽 손바닥을 펴서 선면으로 향한다. 고개를 떨어뜨린 상태에서 오른쪽 손바닥을 대각선 방향으로 쳐다본다. 자연스럽게 호흡한다. 원 위치로 되돌아 온 후 반대편을 한다. 산 자세로 돌아온다.

서서 전신 스트레칭

전신 스트레칭을 한 번 더 한다. 숨을 들이쉬면서 양팔을 머리 위로 쭉 뻗은 다음 숨을 내쉬면서 양팔을 원래 위치로 내려놓는다. 이때 알아차리면서 한다. 숨을 들이쉬고 내쉬면서 2회 더 실시한다.

서서 몸통 틀기 I

양손으로 허리를 잡은 채 숨을 들이쉬면서 똑바로 선 자세를 취한다. 숨을 내쉬면서 엉덩이는 전면을 그대로 향한 채 상체만 오른쪽으로 돌려 오른쪽 어깨 너머를 바라본다. 신체감각과 생각, 감정 등 어떤 것이라도 알아차린다. 자연스럽게 호흡하면서 원 위치로 되돌아온다. 이제 반대 방향으로 한다.

서서 몸통 틀기 II

서서 몸통 틀기를 양쪽으로 반복한다. 이번에는 엉덩이와 다리가 같이 돌아가도록 몸을 튼다. 다만 발만 바닥에 붙인 채 정면을 향하게 한다. 몸을 풀어 주면서 산 자세로 돌아온다.

센터 필드 자세

천천히 무릎을 구부리면서 상체를 약간 앞으로 숙인다. 양손은 양 무릎 약간 윗부분을 잡는다. 자연스럽게 호흡한다. 다리와 상체의 자세를 그대로 유지한 채 양손을 머리 위로 들어올린다. 이때 양팔은 척추와 일직선이 되도록 하고 양 손바닥은 서로 마주보게 한다. 자연스럽게 호흡하면서 천천히 산 자세로 돌아온다.

앞으로 몸통 구부리기

숨을 들이쉬면서 양팔을 머리 위로 들어 전신 스트레칭 자세를 취한다. 다음으로 숨을 내쉬면서 천천히 손을 몸 앞쪽으로 하여 바닥을 향하여 내린다. 숨을 들이쉴 때가 되면 팔을 바닥으로 내리는 동작을 멈추고 잠시 쉰 뒤 다시 숨을 내쉬면서 팔을 계속해서 내린다. 이때 다리가 불편하다면 무릎을 약간 구부려도 좋다. 팔이 내려가는 곳까지 최대한 내려간 상태에서 자연스럽게 수차례 호흡을 한다. 숨을 들이쉬면서 천천히 원래 자세로 돌아온다. 숨을 내쉬면서 자세를 잠시 멈추고 산 자세로 돌아온다. 3회 반복한다.

서서 전신 스트레칭

숨을 들이쉬면서 양팔을 머리 위로 뻗어 전신 스트레칭 동작을 반복한다. 숨을 내쉬면서 천천히 양팔을 몸통 옆으로 내린다. 숨을 들이쉬고 내쉬면서 2회 더 반복한다.

균형 자세 I

이 자세를 잡을 때 균형감에 도움이 된다면, 무언가를 붙들고 있어도 좋다. 산 자세에서 체중을 양발에 균등하게 나눈 채 무릎, 엉덩이, 어깨를 일렬로 정렬한다. 왼발을 바닥에 디딘 채 오른쪽 무릎을 구부려 천천히 위로 들어올린다. 양팔을 측면으로 수평이 되게 뻗은 상태에서 몸의 균형을 유지하면서 너무 무리하지 않고 들어올릴 수 있는 위치까지 들어올린다. 자연스럽게 호흡하면서 신체감각과 생각, 감정의 물결을 알아차린다. 다시 원 위치로 돌아온 다음 이번에는 반대편을 한다. 몸의 균형감이 향상되면 무릎을 더 높이 들어올릴 수 있고 팔을 머리 위로 향한 채 할 수도 있을 것이다.

변형 삼각형

산 자세에서 오른 다리를 바깥 방향으로 넓게 밀면서 양다리에 균등하게 무게중심을 둔 채 균형을 잡는다. 자연스럽게 호흡한다. 오른 무릎과 오른쪽 팔꿈치를 구부려 몸이 우측으로 기울어지게 한다. 이때 오른쪽 아래팔은 오른쪽 허벅지에 댄다. 이제 왼팔을 머리 위로 뻗어 왼쪽 귀에 닿게 하면서 자연스럽게 호흡한다. 머리 위로 뻗은 왼팔과 좌측으로 뻗은 왼쪽 다리가 일렬로 정렬되도록 하면서 균형감을 느낀다. 다시 산 자세로 돌아가 이번에는 반대 방향으로 해 준다.

완전 삼각형

　앞의 변형 삼각형 자세를 취하되 이번에는 오른 다리를 쭉 편 상태에서 오른팔은 어깨 높이로 유지한 다음 오른팔을 오른쪽 측면으로 기울어지게 한다. 천천히 아래로 내리면서 오른 다리나 발목 혹은 발을 가볍게 잡는다. 숨을 들이쉬고 내쉬면서 왼팔을 쭉 뻗은 채 천장을 향하여 천천히 들어올리면서 시선도 천장을 향한다. 몸 전체가 왼발에서 왼쪽 허리 그리고 왼손 손가락 끝에 이르는 기다란 대각선을 그린다는 느낌으로 몸을 뻗는다. 자연스럽게 호흡하면서 몸에서 일어나는 어떤 감각이나 생각, 감정이라도 알아차린다. 이제 산 자세로 되돌아가 반대 방향으로 해 준다.

균형 자세 II

이 자세를 취할 때는 균형감을 키우기까지 무언가를 손으로 붙잡고 해도 좋다. 무릎, 고관절, 어깨를 일렬로 정렬하는 산 자세에서 양발에 자신의 체중을 균등하게 배분한 채로 선다. 왼발을 바닥에 딛고 선 채로 오른 무릎을 몸 후면으로 굽히면서 오른쪽 발목을 오른손으로 잡고 가능한 엉덩이 쪽으로 당겨 준다. 왼팔은 천장을 향하여 쭉 뻗어 준다. 수회 자연스럽게 호흡한다. 이제 산 자세로 돌아와 반대 방향으로 해 준다.

전사 자세

산 자세에서 오른 다리를 바깥 방향으로 뻗어 T자가 되게 한다. 이때 체중은 양발에 균등하게 배분한다. 자연스럽게 호흡하면서 양팔을 어깨 높이에서 측면으로 수평으로 뻗어 준다. 오른 무릎을 구부려 오른 발목과 일렬이 되도록 한다. 시선은 측면으로 뻗은 오른팔의 조금 위를 바라본다. 이때 몸통은 정면을 바라본 상태에서 움직이지 않도록 한다. 자연스럽게 호흡하면서 다시 산 자세로 돌아온다. 수회 자연스럽게 호흡한 뒤 반대 방향으로 해 준다. 다시 산 자세로 돌아와 수차례 호흡한다.

서서 전신 스트레칭

전신 스트레칭을 다시 해 준다. 숨을 들이쉬면서 양팔을 머리 위로 쭉 뻗어 들어올린 뒤 숨을 내쉬면서 천천히 양팔을 몸통 양쪽으로 내려 준다. 이때 알아차림을 유지하며 한다. 숨을 들이쉬고 내쉬면서 2회 더 반복한다.

아래를 바라보는 개

　엎드려뻗쳐 자세에서 숨을 들이쉬면서 엉덩이를 천장을 향하여 들어올리며 거꾸로 된 V자나 U자 모양이 되도록 한다. 이 자세는 다소 힘들 수 있으므로 몸에 무리를 주지 않게 천천히 하며 자연스럽게 호흡한다. 처음에는 무릎을 살짝 구부려 주는 것이 몸에 무리를 주지 않는 방법이 될 수 있다. 몸의 유연성을 높이기 위해 다리를 뻗을 때 한쪽 발꿈치만 바닥에 붙인 채 나머지 발꿈치는 바닥에서 떼고 할 수도 있다. 몸의 유연성이 향상된 다음에는 양 발꿈치를 모두 바닥에 붙인 채 한다. 산 자세로 돌아온다.

서서 전신 스트레칭

　전신 스트레칭을 다시 해 준다. 숨을 들이쉬면서 양팔을 머리 위로 쭉 뻗어 들어올린 뒤 숨을 내쉬면서 천천히 양팔을 몸통 양쪽으로 내려 준다. 이때 알아차림을 가지고 한다. 숨을 들이쉬고 내쉬면서 2회 더 반복한다.

앉아서 스트레칭

양다리를 전면을 향하여 쭉 뻗은 채 바닥에 앉는다. 허리와 상체는 곧게 세운 채 자연스럽게 호흡한다. 부드럽게 몸을 풀어 준다.

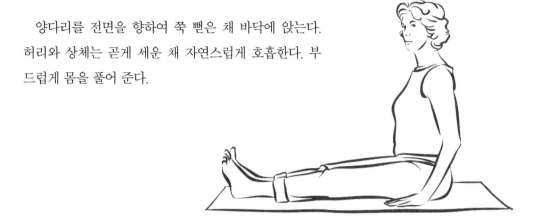

사타구니 스트레칭

위 앉은 자세에서 양 무릎을 구부려 양 발바닥이 서로 마주 닿도록 한다. 이때 양 무릎은 자연스럽게 양쪽 바깥 방향으로 떨어지도록 한다. 천천히 양발을 양손으로 잡은 채 몸쪽을 향하여 당긴다. 너무 무리하지 말고 부드럽게 당겨지는 곳까지만 당긴다. 이때 몸을 발쪽을 향해 당겨도 좋다. 자연스럽게 호흡하면서 신체에 일어나는 감각, 생각, 감정 등 무엇이든 알아차린다.

앞으로 구부리기

사타구니 스트레칭 자세에서 오른쪽 다리를 앞으로 뻗는다. 왼쪽 다리는 가능하면 사타구니 쪽으로 더 밀어 넣는다. 숨을 들이쉬면서 양팔을 앞으로 뻗어 오른 다리나 발목, 발을 잡는다. 다리가 너무 당기면 지나치게 무리하지 말고, 부드럽게 잡히는 곳을 잡아 준다. 정 힘들면 무릎을 구부리거나 무릎 아래에 베개 같은 것을 받쳐도 좋다. 자연스럽게 호흡한다. 자세를 풀어 '앉아서 스트레칭' 자세로 돌아온다. 이제 왼쪽 다리를 앞으로 뻗은 채 오른발은 사타구니 쪽으로 밀어 넣는다. 앞으로 상체를 구부리며 왼쪽 다리, 발목, 발 등 어느 곳이든 잡히는 곳을 잡는다. 다시 '앉아서 스트레칭' 자세로 돌아와 양다리를 펴 준다.

앉아서 몸통 틀기

'앉아서 스트레칭' 자세에서 왼쪽 다리를 굽혀 왼 발꿈치가 엉덩이 쪽으로 최대한 가까이 오도록 한다. 숨을 들이쉬면서 오른팔로 왼쪽 무릎을 감싸 안는다. 이때 왼손은 왼쪽 엉덩이 뒤의 바닥을 짚는다. 숨을 내쉬면서 몸통을 좌측으로 틀어 준다. 자연스럽게 호흡하면서 몸에서 일어나는 어떠한 감각이나 생각, 감정이라도 다만 알아차린다. 숨을 들이쉬면서 원 위치로 되돌아온 뒤 다시 반대 방향으로 해 준다.

송장 자세

이제 양팔을 몸통 옆이나 가슴 위에
둔다. 어느 것이든 편한 자세를 취한다.
눈을 감고 자연스럽게 호흡한다. 이 끝
마무리 자세가 깊은 이완감을 주는 송
장 자세다. 요가에서는 몸을 움직이는
것이 중요한 것만큼이나 모든 동작을
멈추고 가만히 있는 것도 중요하다. 송
장 자세는 마음챙김 요가 수련의 모든
동작을 통합하는 시간이다. 식물이 성
장하는 데 햇볕뿐 아니라 밤의 어둠도
필요한 것처럼 휴지(休止)와 성장, 움직
임과 정지는 서로 균형을 이룰 필요가

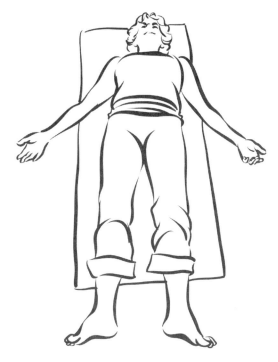

있다. 자연스럽게 숨을 들이쉬고 내쉬면서 우리 모두가 이 우주의 축복 속에서 자유롭고 평
화롭게 되기를 기원한다. 모든 존재가 건강하고 평화롭기를…….

마음챙김 서서 요가 기록지

이 수련을 처음으로 해 본 뒤 잠시 시간을 내어 자신이 경험한 바를 다음에 적어 본다. 나
는 이번 수련을 통해 신체적, 감정적, 정신적으로 무엇을 관찰하였나?

_____   _____

_____

_____

_____

내면의 규칙과 판단

우리는 자신과 타인 그리고 세상은 이러이러해야 한다는 수많은 내적 규칙으로 가득 찬 신념체계에 따라 행동하는 경우가 무척 많다. 자신이 되고자 하는 방향대로 되게 하기 위해 쏟는 에너지가 얼마만큼인가 생각해 보라. 어쩌면 여러분은 다른 사람들이 당신만큼 열심히 일하지 않는 것이 뭔가 잘못되었거나 부당하다고 생각할지 모른다. 그 결과 당신은 화가 난다. 아니면 이전보다 일을 적게 할 수도 있다. 설령 그것이 당신의 가치와 부합하지 않는다 하더라도 말이다. 아니면 당신은 자동차 도로에서 다른 차가 당신 앞을 가로막아서는 안 된다고 생각할 수도 있다. 그래서 실제로 그런 일이 일어나면 당신은 그 차의 뒤를 바짝 추격하면서 당신의 불만을 표시한다. 그러다 사고가 날 수도 있는데 말이다. 아니면 많은 사람들처럼 당신 역시 당신의 파트너가 당신의 기분과 욕구를 이해해 주어야 한다고—당신이 그것을 말로 표현하지 않더라도—생각할지 모른다. 파트너가 당신의 기분과 바람을 알아주지 않는다는 생각이 들면 시간이 흐르면서 점점 화가 쌓이기 시작한다.

불행히도 많은 것들이 우리의 통제 바깥에 있다. 특히 세상에서 일어나는 일들과 타인의 행동들이 그렇다. 이런 변화시킬 수 없는 것들을 변화시키려고 하다 보면 우리의 에너지가 소진되어 정작 필요한 시도에는 노력을 쏟지 못한다. 그러면 또 다른 실망과 더 큰 불안, 분노가 뒤따른다. 자신이 멋대로 만들어 놓은 내면의 규칙이 불쑥 올라올 때마다 알아차리는 연습을 하는 것이 좋다. "~해야 한다"는 말이 마음속이나 입안에서 중얼거려질 때면 그것을 자신이 규칙을 갖고 있거나 혹은 판단을 내리고 있는 것으로 받아들여라. 자신의 내면의

규칙과 온갖 '해야 하는 것들(shoulds)'을 알아차리게 되면 여러분은 여러분이 얼마나 많이 그것들에 끌려다니고 있는지 알고는 놀랄 것이다. 그러나 이것을 자신을 질책하거나 평가하는 구실로 삼지는 말라. 그보다 이러한 자각이야말로 자신과 세상과의 관계에서 지금까지와는 다르게 관계 맺을 수 있는 첫 단계로 받아들여라.

FAQ

자꾸만 특정 방식으로 사물을 보는 나를 어떻게 바꿀 수 있을까요?

슬프게도, 우리의 한계는 종종 우리 자신의 잘못된 생각으로 스스로 만들어 놓은 것이다. 자각(awareness)을 통해 우리는 습관적인 조건화를 깨트리고 나올 수 있다. 여러분이 현재 어디에 있고 무엇을 경험하고 있는지를 보기 전에는 여러분은 변화할 수 없다. 마음챙김을 수련하는 것은 여러분의 일상적인 패턴을 깨고 나와 자각 없음(unawareness)의 잠에서 깨어나도록 도와준다. 너무 추상적인 얘기로 들린다면 다음 이야기가 도움이 될지 모르겠다. 한 전투기 조종사가 임무를 수행하던 중, 적의 화기가 자신의 비행기의 유압유(油) 탱크를 뚫었다. 이것은 그 조종사에겐 정말 큰일이었다. 왜냐하면 이제 그는 비행기 착륙 장치를 작동시킬 수 없게 되었기 때문이다. 어떻게 하면 비행기를 안전하게 착륙시킬 것인가. 한순간 공포에 사로잡힌 조종사는 이내 유일한 희망이 자신의 마음을 안정시키는 것에 있다는 사실을 깨달았다. 그는 침착하게 아이디어를 하나 생각해 냈다. 비행기에 여분의 유압유가 있었던 것은 아니지만 다른 종류의 기름은 사용 가능했다. 조종사는 함께 탑승한 부하 조종사들에게 다른 기름이 들어 있는 탱크의 구멍을 최대한 틀어막게 한 다음 유압유 탱크로 흘려 보냈다. 이것은 분명 일반적인 방법은 아니었지만 이 조치로 비행기는 무사히 착륙 장치를 작동해 안전하게 착륙할 수 있었다.

─────── ✹ 앨리슨의 이야기 ✹ ───────

앨리슨은 자신이 일하는 대기업의 인사부에서 자신이 가장 열심히 일하는 사람이라고 생각했다. 그런데도 그녀는 18개월 동안 그 부서에서 일하면서 한 번도 승진이 되지 않았다. 그녀는 '내가 한 번도 승진되지 않았다는 게 믿겨지지 않아. 그들은 내 가치를 정당하게 평가하고 있지 않아.'와 같은 생각에 계속 시달렸다. 그녀는 더 열심히 일했지만 분노와 좌절, 쓰라린 마음은 계속해서 커져 갔다. 마침내 위장 통증까지 겪게 되었다. 그러자 일에 집중할 수 없게 되었고 마침내 그녀의 업무 평가 점수는 떨어지기 시작했다.

어느 날 동료와 바깥에서 점심을 먹던 앨리슨은 더 이상 감정을 참지 못하고 이렇게 말했다. "아무도 내게 다가와서 승진을 제안하지 않다니 믿을 수 없어. 정말 못돼 먹은 상황이라고. 제리는 두 달 전에 승진했지. 제리나 나나 같이 일을 시작했는데 말야. 불공평해. 아마 새 직장을 찾아야 할까 봐."

동료가 대답했다. "회사에 승진 요청을 해 봤니? 제리는 그렇게 했다던데."

말문이 막힌 앨리슨이 대답했다. "회사에 승진 요청을 하라고? 왜 내가 그걸 해야 해? 내가 얼마나 열심히 일하는지 회사도 알고 있을 거고 나는 충분히 승진을 할 자격이 있다고. 그런 내가 먼저 회사에 승진 요청을 하다니 말도 안 돼."

동료가 대답했다. "아, '그래야 하는 것(shoulds)'이라니. 그렇게 생각하는 한 결코 승진할 수 없어."

"무슨 말이야?" 앨리슨이 물었다.

"잘 봐, 이런 식으로 생각해 보자고. 네가 '그래야 하는 것들'을 사용할 때마다 넌 네 마음속에 규칙을 정하게 되는 거야. 그러면 네 가능성은 제한되고, 네가 사물을 보는 방식도 제한되고 말아. 물론, 회사에서 네가 열심히 일한다는 걸 알아주어야 하는 부분도 있을 거야. 그렇지만 상사도 사람이야. 집안에 힘든 일이 있어 네게 신경을 쓰지 못하고 있을 수도 있어. 아니면 지금 당장은 네가 일을 못한다고 생각할 수도 있어. 이것이 네 업무 실적과 관계가 있다면, 너는 승진을 위해 필요한 것은 무엇이든 하려고 그것에 대해 알기를 원할 거야. 그러나 누가 그것을 알 수 있겠어? 우리가 실제로 알고 있는 것은 사실들뿐이야. 바로, 네가 승진을 하지 못했고, 네가 그 이유를 모르고 있다는 사실 말이야. 그 사실을 상사에게 알게 하면 너는 그만큼 승진에 가까이 갈 수 있을 거야. 그리고 그것이 지금 당장은 너의 궁극적인 목표인 것 같아."

앨리슨은 처음에는 동료의 말을 받아들이기 어려웠다. 그러나 동료의 조언을 그날 하루 온종일 곰곰이 생각해 보고 나서 자기 마음속의 '그래야 하는 것들'을 마침내 물리쳤다. 바로 다음 날 앨리슨은 상사를 찾아가 승진을 요청했다. 상사는 앨리슨에게 찾아와 줘서 고맙다고 하며 좀 더 일찍 그녀와 면담을 하지 못한 것에 대해 사과했다. 상사는 앨리슨

의 업무가 과중하다는 걸 알고 있었으며 앨리슨이 그에 굴하지 않고 열심히 해내려고 하는 모습을 발견하고는 기뻤다고 말했다. 두 사람은 함께 실적 계획을 작성했고, 그로부터 3개월 만에 앨리슨은 정상 궤도에 올라섰고 승진도 할 수 있었다.

탐구: 당신이 갖고 있는 내면의 규칙은 무엇인가?

자신이 갖고 있는 내면의 규칙은 무엇인지 탐구해 보는 시간을 갖자. 일반적으로, 내면의 규칙 혹은 판단이란, 자신 혹은 타인이 무엇인가를 특정한 방식대로 해야만 한다는 생각을 말한다. 그것에는 타인이 당신의 요구나 바람을 표현하지 않아도 그것을 알아주어야 한다는 생각도 포함된다. 자신의 삶에서 이러한 내면의 규칙이나 판단이 실망이나 불안으로 이어진 경험이 있다면 적어 보자. 혹은 이러한 내면의 규칙이나 판단이 자신이 바라던 바를 얻지 못하게 한 결정적인 원인이 된 경우도 좋다.

자신의 마음 작동을 가만히 살펴보면 자신과 타인, 세상이 어떠어떠해야 한다는 온갖 종류의 내면의 규칙을 갖고 있다는 것을 알게 될 것이다. 여러분이 얼마나 많은 '그래야 하는 것들'을 갖고 있는지, 그리고 얼마나 자주 세상을 이 렌즈를 통해 바라보는지 알면 아마 놀랄 것이다. 마음챙김은 이러한 역동을 좀 더 분명하게 보도록 해 준다. 그러나 자신이 내면의 규칙의 영향력에 따라 움직이고 있다는 사실을 자각하면, 이러한 사고방식에서 벗어나는 기회를 얻을 수 있다.

앞으로 나아가기 전에 이번 탐험을 통해 자신이 배운 바에 대해 연민으로 돌이켜 보고 인정하고 통합하는 시간을 가져 보자.

직접 해 보기

반드시 아주 진지한 문제만 내면의 규칙이 되는 것은 아니다. 우리 일상의 사소한 결정들도 이런 내면의 규칙에 따라 행해지는 경우가 많다. 자신의 내면의 규칙에 대해 좀 더 쉽고 안전한 방식으로 도전해 간다면 이런 내면의 규칙이 어떻게 작동하는지 더 잘 관찰할 수 있으며 더 심각한 규칙들에 대해서도 도전할 수 있다. 잠시 자신이 일상적으로 해오던 일에서 벗어나 그것을 지금과 다른 방식으로 해 볼 수 있는지 생각해 보자. 몇 가지 예를 들면 이런 것이 있다.

- 평소와 반대 방향으로 누워서 자기
- 평소와 다른 아침 식사 먹기, 한 번도 시도해 보지 않은 음식 먹어 보기
- 평소에 사용하지 않던 손으로 식사하기
- 헤어스타일 바꿔 보기
- 평소 취하는 관점과 다른 관점 취하기
- 지금으로부터 오랜 후 죽음의 자리에 누워 있는 자신을 상상한다. 지나온 시간을 돌아보며 자신이 했으면 했던 일들에 대해 생각해 본다. 그 일 가운데 하나를 지금 실천해 본다.

수련 계획과 리뷰

이 장에서 소개한 공식 수련은 다음과 같다. 지금부터 1주일간 자신의 달력에 이 공식 수련들에 대한 계획표를 작성한다. 1주일에 적어도 닷새 수련하도록 한다. 수련의 종류를 매일 바꾸어도 좋고 마음챙김 요가에서 시작하여 스트레스와 불안 완화를 위한 명상을 지속하는 식으로 수련법들을 결합할 수도 있다. 또한 1주일에 1회, 자신의 수련을 리뷰하는 시간을 갖도록 한다.

- **공식 수련**
□ 스트레스와 불안 완화를 위한 마음챙김 자기탐구
□ 마음챙김 서서 요가

이제 여러분은 일상에 통합할 수 있는 일곱 가지의 비공식 수련을 갖게 되었다.

- **비공식 수련**
□ RAIN
□ 습관 알아차리기
□ 통증 알아차리기
□ STOP
□ 마음챙김의 여덟 가지 태도를 자신의 삶에 가져오기
□ 마음챙김을 일상생활에 적용하기
□ 마음챙김 먹기

공식 수련 기록하기

공식 수련을 할 때마다 다음 기록지를 작성한다. 기록지를 작성하고 지난주의 수련을 되돌아보면서 자신의 수련이 어떻게 진행되어 가고 있는지 생각해 본다. 자신에게 맞는 어떤 패턴이 나타났는가? 어떻게 하면 자신의 수련을 지속하는 데 도움이 되는 변화를 줄 수 있는가?

날짜 / 공식 수련의 종류	시각	이번 수련 동안 일어났던 생각, 감정, 감각 / 나중에 어떻게 느꼈나

비공식 수련 되돌아보기

매일 적어도 한 가지의 비공식 수련에 대해 돌아보는 시간을 갖는다. 이를 통해 자신의 비공식 수련을 깊게 하는 데 도움을 받을 수 있다.

수련 종류	상황	수련 전에 관찰한 것	수련 후에 관찰한 것	무엇을 배웠나

Chapter 8

자애명상을 통해 두려움 변화시키기

Transforming fear thourgh loving-kindess meditation

이 장에서 우리는 마음챙김 수련을 확장하여 자애명상(loving-kindness meditation)까지 포함시킬 것이다. 자애명상은 두렵고 압도된 가슴에 대한 명약이며 스트레스, 불안, 통증, 질병에 대한 여러분의 작업을 상당히 향상시킬 수 있다. 자애를 자신의 삶에 가져옴으로써 여러분은 점차로 더 깊은 차원의 사랑과 연민을 경험하게 될 것이다. 자애는 자기중심성, 탐욕, 분노, 질투, 증오의 장벽을 허물어 마음과 가슴에 더 넓은 공간과 자유로움을 창조한다. 이 고대의 수련은 자신에 대한 연민과 사랑을 계발하여 그러한 느낌을 타인에게로 점차 넓혀 가 마침내 살아 있는 모든 존재에게까지 확장하는 것이다. 요즘처럼 정신없이 돌아가는 세상에서 당신은 아마도 자신에 대한 돌봄을 '해야 할 일' 목록의 맨 아래에 둘 것이다. 그만큼 자신에 대한 연민을 갖기란 말처럼 쉬운 일이 아니다. 그러나 자신에 대한 연민은 매우 치유적이며 필수적이라는 것을 기억하라. 자신에게 연민을 갖지 못하면 타인에게로 연민과 사랑을 온전하게 뻗칠 수 없다.

자애(loving-kindness)는 선한 의지 혹은 이타적 사랑으로 정의될 수 있다. 그것은 가슴을 부드럽게 해 주는 무한한 사랑의 행위로서 태양, 달, 그리고 별에 비유될 수 있다. 태양, 달, 별이 빛을 비출 때 그것은 비추는 사물을 구분하지 않고 모두를 비춘다. 또한 자애는 연민, 공감적 기쁨, 평정심 같은 다른 중요한 마음의 자질까지 포함한다는 사실을 아는 것이 중요하다. 자애명상의 역사는 2,500년 전 부처님 시대까지 거슬러 올라간다. 이야기에 따르면, 일군의 승려들이 집중 명상 수련을 위해 외진 숲 속으로 떠났다. 숲 속 암자에 거처를 잡은 승려들은 명상을 위해 자리를 잡고 앉았다. 그러나 이상한 소리와 역한 냄새, 무서운 귀신의 모습을 경험하게 되었다. 게다가 소지품도 없어지거나 아무렇게나 흩어져 있었다. 처음에 승려들은 누군가 장난을 하고 있거니 생각했다. 그러나 결국 그 일에 아무에게도(적어도 아무 인간에게도) 책임이 없음을 알게 되었다. 승려들은 그 귀신 든 숲을 떠나 부처님에게 돌아갔다. 부처님이 승려들에게 왜 다시 돌아왔느냐고 묻자 승려들은 귀신들 때문에 제대로 수행할 수 없어서 돌아왔다고 대답했다. 부처님은 승려들의 두려움에 대한 처방으로

자애명상을 가르쳐 주고는 승려들로 하여금 다시 숲으로 돌아가 자애의 마음을 귀신들에게 보내도록 했다.

숲으로 돌아간 승려들은 자애명상을 수련했다. 곧 전에는 무척 무서웠던 그 귀신들이 찾아왔는데 이번에는 웬일인지 아주 아름다운 모습으로 변해들 있었다. 승려들이 귀신들에게 보낸 자애의 마음이 효과가 있었던 것이다. 귀신들은 승려들을 환대해 주었고 그들의 발을 씻겨 주었으며 음식을 대접하기도 했다. 승려들은 이 외딴 숲에 정주하기로 하고 모든 생물들과 함께 조화롭게 살면서 사방으로 자애의 마음을 계속해서 보냈다. 머지않아 그곳의 모든 승려와 귀신들이 깨달음을 얻었다고 한다.

이름 없는 심각한 유행병: 자기연민 결핍

자애명상을 수련하여 자신에 대한 사랑을 모든 존재에게 보낸다는 것은 멋진 일처럼 들리지만 이것이 그리 쉬운 일이 아니라는 것을 인정해야 할 것이다. 여러분은 여러분이 얼마나 연민이 적은지 또 그것을 자신에게 펼치는 것은 특히 어렵다는 사실을 인정해야 할지 모른다. 명상 지도자이자 시인인 스티븐 레빈(Stephen Levine)은 치유에 이르는 가장 중요한 경로 가운데 하나는 자신을 사랑하는 것이라고 했다(Levine, 1987). 그러나 불행히도 많은 사람에게 이것은 매우 어려운 일로 다가온다. 우리 두 사람 모두 스트레스와 불안, 통증, 질병을 안고 사는 수천 명의 사람들을 상대로 오랜 시간 일을 해 왔다. 그러나 너무나 자주, 사람들이 겪는 그토록 커다란 고통이 바로 자신에게 매우 가혹하게 구는 데서 비롯되었다는 사실을 알게 되었다. 이것은 한 번도 제대로 밝혀지지 않았으며 그 이름도 없는 우리 시대의 유행병이라고 할 수 있다. 당신은 결코 자신을 대하는 방식대로 친구를 대하지 않을 것이다. 그랬다가는 당신에게 친구라고는 한 사람도 없게 될 것이다. 지난 마음챙김 수업에서 어느 여성은 자신의 내면의 대화를 관찰하고는 자신이 스스로에게 욕을 하지 않고 지나간 날이 하루도 없었다는 것을 깨달았다. 또 다른 여성은 자신을 매일같이 '바보천치'라고 부른다고 했고, 또 한 남성은 계속해서 자신을 '멍청하고 무가치한 존재'라고 부른다고 말했다. 우리는 왜 스스로에게 이런 가혹한 행위를 하는 걸까?

확실하지는 않지만, 인생 초기에 우리들 대부분은 우리 안에서 스스로 완전하다고 느꼈고, 세계와 연결을 맺고 있다고 느꼈다. 두 살 미만의 아기들을 살펴보라. 스스로 완전한 존재를 볼 수 있을 것이다. 어린아이들은 자기수용에 바탕을 둔 일종의 자립성(sovereignty)을 갖고 있다. 똥을 누고 싶을 때 똥을 누고 오줌을 누고 싶을 때 오줌을 누며 방귀를 뀌고 싶을 때 방귀를 뀐다. 기분이 좋지 않으면 울음으로 표현하고 기분이 좋으면 웃음을 짓는다. 자기표현에 관한 한 아이들은 자유롭고 열려 있다. 그러나 슬프게도 조금 더 크면 우리들은 대개 자신에게 만족하지 못하게 된다. 왜 이런 일이 일어날까? 왜 우리는 자신에게 이토록 가혹한 걸까? 이것은 양육의 문제인가 아니면 사회문화적인 요인 때문인가? 이것의 영향을 받는 데 사람마다 편차가 있는 것일까?

우리들 중 많은 사람이 자기사랑과 연민의 결핍으로 때로 고통 받는다는 것은 아마도 인간으로서 우리가 처한 근본적인 상황의 일부라고 보아야 할 것이다. 우리는 얼마나 자주 스스로에게 "더 잘 했어야 하는데."라고 말하는가? 우리는 때로―혹은 매우 자주―자신에 대해 확신하지 못하며 자신감을 상실한다. 사실은 거의 모든 사람이 매일같이 자신을 평가하는 깐깐하고 무서운 비평가에게 괴롭힘을 당한다는 것이다. 자애명상은 여기서 유용한 해독제이자 내적 치유력을 계발하는 훌륭한 도구가 될 수 있다. 시간을 들여 연습하면 우리 모두는 더 큰 자기수용력을 더 나아가 자기사랑(self-love)을 이룰 수 있다. 노벨문학상 수상자 데렉 월콧(Derek Walcott)의 시 〈사랑 후에 온 사랑(Love After Love)〉에 표현된 것 같은 자기사랑을 말이다.

때가 오겠지요.
기쁨으로
내가 나 자신을
우리 집 문 앞에서,
우리 집 거울에서
만나게 될 때가.
그때 이 둘은
서로를 반기며 미소를 짓겠지요.

그리고 여기 앉으라고 할 거예요.

또 밥은 먹었냐고도 할 거고요.

한때 나 자신이었던 그 낯선 이를

이제 좋아하게 될 거예요.

와인도 주고, 빵도 줘요.

이제 나의 마음도 줘요.

나를 사랑했던 그 낯선 이에게 말이지요.

평생토록 무시했던 그이였지만

가슴으로 나를 알고 있는 이였죠.

서가에서 러브레터를 꺼내요.

사진과 절절했던 메모들도요.

이제 거추장스러운 내 모습일랑

거울에서 떨궈내요.

앉아요. 그리고 우리

인생을 위해 축배를 들어요.

– 데렉 월콧, 〈사랑 후에 온 사랑〉(1976, p. 74)

아마도 우리가 자신에게 줄 수 있는 가장 큰 선물은 자기와의 화해일 것이다. 이제 자신의 과거를 인정하고 그것이 여러분을 지금 이 순간으로 인도해 왔다는 사실을 이해해야 할 때가 되지 않았을까? 이제 화해와 연민을 향하여 나의 가슴을 열어야 할 때가 아닐까? 자신의 모든 과거의 경험들—좋았던 것 그리고 그렇지 않은 것—이 여러분의 삶의 일부라는 것을, 그리고 좋든 싫든 그것들이 여러분을 지금 이 순간으로 데려왔다는 것을 알아주는 것이 무엇보다 중요하다. 과거를 돌아보고 자신의 과거 행동이 어떻게 자각의 부족이나 두려움에 이끌려 왔는지 이해하는 지혜를 낼 필요가 있다. 이러한 깨달음을 통해 여러분은 자신이 현재 도달한 곳에 대한 더 깊은 연민을 계발하고, 자신이 어떻게 지금 이곳에 도달하게 되었는지도 더 잘 이해할 수 있다.

자애 수련이 깊어지면서 여러분은 점차로 연민과 화해, 그리고 평화의 마음을 자신을 넘어 모든 살아 있는 존재로 확장시킬 수 있다. 더 큰 연결성에 마음을 열면서 말이다. 뛰어난 과학 지성으로 유명한 아인슈타인은 매우 현명한 신비주의자이기도 했다. 1972년 12월 〈뉴욕포스트(New York Post)〉에 실린 그의 편지 한 토막엔 이런 글귀가 쓰여 있었다.

"인간은 우주라는 전체의 일부이다. 그것도 시간과 공간 속에 제약된 일부다. 인간은 자신을, 자신의 생각과 느낌을, 자기 이외의 다른 것들과 분리된 것으로 경험하지만 실은 이것은 일종의 의식의 착시현상이라 할 수 있다. 이러한 미망은 우리에게 일종의 감옥으로, 우리를 우리 자신의 개인적 욕망, 그리고 우리와 가장 가까운 몇 사람에 대한 애정 안으로 한계를 지우고 만다. 우리의 과제는 이 감옥으로부터 스스로를 해방시키는 것이다. 연민의 동그라미를 더 확장시켜 모든 살아 있는 생명과 자연 전체를 그 아름다움에서 포용하는 것이다."

공식 수련: 자애명상

공식 자애명상은 사랑, 연민, 공감에 가슴을 여는 아름다운 수련법이다. 이 수련에서는 우주에 존재하는 무한한 사랑의 마음과 접촉하여 우선 그것을 자신의 가슴으로 가져오는 것이 중요하다. 사랑과 연민을 자신에게 향한 뒤에는 그것을 바깥으로 확장시켜 처음에는 은인이나 스승, 그리고 여러분을 이끌어 주고 여러분에게 영감을 주었던 사람들, 여러분이 존경하고 좋아하는 사람에게 보낸다. 한 번에 여러 사람을 하지 말고 한 사람씩 차례대로 자애의 마음을 보낸다. 다음으로 가족, 친구, 이웃 등 자기 주변의 사람들에게 자애의 마음을 보낸다. 다음으로 지인이나 마트 계산원 같은 중립적인 사람들에게 자애의 마음을 보낸다. 그런 다음 사이가 좋지 않은 사람에게도 자애의 마음을 보낸다. 이것은 자기 안에 숨은 분노의 독성을 중화시키는 중요한 작업의 시작이다. 신체적, 정서적 고통과 어려움을 겪고 있는 사람들에게 자애의 마음을 보내는 것으로 이 명상을 마무리하는 것이 좋다. 마지막으로 살아 있는 모든 존재에게 자애의 마음을 보낸다.

자애명상은 바닥에 누워서 해도 좋고 앉아서 해도 좋다. 누워서 할 때 졸리면 앉아서 하

도록 한다. 다음 지시문을 읽으면서 이 수련에 흐트러지지 않은 온전한 주의를 기울이도록 한다. 지시문을 읽고 자애명상을 할 때는 각 문장 뒤에 잠시 쉬도록 한다. 30분 동안 수련하도록 한다. 시간이 없으면 15분짜리 자애명상을 해도 좋다.

자애명상에서는 당신의 사랑, 연민, 좋은 것을 빌어 주는 바람 등을 표현하는 구절을 반복하는 것이 보통이다. 다음 지시문에 대부분의 사람에게 잘 적용되는 구절을 실었다. 이 구절이 여러분에게 와닿지 않는다면 자신만의 구절을 만들어도 좋다. 또 매번 자애명상을 할 때마다 구절을 조금씩 바꾸어도 괜찮다.

소중한 시간을 명상에 쏟기로 결정한 자신에게 축하를 보내는 것으로 수련을 시작한다. 이것이 사랑의 행위임을 알게 되기를…….

이제 모든 것을 멈추고 다만 현존하면서 자신의 몸과 마음에서 일어나는 어떠한 것이라도 다만 알아차린다. 오늘 하루 있었던 사건이나 최근 자신에게 일어났던 일들에 관한 생각이나 느낌 등 그 어떤 것이라도 있는 그대로 다만 알아차린다.

지금 자신에게 일어나는 그 어떤 것도 평가나 판단, 분석을 하지 말고 다만 있는 그대로 인정하고 놓아둔다.

이제 천천히 의식을 자연스럽게 호흡하는 숨으로 가져간다. 숨을 들이쉬면서 들이쉬는 그 느낌을 자각한다. 또 숨을 내쉬면서는 내쉬는 느낌을 알고자 한다. 다만 들어오고 나가는 숨을 지켜본다.

이제 의식을 배로 가져가 매 들숨과 날숨에 따라 배가 불러오고 꺼지는 것을 느껴 본다.

다만 한 번에 하나의 들숨, 그리고 또 한 번에 하나의 날숨을 그 시작부터 끝까지 온전히 느껴 본다. 일어나고 사라지는 그 호흡을 그냥 지켜본다.

이제 의식을 가슴과 심장 근처로 가져간다. 그곳에서 일어나는 어떠한 감각의 물결이라도 일어나는 그대로 다만 느껴 본다.

이제 천천히 의식을 심장의 박동으로 가져간다. 그리고 우리들 삶이란 것이 얼마나 소중하고 또 연약한 것인가를 생각해 본다. 심장을 나 자신, 그리고 모든 생명 있는 존재에 대한 깊은 연민과 사랑의 마음으로 들어가는 통로라고 생각한다.

우리 모두는 도망칠 수 없는 상황과 일정 부분 함께 살아갈 수밖에 없다. 어머니 배 속에서 처음 잉태된 놀랍고 기적적인 그 순간부터 당신은 돌이킬 수 없는 과정에 들어선 것이다. 태어나서 늙고 병들고 죽음에 이르러 마침내는 그 모든 것과 이별해야 한다. 이렇게 성찰할 때 우리의 가슴은 진정으로 중요한 것에 열리게 된다.

이제 연민과 사랑의 마음으로 이러한 자신의 삶이 얼마나 소중한 것인지 느껴 본다. 여러분은 때로 자신에게 비판적이거나 혹독하게 굴었던 적이 있을 것이다. 또 자기 자신보다 다른 사람에게 연민의 마음을 갖는 것이 더 쉬웠을지 모른다. 많은 사람들이, 자신에게 말하는 내용을 함부로 타인에게 말하기를 원치 않는다. 타인이 그 말을 들으면 어떻게 생각할까 두려운 것이다. 우리는 그만큼 자신에게 가혹하게 행동한다.

이제 한없는 이타적 사랑의 마음인 강력한 자애의 마음을 느껴 본다. 이것은 태양과 달, 별이 아무런 차별 없이 모든 살아 있는 존재들에게 빛을 비추는 것과 같다.

이 사랑의 마음을 자신의 심장, 피부, 살갗, 몸의 기관, 뼈, 세포, 그리고 자신의 존재 자체에게 보낸다. 자신에 대한 깊은 친절과 연민의 느낌에 마음을 열어 본다. 지금 있는 그대로의 자신과 다르게 되어야 한다고 생각하지 않는다. 지금 그대로가 완벽하다고 생각하고 그 상태 그대로 받아들인다.

자신에 대한 사랑의 마음을 느끼기가 쉽지 않을 수도 있다. 그렇더라도 포기하지 말고 자신에 대한 자애의 마음을 경험한다는 것이 과연 어떤 느낌일까 발견하도록 마음의 문을 자꾸 열려고 해 본다.

이제 몇 분 동안 다음 구절 각각에 마음의 문을 열고 이 구절들이 자신의 존재 안으로 침잠시킨다.

내가 탈이 없기를.
내가 건강하기를.
나의 몸과 마음이 평안하기를.
내가 평화롭기를.

이제 자애의 마음을 자신의 은인, 은사, 스승, 혹은 자신에게 영감을 주었던 분에게로 확장한다.

나의 은인께서 탈이 없으시기를.

나의 은인께서 건강하시기를.
나의 은인께서 몸과 마음이 평안하시기를.
나의 은인께서 평화로우시기를.

이제 자애의 마음을 좀 더 확장하여 자신의 가족, 친구, 이웃 가운데 한 사람 혹은 그 이상의 사람에게로 향한다.

나의 소중한 이가 탈이 없으시기를.
나의 소중한 이가 건강하시기를.
나의 소중한 이가 몸과 마음이 평안하시기를.
나의 소중한 이가 평화로우시기를.

이제 좀 더 자애의 마음을 확장하여 지인이나 낯선 사람들 가운데 자신이 특별히 좋아하지도 않고 싫어하지도 않는 무덤덤한 사람(들)에게로 향한다.

그 사람이 탈이 없기를.
그 사람이 건강하기를.
그 사람이 몸과 마음이 평안하기를.
그 사람이 평화롭기를.

이제 자신이 미워하고 싫어하는 사람 혹은 적에게 자애의 마음을 확장할 차례다. 이들에게 자애의 마음을 보낸다는 것은 무척 어려운 일이거나 아니면 아예 불가능한 것으로 생각될 수도 있다. 분노는 자신의 건강과 안녕에 해로운 영향을 준다는 사실을 상기하면서 스스로에게 자애와 연민의 마음을 보냄으로써 이 분노를 중화시키도록 한다. 이제 용서에 대해 생각해 본 뒤 갈등과 불친절의 뿌리는 종종 두려움과 자각의 부족에 있다는 사실을 자각한다. 자신의 가슴을 열고 자애의 마음을 자신이 싫어하는 사람에게 보낸다. 그리고 그들 역시 자신들의 가슴속으로 들어가는 통로를 발견하고 더 큰 알아차림을 가지고 그들의 두려움을 사랑으로 변화시켰으면 하는 바람을 가져본다. 천천히 부드럽게 자애의 마음을 자신이 싫어하는 사람이나 적들에게 보낸다.

내가 싫어하는 사람이 탈이 없기를.
내가 싫어하는 사람이 건강하기를.
내가 싫어하는 사람이 몸과 마음이 평안하기를.
내가 싫어하는 사람이 평화롭기를.

이제 불행한 사람들을 떠올려 보고 지금 현재 신체적, 내면적으로 고통을 겪고 있는, 자신이 아는 사람을 자신의 가슴속으로 데려온다. 어려움과 도전에 직면한 이들이 더 큰 치유와 평화를 경험하는 모습을 마음속에 그려 본다.

이제 이 치유의 원을 모든 존재에게로 확장시킨다. 몸의 고통과 마음의 고뇌를 겪고 있는 모든 살아 있는 존재들이 평화롭기를.

이제 자애의 마음을 전쟁이나 기타 자연재해의 모든 희생자들에게로 향한다. 또 배고픔 때문에 그리고 집이 없어 고통을 겪고 있는 이들에게도 자애의 마음을 보낸다. 이들 모두가 평화롭기를.

이제 자애의 마음을 불안, 스트레스, 외로움, 소외, 낙담을 경험하고 있는 사람들, 그리고 각종 중독 상태에 있는 사람들, 행방불명인 사람들, 그리고 삶을 포기한 사람들에게 보낸다. 그들 모두가 평화롭게 되기를.

지금 고통을 당하고 있는 모든 존재들이 하나도 빠트리지 않고 평화롭게 되기를.

이러한 자애의 에너지를 하늘처럼 넓게 키운다. 그 에너지를 모든 사람, 모든 살아 있는 존재에게로 뻗어나가게 한다.

자애의 마음을 모든 살아 있는 존재—덩치가 크거나 작거나, 약하거나 강하거나, 눈에 띄거나 잘 띄지 않거나, 가까이 있거나 멀리 있거나, 이미 태어났거나 아직 태어나지 않았거나—에게 보낸다.

이런 광대무변의 사랑을 땅에 사는 생물, 물에 사는 생물, 하늘에 사는 생물 등 모든 생명에게 보낸다. 이렇게 자애의 마음을 온 사방을 향하여 보낸다.

모든 존재가 탈이 없기를.

모든 존재가 건강하기를.

모든 존재가 몸과 마음이 평안하기를.

모든 존재가 평화롭기를.

이제 이 사랑을 어떠한 한계나 제한도 없이 태양계 전체 그리고 태양계를 넘어 우주 전체로 향한다. 이 우주의 모든 존재들이 평화롭기를.

이제 다시 한 번 이 광대한 자애의 마음을 자신에게 보내고 다시 온 우주의 모든 존재에게 보낸다. 모든 존재가 평화롭기를.

이제 자애명상을 마무리할 때다. 다시 자신의 호흡으로 돌아와서 숨을 들이쉬고 내쉴 때 몸에서 느껴지는 감각과 느낌을 알아차린다. 들숨을 쉴 때 몸 전체가 팽창하고 날숨을 쉴 때 몸 전체가 꺼지는 느낌을 알아차린다. 몸 전체를 하나의 단일하고 온전한, 그리고 전체와 연결된 생명체라고 생각한다.

이제 명상을 마무리할 시점에서 자신이 이번 명상을 통해 얻은 공덕을 모든 존재들과 함께 나눈다. 모든 존재가 평화롭기를.

이러한 자애명상을 수련한 자신에게 다시 한 번 축복을 보낸다. 이것이 자신의 건강과 안녕에 기여할 것이라는 사실을 알아차린다. 이것이 사랑의 행위임을 알게 되기를.

자애명상 기록지

첫 번째 자애명상을 마친 뒤 곧 자신의 경험을 되돌아보고 무엇이든 떠오르는 대로 적어 본다. 자애명상을 하면서 어떤 생각과 느낌, 감각이 일어났는가? 그것이 여러분에게 어떤 영향을 주었고, 또 영감을 받은 부분은 무엇인가?

_____

_____

_____

_____

직접 해 보기

잠시 동안 가족이나 친구, 직장 동료, 혹은 마음에 떠오르는 누구라도 한 사람을 머릿속에 떠올려 본다. 잠시 내가 지금 그 사람의 입장이라고 생각한다. 그 사람의 실망과 상실의 과거, 도전과 승리의 역사를 머릿속에 떠올려 보자. 지금 바로 그 사람의 삶 속으로 들어가 보자. 친구나 적, 아니면 모르는 사람에 대해서 해 보아도 좋다. 이런 방식으로 그 사람에 대해 생각하고 그 사람과 연결을 맺을 때 여러분의 몸과 마음에서 어떤 경험을 하게 되는가? 우리 모두가 인간이기 때문에 공유하는 유대감을 느낄 수 있는가?

저항에 대처하기: 사랑이 느껴지지 않으면 어떻게 하는가

자애명상 중에 자애의 마음이 느껴지지 않는 것은 흔히 있는 일이다. 실제로 자애명상을 하다 보면 괴로운 생각, 감정, 기억이나 저항, 분노의 느낌이 일어날 수도 있다. 그러나 그렇기 때문에 자애명상이 가치가 있다. 그것은 바로, 그러한 감정이 자기 안에 있다는 사실을 드러내 주기 때문이다. 이러한 감정을 알아차리고 인정함으로써 우리는 그것을 수련의 일부로 삼아 자신의 마음이 자애 쪽으로 향하는지 아니면 자애를 거부하는지 관찰할 수 있다. 내면의 경험은 어떤 것이든 수련의 일부가 될 수 있다.

이러한 감정을 관찰하고 인정한 후에 여러분은 자기탐구를 활용하여 어떠한 저항이나

분노라도 살펴볼 수 있다. 여러분의 가슴이 자신과 타인에 대한 연민과 사랑을 향해 열리지 못하게 방해하고 있는 것은 무엇인가? 이것은 충분히 생각하고 따져 볼 문제다. 아마도 여러분은 더 탐색하고 통합해야 할 자기 안의 인정받지 못한 감정들을 한 무더기씩 안고 있을지도 모른다.

자신이 좋아하지 않는 사람, 싫어하는 사람에게 자애의 마음을 보내는 것도 매우 어려운 일이다. 만약 자신이 현재 갈등을 겪고 있는 사람에게 자애의 마음을 보내는 것이 잘 되지 않는다면 자신의 분노나 원한이 어떻게 자신의 몸과 마음, 가슴에 영향을 주고 있는지 살펴보는 것이 무엇보다 필요하다. 그렇게 마음에 원한을 품고 있는 것이 자신에게 어떤 이익을 주는지 돌이켜 볼 필요가 있다는 말이다. 이렇게 가슴에 분노를 느낄 때 자신의 몸에서는 어떤 일이 일어나는가? 그것이 나의 생각과 감정에는 또 어떤 영향을 미치는가? 이런 것들을 생각해 보자. 이런 식으로 자신의 분노에 대해 돌이켜 봄으로써 여러분은 분노가 자신의 건강과 안녕에 해로운 영향을 미친다는 것, 그리고 화내고 미워하는 마음은 괴로운 마음이라는 것을 알게 될 것이다. 이러한 자각과 함께 여러분은 그러한 감정을 중화시키는 작업을 시작하게 된다. 바로, 무엇보다 자신에게 자애와 연민의 마음을 보내는 것이다.

여기서 용서에 대해 생각해 보는 것이 필요하다. 그리고 우리가 타인에게 상처를 주고 갈등을 일으키는 행동이 실은 두려움이나 자각(알아차림)의 부족에 기인한다는 사실을 이해할 필요가 있다. 선(禪)의 대가 노먼 피셔(Norman Fisher)는 성경 시편을 불교적 관점에서 새롭게 해석한 『너에게 열다: 선적 영감을 받은 시편 해석(Opening to You: Zen-Inspired Translations of the Psalms)』(2002)이라는 책에서 '사악한(wicked)'과 '불의한(unrighteous)'이란 단어를 '부주의한(heedless)'과 '알아차림 없는(unmindful)'이란 단어로 재치 있게 바꾸었다. 이렇게 바꾸면 성경의 시편이 매우 다른 느낌으로 다가온다. 여러분은 사람, 사건을—심지어 자신조차도— '나쁘다' '잘못됐다'고 판단하기보다 그러한 갈등을 그 사람이 부주의하고 알아차림이 없었거나 혹은 무언가가 두려웠기 때문에 행한 미숙한(unskillful) 행동으로 볼 수 있는 것이다. 이렇게 우리는 불편한 관계에 있는 사람의 말이나 행동 이면의 감정과 욕구를 이해할 수 있게 된다. 또 내가 나에게 상처를 입힌 사람들 목록을 갖고 있는 것처럼 다른 사람도 그러한 목록을—그 목록에는 '나'도 포함되어 있다—갖고 있을 수 있다는 것을 생각해 보자. 우리 모두가 우리의 가슴으로 들어가는 통로를 발견하고 두려움을 사랑으로 변화시킬 수 있기를.

미국 링컨 대통령의 일화는 사랑의 위력을 잘 보여 준다. 미국 남북전쟁 중에 링컨 대통령은 공식 만찬회에서 남부 사람들을 쳐부수어야 할 적이 아니라 '잘못을 범하고 있는 사람들(erring human beings)'이라고 표현한 적이 있었다. 그때 열혈 애국자인 한 노부인이 링컨에게 반박했다. 적들을 쳐부술 궁리를 해야 할 마당에 어떻게 그들에게 그런 유화적인 표현을 쓸 수 있느냐는 거였다. 이에 링컨은 이렇게 대답했다. "부인, 내가 그들을 친구로 삼으면 그것이 곧 그들을 부수는 게 아닐까요?"(King, 1981, p. 55). 불교 경전 『법구경』에도 이와 비슷한 말이 나온다. "증오는 결코 증오로 사라지지 않는다. 증오는 오직 사랑을 통해서만 멈춘다. 이것은 시대를 초월한 진리다."(Goldstein, 2003, p. 125)

자애명상은 증오를 변화시키고 가슴을 기쁨과 평화의 광대한 영역에 열어 주는 강력한 수련법이다. 사랑의 힘을 결코 과소평가해서는 안 된다. 사랑은 산을 옮길 수도 있고 적을 친구로 바꿀 수도 있다. 아마도 자신과 타인을 열린 가슴으로 사랑하는 것보다 더 큰 치유제는 없을 것이다.

FAQ

자애명상을 할 때 종종 분노나 슬픔 같은 정반대의 감정을 느끼곤 하는데요. 이러면 안 되지 않나요? 그런 감정이 드는 나 자신이 뭔가 잘못된 것은 아닌지 불안해집니다. 어떻게 하면 좋을까요?

우선 자애명상 중 분노나 슬픔을 느끼는 것은 지극히 정상적인 체험이라는 사실을 알려드린다. 자애명상은 종종 자신이 다가가려고 하지 않는 감정이나 어딘가 막혀 있는 곳을 드러내 준다. 이런 경우에는 자기연민(self-compassion)에 가슴을 열라. 설령 자기연민이 잘 느껴지지 않는다 하더라도. 이것은 타인에 대한 진실한 사랑에 가슴을 열기 위해 반드시 해야 하는 일이다. 이렇게 불완전한 나, 있는 그대로의 자신이 결국 완전한 존재라는 사실을 이해하고 받아들이게 되면 여러분은 이러한 태도를 타인에게 확장할 수 있게 된다. 그리고 어떠한 감정이나 기억이라도―분노, 슬픔, 불안감, 혼란, 기타 힘든 감정들―일어나는 대로 내버려 두라. 점차로 여러분은 이러한 감정을 자신의 가슴에 통합하게 되면서 더 깊은 자유와 평화의 느낌을 경험할 수 있을 것이다.

탐구: 당신의 몸-마음은 행복한가?

　내가 나에게 어떻게 대하고 있는지 관찰해 보자. 여러분은 얼마나 자주 "나는 안 돼." "나는 무가치한 존재야." 같은 불친절한 메시지를 보내는가? 이런 메시지가 여러분의 스트레스, 불안, 불행을 더 키우는가? 그것이 자신의 몸과 마음에서 어떻게 느껴지는가? 피곤한가, 긴장되는가, 아니면 아픈가? 자신의 몸과 마음에서 일어나는 것을 살펴보는 시간을 갖자.

_____

_____

_____

_____

_____

_____

　틱낫한은 『화: 분노를 가라앉히는 지혜(Anger: Wisdom for Cooling the Flames)』라는 책에서 우리 자신의 고통의 씨앗에 물을 주는 것에 관해 이야기한다. 우리가 자신에게 불친절한 메시지를 자꾸 보낼 때마다(우리는 실제로 그렇게 한다) 우리는 자신의 고통의 씨앗에 물을 주고 있는 셈이다. 우리가 더 이상 그렇게 하지 않는다면 우리의 삶이 어떻게 달라질 것인가 생각해 보자.

_____

_____

일상생활에서 힘든 사람이나 불편한 상황과 마주치게 되면 우리에게는 분노의 감정이 일어난다. 누군가가 당신의 단추를 누르고 있는 상황에서 열린 가슴과 초심자의 마음을 가져가 보는 것은 어떤 느낌일까? 현재 자신이 갈등을 겪고 있거나 의사소통에 문제가 있는 사람을 한 사람 떠올려 보자. 혹시 그 사람의 말이나 행동이 그가 처한 힘든 상황 때문은 아니었을까? 어려움을 겪고 있는 사람의 긍정적인 자질에 대해 생각해 보자. 그리고 그 사람이 겉으로 보기에 불친절한 행동을 할 수밖에 없었던 이유에 대해서도 생각해 보자.

물론 이런 종류의 탐색이 쉬운 작업은 아니다. 자신의 마음과 가슴을 정화시킨다는 것은 매우 힘든 작업이다. 그러나 자각 없이 고통과 함께 산다는 것은 이보다 훨씬 험난한 길이라는 것을 깨달을 필요가 있다. 알아차림의 빛을 자신의 어두운 부분에 비출 때 사람은 누구나 내면의 그림자와 고민거리를 안고 있다는 것을 알게 된다. 또 이렇게 알아차림의 빛을 비추는 것이 우리의 성장을 위한 비옥한 토양이 된다는 것도 알게 된다. 내가 나에게 보내는 메시지를 탐색하는 것이 더 큰 자유를 향한 강력한 첫 걸음이 된다. 자각(알아차림)이 커지면 연민의 마음도 커진다. 알아차림과 연민의 빛이 여러분을 자유롭게 해 주기를.

앞으로 더 나아가기 전에 여러분이 위에 적은 내용을 연민의 감정으로 되돌아보고 인정하고 통합하는 시간을 가져 본다.

비공식 수련: 일상생활에서의 자애

여러분은 하루 중 만나는 많은 사람들에게 그 즉시 자애의 마음을 보낼 수도 있다. 파트너와 함께 앉아 있다가 그에게 자애의 마음을 보낼 수도 있다. 또 어색한 관계에 있는 사람에게도 두려움이나 분노, 공격성, 소외감으로 대응하기보다 자애의 마음으로 대할 수 있다. 아니면 마트나 우체국에서 줄을 서서 기다리고 있는 상황이라면 그곳에서 일하는 사람들에게 자애를 보낼 수도 있다. 구기 시합을 하거나 기타 많은 사람들이 모이는 모임에서라면 그곳에 모인 불특정 다수에게 자애를 보낼 수도 있다. 핵심은 여러분이 언제 어느 곳에서나 비공식적으로 자애를 수련할 수 있다는 것이다. 그러므로 하루 중 비공식 자애명상을 자주 할 수 있도록 하라. 타인을 향하여 자신의 가슴을 여는 것이 어떤 느낌인지 관찰하라. 또 이것이 여러분이 타인과 자신, 사물에 대하여 생각하는 방식에 어떤 변화를 주는지도 살펴보라.

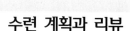

수련 계획과 리뷰

지금부터 1주일간 자신의 달력에 공식 수련에 대한 계획표를 작성한다. 걷기 명상과 마음챙김 요가는 반드시 포함되도록 한다. 1주일에 적어도 닷새 수련하도록 한다. 수련의 종류를 매일 바꾸어도 좋고 마음챙김 요가와 걷기 명상에서 시작하여 자애명상을 이어서 하는 식으로 수련법을 결합할 수도 있다. 또한 1주일에 1회, 자신의 수련을 리뷰하는 시간을 갖도록 한다.

- **공식 수련**
  - □ 자애명상
  - □ 걷기 명상
  - □ 마음챙김 요가

이제 여러분은 일상에 통합할 수 있는 여덟 가지의 비공식 수련을 갖게 되었다.

- **비공식 수련**
  - □ 일상생활에서의 자애명상
  - □ RAIN
  - □ 습관 알아차리기
  - □ 통증 알아차리기
  - □ STOP
  - □ 마음챙김의 여덟 가지 태도를 자신의 삶에 가져오기
  - □ 마음챙김을 일상생활에 적용하기
  - □ 마음챙김 먹기

공식 수련 기록하기

공식 수련을 할 때마다 다음 기록지를 작성한다. 기록지를 작성하고 지난주의 수련을 되돌아보면서 자신의 수련이 어떻게 진행되어 가고 있는지 생각해 본다. 자신에게 맞는 어떤 패턴이 나타났는가? 어떻게 하면 자신의 수련을 지속하는 데 도움이 되는 변화를 줄 수 있는가?

날짜 / 공식 수련의 종류	시각	이번 수련 동안 일어났던 생각, 감정, 감각 / 나중에 어떻게 느꼈나

비공식 수련 되돌아보기

매일 적어도 한 가지의 비공식 수련에 대해 돌아보는 시간을 갖는다. 이를 통해 자신의 비공식 수련을 깊게 하는 데 도움을 받을 수 있다.

수련 종류	상황	수련 전에 관찰한 것	수련 후에 관찰한 것	무엇을 배웠나

Chapter 9

대인관계에서의 마음챙김

Interpersonal mindfulness

A Mindfulness-Based Stress Reduction Workbook

지금까지 여러분은 주로 자기 안의(intrapersonal) 마음챙김—자기 안에서 일어나는 생각, 느낌, 감각의 오케스트라에 비판단적으로 현존하는 것—에 대해 배웠다. 이번 장에서는 대인(interpersonal) 마음챙김으로 초점을 이동한다. 다시 말해 비판단적인 현재 순간에 대한 알아차림을 타인과의 상호작용으로 가져가는 것에 대해 이야기한다. 여러분은 오늘날의 자신이 부모나 양육자와의 연결 혹은 단절과 같은 초기 아동기의 경험에 어떻게 영향을 받는지에 대해 간략하게 배울 것이다. 그런 다음 우리는 대인 마음챙김의 성격, 마음챙김 커뮤니케이션과 경청의 기술, 그리고 자신과 타인의 관계 향상을 위해 가정과 직장에서 대인 마음챙김을 어떻게 적용할 것인가에 대해 소개할 것이다.

인간은 사회적 동물로서 대부분의 시간을 타인과의 다양하고 독특한 상호작용 속에서 보낸다. 여러분이 관계를 맺고 있는 모든 사람들은—자녀, 부모, 형제자매, 상사, 친구, 동료, 이웃, 그리고 심지어 여러분과 갈등을 겪고 있는 '힘든 사람들'조차도—새로운 세계로 들어가는 문을 제공해 준다. 여러분이 타인과 분리되어 있다고 생각한다면, 우리 모두가 인간이라는 공통의 경험을 공유하고 있다는 사실을 떠올려 보라. 우리 모두는 이 세상에 태어나 용기와 두려움, 슬픔과 기쁨, 즐거움과 고통, 선물과 상실의 이야기를 만들어 나간다. 그러나 이러한 공통성에도 불구하고 사람들은 종종 삶의 스트레스의 커다란 원인이 되기도 한다. 때로 사람들은 우리를 힘들게 하고 자기 뜻을 강요하려 하며 우리를 위협하고 무책임하며 비협조적이고 둔감하다. 때로 당신과 가장 친한 사람들이 스트레스의 가장 큰 원인이 되는 경우도 있다. 왜냐하면 당신이 그들의 안녕을 책임지고 있거나, 그들이 어느 단추를 누르면 당신이 폭발하는지 알고 있기 때문이다.

관계 패턴이 시작되는 곳

당신 스스로가 스트레스 반응에서 벗어나지 못하게 하는 깊이 각인된 습관적인 사고방식—재앙화, 과장된 부정적 사고나 느낌, 비난 등—을 키워 왔듯이 당신은 타인과의 관계에서도 습관적인 방식을 키워 왔을 것이다. 이런 행동 가운데 많은 부분이 어릴 적 인간관계, 즉 부모나 양육자와의 상호관계를 토대로 형성된 것이다. 불행히도, 이런 행동 패턴은 역기능적인 부모 – 자녀 관계에 토대를 두고 있으며, 이것이 결과적으로 지금 자신의 삶에서 가족, 친구, 직장 동료들과의 역기능적인 관계로 이어지는 경우가 있다.

예를 들어, 당신의 부모가 갈등 해결의 좋은 모범을 보여 주지 못했다면 당신 역시 지금의 갈등 상황을 해결하는 데 어려움을 겪을지 모른다. 갈등이 생기면 당신은 갈등에 내재한 불편한 감정을 은근슬쩍 피하고 싶을지 모른다. 아마도 갈등과 관련하여 당신은 수동적 스타일을 키웠거나 타인의 요구를 자신의 요구보다 우선시하거나 '아니오'라고 말할 수 없을지 모른다. 그렇게 해서 당신은 완전히 압도당하거나 지나치게 헌신하여 완전히 기진맥진해 버린다. 아니면 그와 반대로 갈등을 당연하다는 듯이 조장하며 그로부터 일종의 권력감을 느낄지도 모른다. 왜냐하면 그것이 타인과 감정적 접촉을 하는 당신의 방식이기 때문이다. 문제는 공격적 행동은 상대방의 감정에 커다란 상처를 남길 수 있다는 것이다. 특히 당신이 상대방을 이용하려 하거나 겁주려 하거나 무시하려 했다면 말이다. 이렇게 되면 관계가 끊임없이 나쁜 방향으로 치닫고 마는 지점까지 이르는 반응의 악순환에 휩쓸려 갈 수 있다.

현재의 인간관계에서 일어나는 갈등은 불편한 감정으로 이어질 수 있다. 그리고 그 상황은 오래된 역기능적 관계 양식에서 생긴 과거의 상처와 관련된 기억이나 느낌을 불러일으킬 수 있다. 만약 거기 빠졌거나 그러한 기억과 느낌으로부터 위협을 받고 있다고 느낀다면 당신은 어릴 때부터 수없이 반복해 왔던 반응 패턴에 빠질 가능성이 크다. 우리가 사랑을 구할 때 그것을 방해하는 내적 장벽—우리의 초기 인간관계의 영향 다음 형성되기 시작하는 장벽—을 이해하는 것이 도움이 된다. 아이였을 때 우리는 보호와 안정을 부모나 양육자에게 의존했다. 그러나 그들이 항상 우리의 필요를 충족시켜 주는 것은 아니다.

인간관계 패턴이 어디서 시작되느냐는 것은 대중 심리학이 아니다. 그것은 이론과 연구에 기초를 두고 있다. 정신의학자이자 정신분석가인 존 보울비(John Bowlby, 1969)는 부모가 아이의 감정과 욕구의 내면세계에 현재 순간 조율할 수 있으면 아이는 더 큰 안정감과 연결감, 사랑을 느낀다고 이론화했다. 그때 그가 처음으로 '애착(attachment)'이라는 말을 사용했다. 그 후 수십 년 동안 심리학자들은 유아에 대해 연구했는데, 애착 양식이 아이들마다 다르다는 것, 그리고 어떤 애착 양식은 안정감을 수반하지만, 또 어떤 양식은 역설적으로 불안이 따를 수도 있다는 것을 발견했다(Ainsworth et al., 1978; Main & Solomon, 1986). 뇌과학자들은 애착 양식이 뇌에도 영향을 미친다는 사실을 발견하였다. 『정동 조절 장애와 자아의 장애(Affect Dysregulation and Disorders of the Self)』(2003)라는 책에서 심리학자이자 뇌과학자인 앨런 쇼어(Allan Schore)는 애착이 어떻게 생후 첫 2년 동안 뇌의 구조적 변화를 일으키는지에 대해 이야기한다. 그는 부모의 무심한 양육이 자녀의 정서 조절 능력에 영향을 미칠 수 있으며 자녀는 이런 조절장애를 평생 동안 지닐 수 있다고 말한다. 『마음챙김 뇌(The Mindful Brain)』(2007)이라는 책에서 대니얼 시걸(Daniel Siegel)은 부모와 아이가 서로 조율할 때 그 결과, 아이는 "부모가 자신을 느끼고 있음을 느낄 수 있는(feel felt)" 일종의 공명(resonance) 상태에 있게 된다고 말한다. 이 공명 상태는 아이가 성인이 되어서도 의미 있는 공감적 관계를 맺도록 도와주는, 뇌의 조절 회로 형성에 도움이 된다고 한다.

이것이 어른인 당신과 무슨 관계가 있는가? 더 최근의 연구는 현재의 부모가 자신의 부모와 형성했던 애착 상태는 자신의 자녀가 그와 맺는 애착 유형을 꽤 정확하게 예측해 준다는 사실을 발견했다(van Ijzendoorn, 1995). 어릴 적 불안정한 애착관계를 경험했던 어른들은 자신의 감정을 관리하고 삶이 그들에게 던지는 굴곡에 대처하는 데 일반적으로 더 어려움을 겪는다고 한다(Shaver & Mikulincer, 2002). 그러나 어릴 적 불안정한 애착관계를 가졌다고 해서 그것이 반드시 어른으로서 당신의 인간관계를 결정짓는 것이 아님을 아는 것이 중요하다. 어릴 적 불안정한 애착관계를 경험했더라도 어른이 되어서 이 패턴을 변화시킬 수 있다(Main & Goldwyn, 1998).

대부분의 부모가 자신이 가지고 있는 내적, 외적 자원을 동원하여 최선의 노력을 다하지만, 너무나 자주 조율(attunement)과 공명이 부족하여 아이들을 불안정한 관계 속에 놓이게 한다. 예를 들어, 당신의 부모가 자기 삶에 여념이 없어 혹은 인간관계의 갈등 때문에 당신에게 정서적 지지를 보내 주지 않았다면, 당신 역시 감정과 관계에 의존하지 않으며 타인에게 의존할 필요가 없다는 내면의 내러티브를 형성하면서 그것의 중요성을 폄하함으로써

거기에 적응했을지 모른다. 혹은 어린 시절에 조율과 공명이 계속해서 부재했다면 당신은 인간관계에 대해 계속해서 혼란을 느끼고 의심을 갖고 있을지 모른다. 또 어른으로서 당신은 당신의 배우자가 당신의 느낌에 비슷한 방식으로 응대할까 봐 걱정될 수도 있고, 당신이 친밀한 관계를 형성하는 것을 주저할 수도 있다. 만약 당신의 부모가 무서운 행동이나 학대 행동을 했다면 여러분은 그로부터 도망쳐야 한다는 압박감을 느끼는 한편 부모가 당신을 얼러주기를 원하는 두려움의 상태에서 살았을지 모른다. 이 경우에 당신은 감정과 관계를 둘러싼 혼란감을 느낄 뿐 아니라 심지어 상황이 어려워질 때면 자신의 욕구를 희생해가며 상대의 필요를 돌봐줌으로써 어려운 상황을 사전에 모면하려고 하는 양육자의 역할을 하게 될 수도 있다.

좋은 소식은, 당신의 성장 환경이나 초기 영향이 어떤 것이었든 간에 마음챙김은 자신의 경험을 인정함으로써 과거를 인식하고 이해하는 능력을 당신에게 부여해 준다. 이 자기 내적 조율(intrapersonal attunement)—자신과의 조율 및 공명—은 당신이 안전함을 느끼며 자신의 생각, 느낌, 감정에 열려 있도록 해 준다(Siegel, 2007, 2009). 이 내적 자각과 공명은 당신을 강하게 해 주고 타인—가족, 친구, 동료, 낯선 이, 심지어 어려운 사람들—의 느낌에 인내와 공감, 지혜로 현존할 수 있는 안정감을 부여해 준다. 이러한 방식으로 자기 내적 조율은 대인 조율과 공감의 문을 열어 주고 이것은 당신의 모든 인간관계를 개선시켜 준다.

─────── ✱ 엘리샤의 이야기: 테이블 밑에 숨기 ✱ ───────

여섯 살 때 부모님이 이혼하셨다. 부모님이 세 아이에게 그에 관해 처음으로 이야기하셨을 때 나는 눈물 한 방울 보이지 않았다. 하지만 내 가슴에는 분노가 있었다. 엄마가 물으셨다. "엘리샤, 왜 그러니? 지금 무슨 일이 일어나고 있는지 알고 있니?" 나는 퉁명스럽게 대꾸했다. "네, 알고 있어요. 내가 어떻게 하길 바라시는 거죠? 벽에 머리라도 부딪혀 펑펑 울까요?" 물로 나는 상처 입었고 화가 났다. 나의 토대—우리 가족이 나의 토대였다—가 나로부터 떨어져 나가고 있었으니 말이다.

이후 나는 그런 감정을 행동으로 표현하기 시작했다. 나는 그것을 식당에서 보여 주었다. 집에서 쉽게 요리를 해 먹을 수 있는데도 밖에 나가 외식을 할 때면 아까운 돈을 낭비한다는 생각에 화가 났다. 입이 뿌루퉁 나온 나를 가족들은 차로 끌고 갔다. 나는 식당에서의 대부분의 시간을 돈을 낭비하는 데 대한 반항의 표시로 테이블 밑에서 보냈다.

수년 후 나는 아내와 다툼이 있을 때면, 그 상황을 알아차리고 아내와 연결을 맺는 대신 감정적으로 무디어지는 것으로 반응했다. 집 안 청소를 하거나 텔레비전을 켜거나 하면서 다른 일로 주의를 돌렸다. 나는 무력감을 느꼈고 그에 적절히 대처하는 것도 원하지 않았다. 어느 날 치료사를 찾아갔는데 치료사는 이렇게 말했다. "화가 날 때면 당신은 아직도 테이블 밑에 숨는군요." 그것이 내가 어릴 적 대응했던 방식이며 때로 지금도 내가 아내에게 화가 날 때면 취하는 대응방식이었다. 마침내 어릴 적 경험이 나의 결혼생활에 어떻게 영향을 주고 있는지 깨닫자 나는 이러한 반응 사이클에 더 현존하게 되었고 내가 경험하는 고통을 회피하기보다 그것에 다가가는 것으로 방향을 바꾸게 되었다. 이것은 나에게 안정감을 주었을 뿐 아니라 아내와 더 큰 연결을 경험하도록 해 주었다. 나는 아직도 때때로 테이블 밑에 숨는 나 자신을 발견하긴 하지만 대개는 그것을 옛날보다 더 빨리 알아차리게 된다. 그러면 나는 내 안의 어린 소년에게 미소를 짓고 그를 안아 준다. 그리고 모든 게 괜찮을 거라는 것을 그 아이가 알게 한다.

대인 마음챙김의 자질

당신이 위협을 느끼고 분노하고 두려운 가장 힘든 관계에서도 당신은 대인 마음챙김(interpersonal mindfulness)을 그 상황에 적용함으로써 관계를 향상시킬 수 있다. 앞에서 언급했듯이 마음챙김 수련은 정원을 가꾸는 것과 같다. 마음챙김이 성장하기 위해서는 특정 자질과 조건이 갖추어져야 한다. 3장에서 우리는 마음챙김 수련에 필수적인 8가지 태도를 제안했다. 마찬가지로, 그 태도들이 성장하고 활력 있게 되기 위해서는 인간관계에 주의를 기울여야 한다. 대인관계가 긴장되거나 힘들어지면 대인 마음챙김을 그 상황에 적용하면 그 관계가 시들어 버리거나 좋지 않은 방향으로 폭발하는 것을 막을 수 있다.

대인 마음챙김을 계발하고 당신의 대인관계를 크게 향상시키는 데 반드시 필요하다고 생각되는 여섯 가지 자질을 소개한다.

- **개방성(openness)** 초심자의 마음과 마찬가지로 이것은 상대방과 그 관계를 새롭고

신선한 것으로 보는 것에 마음을 여는 자질, 그리고 상대방의 관점에 열려 있는 자질이다. 폐쇄적이거나 방어적인 것은 열린 가슴과 마음의 확실한 장애물이다. 개방성을 계발하기 위해서는 타인의 말과 행동에 대해 일어나는 자신의 첫 행동과 판단을 관찰한 다음, 그것을 단지 하나의 관점(생각)으로 상상하라. 파이 전체가 아니라 단지 파이 도표 중의 한 조각으로 생각하라. 그 파이 조각을 자신과 동등한 가치를 지니는 다른 관점들로 채운다고 상상하라.

- **공감(empathy)**　이것은 타인의 느낌을 실제로 함께 느끼는 자질이다. 즉, 정서적으로 자신을 그 사람의 입장에 대입시키는 능력이다. 공감의 첫 단계는 자신의 느낌을 인정하고 경험하는 것이다. 그런 다음에야 이것을 다른 사람에 대해서도 할 수 있다. 이 자질을 계발하기 위해서는 우선 자신의 감정에 대한 마음챙김을 수련하여 그것과 접촉한 다음 다른 사람이 그 감정을 느낄 때 당신이 느끼는 특정한 감정을 살펴본다. 타인의 느낌과 관련하여 자신의 직감을 신뢰하는 것이 효과적일 수 있다. 그러나 확신이 들지 않는 경우에는 그냥 상대방에게 물어보는 편이 좋다. 공감이 잘 생기지 않는다면 가슴에서 우리 모두는 일정한 기본적인 것들, 인정받고 사랑받고 안전하게 느끼는 것을 원한다는 사실을 깨닫는 것이 도움이 된다.

- **연민(compassion)**　이것은 공감을 상대방이 처한 상황에 대한 이해와 결합시키는 자질이며, 상대방의 괴로움을 덜어 주려는 욕구다. 연민을 계발하기 위해서는 상대방이 겪고 있는 슬픔과 고통을 상상한다. 이번 삶에서 그들은 분명히 실망과 실패, 상실을 경험했을 것이다. 그리고 이들 상처 중 몇몇은 너무나 깊어 그것을 사람들에게 내보이는 것에 불안을 느낄 것이다. 그 사람을 고통을 당하며 두려워하는 당신의 자녀라고 생각하고 어떻게 하면 그를 위로할 수 있을지 생각해 보라.

- **자애(loving-kindness)**　이것은 다른 사람이 정말로 잘 되기를 빌어 주는 마음의 자질이다. 그들이 건강하고 인전하고 두려움에서 지유롭기를 바라는 마음이다. 8장에서 연습해 보았듯이 '어려운 사람'들에게 자애롭기가 생각보다 쉽지 않음을 경험했을 것이다. 자애를 계발하기 위해서는 상대방을 자신의 자녀라고 생각하고 어떻게 하면 그들에게 당신의 좋은 바람을 전해 줄까 생각해 보라. 그 사람이 자신의 존재를 어떻게 세상으로 가져가는가 보고 싶은지 상상해 보라.

- **공감적 기쁨(sympathetic joy)**　이것은 타인의 행복과 기쁨에서 즐거움을 발견하는 마

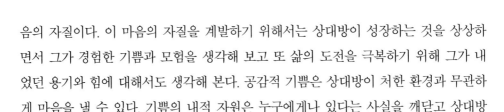

음의 자질이다. 이 마음의 자질을 계발하기 위해서는 상대방이 성장하는 것을 상상하면서 그가 경험한 기쁨과 모험을 생각해 보고 또 삶의 도전을 극복하기 위해 그가 내었던 용기와 힘에 대해서도 생각해 본다. 공감적 기쁨은 상대방이 처한 환경과 무관하게 마음을 낼 수 있다. 기쁨의 내적 자원은 누구에게나 있다는 사실을 깨닫고 상대방이 이 기쁨에 접근했으면 좋겠다는 당신의 바람을 빌어 준다.

- **평정심(equanimity)** 이것은 변화의 속성을 이해하는 지혜이며 균등(evenness), 꾸준함(steadiness)의 자질이다. 평정심은 모든 생명의 상호연결성을 이해하는 데 있어서 더 큰 균형감과 안정감을 준다. 대부분의 사람들처럼 당신도 다른 사람들을 그들에 대한 당신의 관념에 따라서 서로 다르게 대할 것이다. 당신은 동료를 배려로써 대할지 모르지만 자신이 바쁘다는 이유로 우체국 직원에게는 불쾌한 생각을 가질 수 있다. 모든 인간관계는 그 나름의 고유한 가치를 가지고 있으며, 앞의 5가지 자질로 모든 인간을 대할 가치가 있음을 깨달을 필요가 있다. 이 자질을 계발하기 위해서는 상대방의 얼굴을 부모님, 친구, 연인, 학생의 얼굴이라고 상상하라. 이렇게 하면 우리들 자신과 마찬가지로 그 사람을 다만 친절과 사랑을 원하고 필요로 하는 사람으로 보게 될 것이다.

탐구: 연결 창조하기

타인과의 연결을 창조하는 것은 과정이다. 당신이 염려하는 사람이 당신 바로 앞에 앉아 있다고 상상한다. 앞의 각 자질에 대한 설명을 다시 읽은 다음 눈을 감고 그 자질에 초점을 둔 채 이 사람을 바라보고 이 사람과 상호작용하는 모습을 상상하라. 각각의 자질을 적용해 본 다음 당신에게 떠오른 생각을 적어 본다.

개방성

공감

연민

자애

공감적 기쁨

평정심
·······

　이 여섯 개의 대인 자질을 염두에 두면―그것들에 대해 생각해 보고 당신의 최선의 이해에 따라 그것들을 계발하는 것―다른 사람과의 연결을 풍성하게 하며 지지하고 강화하는 데 도움이 된다. 이런 자질을 계발하는 것은 더 탄탄하고 건강한 관계를 만드는 데 당신의 에너지를 사용하는 방법이다. 이 태도는 상호의존적인 것으로 각각이 다른 각각에 영향을 미쳐 하나를 계발하면 다른 모든 것도 함께 향상된다.

　다음 단계로 나아가기 전에 잠시 자신의 호흡과 연결하여 자신이 방금 적은 것에 대해 마음챙김 하며 반추해 보는 시간을 갖는다. 이 탐험으로부터 자신이 배운 모든 것을 연민으로 인정하고 통합한다.

마음챙김 커뮤니케이션

　커뮤니케이션이란 자신의 마음과 몸으로 자신 혹은 타인과 연결하는 언어적, 비언어적 과정이다. 여러분은 아마도 연결되고 존중받고 사랑받는 느낌을 갖게 되는 타인과의 커뮤니케이션도 경험해 보았을 것이고 반대로 단절되고 무시당하고 좌절감을 느끼는 커뮤니케이선도 겪어 보았을 것이다. 이러한 위협감을 느낄 때면 종종 스트레스와 두려움이 일어나는데 우리는 이런 불편함을 피하려는 노력으로 관계나 당신 자신 혹은 상대방에게 도움이 되지 않는 방식으로 반응하곤 한다. 당신은 상대방의 말을 듣기를 멈추고, 자신의 감정과 필요를 분명하게 표현하는 데 어려움을 느끼며, 또는 대개 상대방에게 비난, 비판, 판단 같은 방어적인 태도를 취하며 상황을 더 악화시키는 반응적인 마음의 함정에 빠지는 수도 있다. 이런 사이클이 지속되면 당신은 더 두려워지고 화를 내며 자기 세계에 완전히 빠져 버리며 또 자신의 견해와 느낌에 고착되어 버리고 만다. 저항과 방어적인 태도가 증가하고, 공감은 어디론가 날아가 버리고 없으며 건강한 커뮤니케이션에 매우 중요한 조율과 공명은 먼 꿈처럼 여겨진다.

다행히도 당신은 의미 있고 만족스러운 상호작용의 가능성을 키우면서 보다 효과적인 커뮤니케이션을 위한 기술을 개발함으로써 이 사이클을 반대로 돌려놓을 수도 있다. 커뮤니케이션에 마음챙김을 가져감으로써 그리고 자신의 생각, 느낌, 감각에 주의를 기울임으로써 당신은 상대방의 행동에 습관적인 방식으로 반응하기보다(reacting) 의도적으로 응답하는(responding) 공간을 창조하게 될 것이다. 이 기술들 가운데 가장 기본적인 것 하나가 마음챙김 경청(mindful listening)이라는 기술이다.

마음챙김 경청

"우리가 귀 두 개, 입 한 개를 가진 이유는 말하는 것보다 듣는 것을 두 배로 많이 하라는 뜻이다."라는 말을 들어 보았을 것이다. 어릴 적 우리가 부모님 말씀에 귀를 기울이지 않고 눈을 이러저리 굴리고 있으면 부모님은 이렇게 말씀하셨다. "엄마 말을 듣고 있는 거니?" 우리들 중 많은 이가 어릴 때 부모님 말씀에 제대로 귀를 기울이지 않았으며 부모님의 이와 같은 질문 듣기를 싫어했다. 어른이 되어서도 이런 인간관계는 지속적인 주의력 결핍으로 나타난다. 어른인 우리도 귀를 반만 열어놓은 채 우리 귀로 드문드문 들어오는 상대방의 말을 자기 마음대로 해석해 버린다. 실제로 두 사람 모두 이런 식으로 관계를 맺게 되면 단절, 좌절, 고통의 느낌이 드는 상호작용으로 이어지게 된다. 스페인 속담에 "말 잘하는 두 사람은 오래 여행하지 못한다."라는 것이 있다. 우리는 누구나 자신의 말을 상대방이 잘 들어 주기를 원한다. 상대방으로부터 이해받고 받아들여지며 사랑받는다는 느낌은 관계에 필

수적이다. 상대방이 진심으로 나의 말을 들어 주고 있다고 느낄 때 우리의 두려움과 방어적인 태도는 사라지며 관계에서 더 큰 연결과 공감, 평화를 위한 토대가 마련된다.

그냥 듣기(hearing) vs. 귀 기울여 듣기(listening)

불행히도 우리들은 대개 자신이 상대방의 말을 듣고(hearing) 있다고 여기지만 실은 제대로 귀 기울여 듣지(listening) 않고 있다. 그냥 듣기(hearing)와 귀 기울여 듣기(listening)의 차이를 구분해 보자. 그냥 듣기란, 당신의 귀가 의도적이고 사려 깊은 주의를 기울이지 않은 채 다만 소리의 진동만 받아들이는 수동적인 생리 과정을 말한다. 한편 귀 기울여 듣기란, 상대방이 전달하고자 하는 메시지에 의도적이고 사려 깊은 주의를 기울이는 능동적인 정신 과정을 말한다. 그래서 귀 기울여 듣기는 단지 상대방이 내뱉는 말이라는 청각 자각 외에도 상대방의 신체언어라든지 목소리의 톤, 얼굴표정 같은 다른 단서들에도 주의를 기울이는 과정을 수반한다. 이처럼 경청은 그냥 듣는 것과 달리 의도적인 선택이라고 할 수 있다.

진정한 커뮤니케이션이란 그토록 충만감을 주는 것이기에 우리가 왜 경청이 아닌 그냥 듣기에 그토록 많은 시간을 보내는지 생각해 볼 필요가 있다. 당신이 만약 대부분의 사람과 비슷하다면 아마도 당신 주변에 귀 기울여 경청할 대상은 무척 많을 것이다. 정말로 우리가 태어나는 그날부터 우리는 누구 혹은 무엇에 주의를 기울일 것인가와 같은 작은 선택들을 수도 없이 내려야만 한다. 그리고 이런 결정들 중 대부분은 의식적인 생각이나 의도 없이 그냥 일어난다. 그렇게 시간이 흐르면 우리는 일종의 습관을 형성하게 되고 우리의 생각이나 느낌을 강화시키는 메시지에만 귀를 기울이게 된다. 정치를 예로 들더라도 우리는―진보든 보수든―자신의 정치적 의견을 강화시키는 메시지나 미디어에만 귀를 열고 '상대편' 입장을 대변하는 메시지나 미디어에 대해서는 완전히 무시해 버린다. 실제로 우리들의 인간관계도 이러한 정치와 많이 닮았다. 인간관계도 정치와 마찬가지로 서로 충돌하는 요구와 욕구, 견해를 조정하는 과정이란 점에서 그렇다. 양측 모두의 공통된 메시지가 있음에도 각 진영은 좀처럼 상대편 메시지를 진정으로 받아들이지 않는다.

감정과 경청

감정 또한 우리가 무엇에 귀를 기울여 듣고 어떻게 듣는가에 커다란 영향을 준다. 만약 당신이 기분이 좋으면 불쾌한 메시지는 걸러내고 기분 좋게 느껴지는 메시지만 골라 들을 것이다. 반면 기분이 우울하거나 불안하면 유쾌한 메시지는 무시해 버리고 불쾌한 메시지에만 귀를 기울일 것이다. 당신이 위협적이라고 해석하는 상황에 맞닥뜨리게 되면 당신은 스트레스를 받고, 두려움이나 분노를 느낄 것이다. 투쟁, 도피, 혹은 결빙(fight, flight or freeze) 반응이 일어나면 당신의 마음은 과열 상태로 뛰어들 것이다. 귀를 기울여 경청하는 대신 당신은 어떻게 그 상황을 해결할까 아니면 그 상황으로부터 도망갈 것인가를 궁리할 것이다. 아니면 완전히 마비되거나 얼어 버리는 수도 있다.

마음챙김은 이런 상황에서 당신이 자신의 반응을 찬찬히 살펴 현재 순간으로 되돌아오도록 해 준다. 이것은 자신의 느낌을 인정하면서 행위 양식(doing mode)이 아닌 존재 양식(being mode)으로 들어가는 것이다. 자신의 불편감에 비판단적으로 접근하면서 있는 그대로 내버려 둘 때 당신은 대인 마음챙김의 본성을 이용하여 공감과 연민, 상대방과의 연결의 장소로 옮겨 가게 된다. 상대방의 말에 의도적으로 귀를 기울여 경청함으로써―그들이 겪고 있는 어떠한 고통과 괴로움이라도―당신은 그들의 상실과 상처의 역사를 보게 되고, 그것은 지금 상대방의 반응을 이해하는 열쇠가 되기도 한다. 이렇게 당신은 상대방이 지금 표현하고 있는 고통을 인정하면서, 공감으로 상대방에게 응답할 수 있게 된다. 마음챙김으로 귀 기울여 들음으로써 당신은 상대방에 대한 이해의 잘못된 부분을 인지하게 되고, 그것을 바로잡는 질문을 던질 수 있다.

이러한 마음챙김 상호작용은 상대방에게 '자신의 말을 누군가가 들어 주고 있다는 느낌(feel felt)'을 갖게 해 더 큰 조율과 공명을 창조하며, 나아가 두 사람의 관계에 좋지 않은 영향을 주고 있던 두려움이나 분노를 사라지게 한다. 혹시 당신에게 공격적인 태도를 보이는 사람이 있다면 그것은 그가 느끼는 불안, 위협감, 두려움 때문일 수 있음을 기억하라. 자신의 말을 상대방이 들어 준다고 느낄 때 사람은 상대방과 더 큰 연결감을 갖게 되고 방어적인 자세를 허물게 된다.

우리 워크숍에서는 참가자들을 3~4명가량의 소그룹으로 나누어 마음챙김 경청을 연습하도록 한다. 그룹의 한 사람이 이야기를 하면 나머지 상대방들은 어떠한 해석도 덧붙이지 않고 다만 귀 기울여 들어 준다. 조지라는 한 참가자는 아주 엉망인 삶을 살고 있었다. 하루 10시간을 사무실에서 일해야 했으며 결혼생활과 세 아이를 돌보기까지 해야만 했다. 그는 이 모든 일을 모두 처리하기 위해 종종 멀티태스킹에 의존했다. 예를 들어, 집에서 저녁식

사를 하고 있거나 아이의 숙제를 도와주고 있을 때에도 휴대전화로 날아든 업무 관련 메시지를 처리하곤 했다. 다음 날 회사 일을 줄이려는 의도에서였다. 이런 '해결책'은 조지가 가족들과 보내는 시간의 질에 부정적인 영향을 주었으며 종종 더 큰 스트레스와 어려움을 일으키기도 했다.

우리 워크숍에서 마음챙김 경청을 연습하고 나서 조지는 집으로 돌아가 아들 앤드류와 마음챙김 경청을 실습했다. 휴대전화를 꺼두고 아들이 자신을 괴롭히는 어떤 녀석에 대해, 그리고 자기가 얼마나 무서웠는지 이야기하는 것을 귀를 기울여 들어 주었다. 조지는 아들의 말을 중간에 끊지 않고 듣는 동안 자신이 어렸을 때 다른 아이에게 괴롭힘 당했던 경험이 떠올랐다. 그 순간 아들에 대한 사랑과 공감, 그리고 자신이 아주 오랫동안 인식하지 못하고 있던 아들과의 유대감을 느꼈다. 앤드류가 이야기를 끝내고 나자 조지는 자신의 어릴 적 괴롭힘을 당했던 이야기를 들려 주었고 또한 아들에게 사랑한다고 말했다. 나중에 깨닫고 보니 이것이 그가 처음으로 아들에게 말로 사랑을 표현한 때였다. 앤드류는 눈에 눈물을 글썽이며 자기도 아빠를 사랑한다고 말했다. 조지가 아들을 꼭 끌어안자 조지 또한 눈물이 솟아올랐다. 그것은 사랑과 연민의 눈물, 이 소중한 순간에 대한 이해의 눈물이었다.

마음챙김 경청은 정말로 하나의 예술이며 이것을 계발하는 데는 연습이 필요하다. 시간을 들여 연습함으로써 당신은 자신의 습관적인 필터를 버리고, 당신이 미처 있는지도 몰랐던 깊은 메시지를 받아들이게 될 것이다. 당신이 얼마나 사람들로부터 사랑받고 있는가 하는 것도 그 메시지 가운데 하나다.

비공식 수련: 마음챙김 경청

누군가가 당신에게 말을 할 때 그에게 온전히 주의를 기울이면서 상대방의 말이 완전히 끝나기 전에 자신이 그의 말을 끊지 않는지 살펴보라.

자신의 마음이 상대방의 말을 떠나 다른 곳에 가 있지 않은지, 그날 해야 할 일에 대해 생각하고 있지 않은지, 과거의 일에 대한 후회를 하고 있지 않은지, 아니면 상대방의 말에 대한 멋진 반론을 궁리하고 있지 않은지 살펴보라. 이런 일이 있을 때 다만 그것을 알아차리고 다시 경청으로 주의를 돌려라. 자신의 말을 진정으로 들어 주고 있다고 느낄 때 상대방의 방어적인 자세 또한 누그러진다는 사실을 명심하라. 이것은 더 풍성한 대화와 연결을 위한 공간을 마련해 준다. 이것은 또한 상대방의 말을 더 충실히 받아들일 수 있도록 당신을 열어 준다. 왜냐하면 당신의 주의라는 소중한 자원이 이제 더는 당신 머릿속에서 일어나는 일에 허비되지 않아도 되기 때문이다. 이 연습을 하면 자신이 예전보다 훨씬 더 큰 생명력을 받아들인다는 것을 알게 될 것이다. 자신이 이것을 수련할 수 있는지 일종의 호기심으로 보라.

상대방이 말을 마쳤으면 당신이 응답하기 전에 호흡을 한 번 하라.

이것을 완벽하게 해내겠다는 생각은 버려라. 다만 자신이 마음챙김 경청을 하지 못할 때마다 자신을 용서하고 그 순간을 마음챙김 경청에 대한 당신의 수련을 강화할 수 있는 통찰로 생각하라. 한 번에 완벽하게 해야 한다고 생각하지 말고 계속해서 반복해야 한다고 생각하라.

합기도 커뮤니케이션

MBSR 프로그램은 모리헤이 우에시바가 만든 일본 무술 '합기도'에서 유래한 자각 훈련을 의사소통에 활용하고 있다. 평화 만들기의 기예라고 알려진 합기도는 용기, 지혜, 사랑, 그리고 연결에 기초를 두고 있다. MBSR에서 합기도의 한 속성을 가르치는 것은 사람들이 위협적이고 감정적인 스트레스 관계에 대한 습관적인 반응을 깨고 나와 상대방과 당신에게 갈등을 줄이고 해를 주지 않는 방식으로 상내방의 에너지와 융화할 수 있도록 가르치려는 것이다.

우리는 종종 우리와 가장 가까운 사람에게 가장 가혹한 경우가 있다. 우리는 너무나 자주, 우리와 가장 가까운 사람에게 아무렇지도 않게 몰아붙이다가 어느 날 갑자기 상대가 "더는 못 하겠어. 그만 할래."라고 말하는 것을 듣게 된다. 배우자, 가족, 친구, 상사, 모르는 사람 등 그 누구와의 관계에서도 우리는 우리에게 상처를 주고 받아들이기 어려운 커뮤니케이션의 수용자 입장에 놓일 수 있다. 만약 당신이 자동항법(autopilot)으로 운행하고 있으

면 당신은 쉽게 투쟁, 도피, 마비 반응으로 들어갈 수 있다. 이 사이클이 깨지지 않으면 당신의 생각, 감정, 감각은 서로 상승작용을 일으켜 마침내는 상대를 회피하거나 수동 공격적(passive aggressive)이 되거나, 아니면 자신을 희생자라고 생각하게 될 것이다. 심지어는 상대방과 직접적으로 대립하거나 그에게 공격적이 되기도 한다. 이렇게 되면 이해와 타협의 문은 곧장 닫히고 만다.

상대방의 공격을 무시하는 것은 일시적인 긴장 완화라는 수동적 전략이 될 수는 있어도 결국엔 상대방의 좌절감을 키워 나중에 당신을 다시 공격하게 될지도 모른다. 상대방을 수동 공격적으로 대하는 것은 상대방에게 큰 혼란을 안겨 주며 이것은 대개 둘 사이의 갈등을 확대시킨다. 또 상대방의 언어적 공격을 잠자코 감수하거나 자신의 입장을 정당하게 표현하지 못하고 상대방이 마음대로 휘두르도록 내버려 둔다면, 당신은 수동적인 희생자가 되어 시간이 흐르면 이것은 당신의 자아 존중감을 갉아먹어 결국 자신을 아무렇게나 대해도 되는 사람으로 여기게 된다. 이것이 순수하게 공격적인 반격 전략이 그렇게 흔한 이유다. 자신의 입장을 정당하게 표현하는 것은 기분 좋은 일이다. 왜냐하면 그것은 당신에게 일종의 자아존중감을 주기 때문이다. 게다가 이렇게 자신의 입장을 정당하게 표현하면 당신은 상대방과 연결을 맺게 된다. 비록 그것이 조율과 이해를 증진시키는 방식은 아니더라도 말이다. 그리고 우리는 타인과의 관계 속에서 성장한다.

합기도에서는 '들어가 뒤섞이기(entering and blending)'라는 특별한 신체 움직임을 통해 상대방의 공격에 능숙하게 대응한다. 이것은 당신에게도 상대방에게도 해를 주지 않는다. 이 동작은 처음에 상대방의 공격적인 행동을 중화시켜 그것을 변화시킨다. 커뮤니케이션 영역에서 이러한 접근법은 회피, 수동 공격성, 희생자 행동, 그리고 순수한 공격성에 대한 대안을 제공한다. '들어가 뒤섞이기' 커뮤니케이션은 조율과 연결로 이어지는 보다 능숙한 관계 방식이다. 합당한 자기주장(being assertive)과 유사하면서도 이것은 그것을 넘어 관계의 조화를 창조하는 데까지 나아간다. 당신이 어떻게 이 '들어가 뒤섞이기'를 실제로 성취할 수 있는지 그 세부사항을 살펴보자.

- **정렬(Align)** 합기도에서는 상대방의 공격을 피하거나 묵묵히 당하는 대신 상대와의 상호작용에 접근하여 그 속으로 들어가는 것에서부터 시작한다. 공격하는 상대가 뭔가 균형이 맞지 않고 불편하다고 느끼고 있음을 이해하는 것이 그 한 방법이다. 자신

을 상대방의 입장에 두고 만약 당신이라면 그 순간에 어떤 느낌일까를 자신에게 물어보라. 어떤 괴로움이 상대방을 지금의 어려운 상황으로 몰고 왔는지 생각해 보라. 이렇게 정렬을 할 때는 마음챙김 경청을―단지 말 자체가 아니라 말 뒤에 숨은 감정까지도―연습하는 것이 필수적이다. 상대방이 당신을 공격하는 이유를 도무지 모르겠다면 그 상황에 대한 상대방의 느낌과 생각을 진심을 다해 묻도록 한다. "당신의 관점에 대해 더 알고 싶군요. 제게 좀 더 얘기해 주시겠어요?" 이것은 당신이 자신을 더 잘 정렬할 수 있도록 명확성을 제공할 것이다. 이것은 또한 공감, 연민, 조율의 씨앗을 심는 것이기도 하다.

- **동의(Agree)** 두 사람이 동의하는 부분을 찾아내는 것이 정렬을 도울 수 있다. 두 사람은 이제 같은 방향을 보게 되는 것이다. 마음챙김 경청은 당신이 상대방의 느낌과 공감하는 걱정, 감정, 욕구를 가지고 있는지 알게 해 준다. 형식적인 공감의 옷을 입기 위해 자신에게 사실이 아닌 것을 꾸며내려고 해서는 안 된다. 상황에 비추어 당신이 상대방의 느낌을 진정으로 인정할 수 있는지를 보라. 당신은 아마 이렇게 말할 수 있을 것이다. "나도 돈 문제로 걱정하고 있어요. 돈에 쪼들리면 불안하고 신경질적이 되지요." 혹은 "그렇게 대우받았다면 나라도 화를 내겠어요." 혹은 "이렇게 된 데 대해 나 역시 실망스럽군요." 이 문장들이 모두 '나'를 주어로 하고 있다는 것에 주의하라. 오직 자신에 대해서 말하면 된다. 자신을 비난한다고 생각되면 사람은 방어적이 되기 마련이다.

- **방향 전환(Redirect)** 이것은 당신이 상대방과의 상호작용을 좀 더 긍정적인 방향으로 전환하기 시작하는 지점이다. 당신은 이렇게 말할 수 있다. "우리 두 사람 모두 상황이 이렇게 된 데 실망감을 느끼고 있군요. 상황을 개선하려면 우리가 어떻게 하면 될까요?" 당신과 상대방 두 사람은 이제 반대편에 서 있는 것이 아니라 같은 팀이 되어 상황을 해결할 방법을 함께 모색하는 것이다.

- **해결(Resolve)** 이것은 반드시 해법(resolution)을 의미하지 않는다. 이 단계에서도 당신은 앞으로 상황이 어떻게 전개될지 알지 못한다. 그러나 적어도 당신과 상대방은 서로 연결을 맺고 있고 같은 방향을 바라보고 있다. 이제 당신과 상대방은 서로 합의할 수 있는 타협안에 대해 탐색해 볼 수 있다. 아니면 합의하지 않기로 합의할 수도 있다. 당신은 이렇게 말할 수 있다. "내가 외식을 좀 적게 하면 우리 두 사람이 더 많은 시간

을 함께 보낼 수 있도록 가정부를 고용하는 것이 좋겠죠?" 당신은 단기간의 타협안을 제시하여 그것이 양측 모두에 좋은지를 계속해서 다시 살펴볼 수 있다. 서로 합의할 수 있는 지점이 없다면 문제가 무엇이고, 다시 합의할 수 있는 부분이 없는지 처음부터 살펴보는 것이 좋다.

상대방의 에너지와 정렬하겠다는 결정을 내릴 때 당신은 중심이 잡혀 있어야 하며 자신의 상태에 대해—비록 그것이 분노나 두려움이라 할지라도—알아차리고 있어야 한다. 그렇지 않고 자신이 무심코 기계적으로 반응하고 있는지 알아보는 한 가지 방법은 자신의 몸에 주의를 기울이는 것이다. 몸 어딘가가 뻣뻣하거나 긴장되어 있다면 아마도 당신은 자신의 불편감에 기계적으로 반응하고 있거나 아니면 그것을 피하거나 무시하고 있는 것이다. 이런 신체감각을, 자신에게 현재 일어나고 있는 생각과 느낌을 인정하는 하나의 단서로 이용하라. 그리고 현재 일어나고 사라지는 호흡에 리듬을 맞춰 현재 순간으로 자신을 데려오라. 자신이 중심을 잡고 현재 순간에 존재할 때 당신은 아무 생각 없이 기계적으로 반응하는 것이 아니라 더 큰 유연성과 창조성으로 응대할 수 있는 공간을 창조하게 된다. 언제나처럼, 인내하고 자신에게 연민을 가져라. 이러한 합기도 커뮤니케이션에 숙달하는 데는 시간과 훈련이 필요할 것이다. 처음에는 계속해서 두려움과 분노로 대응하는 자신을 발견할 수도 있다. 이런 일이 일어나면 다만 있는 그대로 놓아두고 자신을 '들어가 뒤섞이기' 과정에 참여하도록 초대하라.

때로 사람들이 자신의 입장을 결코 양보하지 않는 경우도 있으므로 문제에 대한 해결책이 당시로서는 없을 수도 있다는 것을 인정하는 것이 중요하다. 도대체 문제가 무엇인지에 대해서도 상대방과 합의할 수 없는 경우도 있고, 기본적인 생각 자체가 완전히 다를 수도 있다. 결국에는 서로의 차이를 인정(agree to disagree)해야 하는 경우도 생길 수 있다. 서로 감정이 격해질 때는 두 사람이 시간을 갖고 자신의 두려움과 분노를 다스린 후 마음이 안정된 다음에 다시 협상 테이블로 돌아가는 것이 아마도 최선일 것이다. 언제 상대방으로부터 물러서고 언제 상대방에게 다가가야 할지 아는 것이 때로 건강한 관계를 위해 가장 필요한 지혜일지 모른다. 물러선다는 것은 당시로서는 해결책이 없다는 사실을 알았다는 통찰의 반영일 수 있기 때문이다.

합기도 커뮤니케이션은 당신이 정렬하고, 동의하고, 방향을 전환하고, 마침내 해결하는 법을 익히도록 함으로써 합당한 자기주장(assertiveness), 심지어 자기존중감으로 자기 입장을 표현하는 것 이상으로까지 나아간다. 이것은 감정적으로 격해진 상황에서 빗겨나서(diffuse) 연결과 공감, 연민, 조화를 중요하게 생각하도록 해 준다.

탐구: 현재 자신의 인간관계에서 습관적 패턴 인식하기

앞에서 말한 커뮤니케이션 양식―회피, 수동 공격성, 피해자 행동, 직접적 공격성, 합당한 자기주장, 뒤섞이기 등―이 당신에게 친숙하게 들리는가? 다음 칸에 자신에게 해당되는 그러한 관계에 대해 적어 보자. 예를 들어, 만약 특정 사람과의 관계에서 피해자 행동을 자주 반복하는 자신을 발견했다면 이런 상호작용이 어떻게 일어나고 있는지 적어 본다. 누가 어떤 말을 하며, 어떤 생각과 느낌, 신체감각이 일어나는가? 또 어떤 결과가 생기는가? 또 특정 인물에 대해 당신이 공격적이거나 자기 주장적이 된다면 그에 관해서도 적어 보자. 자신의 커뮤니케이션 스타일을 조감하는 것은 이러한 습관적 패턴에서 벗어나는 자각력을 높여 준다.

_____

_____

_____

_____

_____

_____

당신의 바람직하지 못한 인간관계를 지속시키는 습관적 패턴을 인식하는 자각력을 키워

여러분이 변화를 일으킬 수 있는 공간을 창조하기를 바란다.

앞으로 나아가기 전에 자신의 호흡과 연결하여 자신이 배운 바를 인정하고 통합하면서 방금 적은 내용을 마음챙김으로 반추하는 시간을 갖는다.

FAQ

대인 커뮤니케이션에서 저의 두려움을 어떻게 하면 좋을까요?

우리들은 누구나 타인으로부터 받아들여지지 못하는 데 대한 두려움을 갖고 있다. 자신의 느낌에 상처를 입었거나 자신의 존재감이 없다고 느껴질 때 이런 일이 일어난다. 이렇게 두려움을 느끼거나 자신에 대한 확신이 없을 때 자신의 가슴을 열어 보이는 데는 아무래도 용기가 필요할 것이다. 이때 자신의 과거 상처를 돌보고 치유하는 시간을 갖는 것이 해결책의 중요한 일부가 된다. 마음챙김과 자기연민, 자애 수련을 하는 것은 여기에 큰 도움이 된다. 아마도 우정과 연결에 이르는 핵심 열쇠는 관심과 배려, 감정적 공명으로 깊이 있게 경청하는 능력에 있을 것이다. 우리들은 모두 누군가 자신의 말을 들어 주기를 열망하고 있다. 그리고 타인의 말을 진심으로 경청해 주는 것은 우리가 타인에게 줄 수 있는 가장 커다란 선물이기도 하다.

중요한 관계에서의 마음챙김

서로 단절되고 방어적인 태도를 취하기 쉬운 세상에서 시인이자 교사인 스티븐 레빈(Stephen Levine)은 이런 질문을 던졌다. "당신이 이제 곧 죽는다고 합시다. 당신은 딱 한 통의 전화만 걸 수 있습니다. 당신은 누구에게 전화를 걸어 무슨 말을 하고 싶습니까? 왜 그때를 기다리지요?"(Jarski, 2007, p. 123) 왜 우리는 우리가 좋아하는 사람과 우리의 감정을 나누기를 마냥 기다리고만 있는가? 오랫동안 우리 자신의 문제와 걱정에만 너무 빠져 있어서 분리의 환상이 계속해서 커가게 하는 것은 우리에게 확실히 도움이 되지 못한다. 1951년 데이비드 봄(David Bohm)은 물리학뿐 아니라 인간관계에 대한 우리의 이해를 바꿔 놓은 『양자이론(Quantum Theory)』라는 책을 썼다. 그는 우리가 원자 입자 하나를 둘로 쪼개 세계 아니 우주의 반대 방향으로 보낼 수 있다면 둘 가운데 하나의 회전이 나머지 하나의 회전을 즉각적으로 변화시킬 것이라고 말했다. 그때 이후로 '비국소성(nonlocality)'이라고 알려진 이 이론은 경험 과학에서 반복적으로 증명되었고, 우리 모두가 정말로 상호 연결적 존재라는 깨달음에 우리를 더 가까이 데려가고 있다. 그렇다면 당신의 행동에 마음챙김으로 변화를 주는 것은 당신의 일상적인 관계에 어떤 영향을 미칠까?

가장 가까운 관계에서 우리는 자칫하면 누가 나를 사랑하는 데 시간을 들였고 누가 그렇게 하지 않았는지를 일일이 따져 보는 대차대조표를 만들기 쉽다. 당신은 스스로에게 '내가 사랑하는 사람이 내가 그들에게 준 시간만큼 나에게 주었는지' 물어볼지 모른다. 이것은 아주 공평한 질문처럼 보일지 모르지만 이것은 원한과 분리의 씨앗을 뿌리는 행위다. 당신이 주변의 인간관계를 이런 식으로 보게 되면 당신은 수동 공격적 방식으로, 그들이 당신을 정말로 사랑하는지 실험하는 것이다. 때로 이것은 당신 자신의 어두운 실재를 창조하는 것으로 이어진다. 당신이 문제를 찾게 되면서 당신은 스스로 감정적으로 거리감을 두어 관계에 쐐기를 박아 버린다. 자기만의 걱정과 원한에 사로잡힌 당신은 그에 걸맞게 반응하게 된다. 설령 상대방은 전혀 그렇게 느끼고 생각하지 않는 경우에도 말이다.

마음챙김은 이런 상황을 역전시키는 열쇠다. 심리학자 제임스 카슨(James Carson)과 그의 동료들(2006)의 흥미로운 실험에서는 연인관계의 커플들이 변형 MBSR 프로그램에 참여했다. 이 프로그램은 대인 마음챙김 기술을 키우기 위한 것이었다. 프로그램 평가 결과, 여기 참가한 커플들은 그렇지 않은 커플들보다 두 사람의 관계에서 더 큰 수용력과 행복을 느꼈다. 그리고 모든 친밀한 관계에서 일어나게 마련인 스트레스 상황에 대처하는 능력도 더 뛰어났다. 한 가지 분명한 이유는 마음챙김이 공감력을 키워 준다는 것이다. 공감력은 상대방에 대한 더 큰 이해와 연결로 이어진다. 사람은 자기가 이해받고 있고 연결을 맺고 있다고 느끼면 기계적인 반응이 잦아든다. 관계에서 마음챙김을 하고 있을 때 우리는 거기서 일어나는 어떠한 두려움이라도 더 잘 알아차릴 수 있다. 이러한 자각력으로 우리는 회피, 굴복, 맞서 싸움으로 반응하지 않고 자신의 가슴을 여는 선택을 할 수 있다.

자신의 가슴을 여는 것이 두렵다면, 당신만 그런 것이 아니라는 사실을 기억하라. 많은 사람들이 다양한 이유로 그렇게 느낀다. 당신이 어렸을 때 부모가 당신을 잘 보살펴 주지

않았을 수도 있다. 그것이 고통스러웠던 당신은 모든 친밀한 인간관계가 그런 패턴을 따를 것이라고 두려워하게 된다. 아니면 당신의 가슴이 너무나 많이 부서져서 다시 한 번 거부당하거나 버림받는 것을 두려워하게 되는 수도 있다. 취약하게 되는(vulnerable) 위험을 무릅쓰기보다 당신은 배우자나 친구에게 사랑을 표현하는 것을 피하게 된다. 이처럼 두려움은 당신이 진정으로 원하는 관계를 맺는 것을 방해한다.

탐구: 당신은 왜 사랑하는 것 혹은 사랑받는 것을 두려워할까?

사랑하고 사랑받는 것에 대한 우리의 자동적 방어 자세에는 무수히 많은 요인들이 작용하고 있다. 어릴 적 당신의 부모님이 당신의 느낌을 인정해 주지 않아 당신은 자기 느낌을 중요하게 생각하지 않는 방식으로 거기 적응했을 수도 있다. 아니면 과거에 많은 상처를 입어 다시 또 상처받는 것에 대한 두려움을 갖고 있을 수도 있다. 자신의 가까운 인간관계를 떠올려 보고 무엇이 지금 당신이 가슴을 열고 느낌을 표현하는 것을 방해하고 있는지 찾아보라.

_____

_____

_____

_____

_____

아마도 이 탐험에서 여러분은 두려움이라는 벽이 가슴에 이르는 여러분의 길을 가로막고 있다는 것을 깨닫게 될 것이다. 자신에 대한 연민의 마음을 키우기를, 그리고 마음챙김 수련을 통해 두려움이 왔다 갈 수 있는 공간을 창조하며, 사랑이 여러분 안에 깃들게 허용할 수 있는 자유를—만약 여러분이 그렇게 하기로 선택한다면—경험하게 되기를 바란다.

앞으로 나아가기 전에 자신의 호흡과 연결하여 자신이 이 탐험에서 배운 바를 인정하고 통합하면서 방금 적은 내용을 마음챙김으로 반추하는 시간을 갖는다.

직장에서의 마음챙김

여러분이 이번 장에서 읽고 연습해 본 내용은 모두 직장생활에도 적용할 수 있다. 우리는 깨어 있는 시간의 대부분을 직장에서 보내고 있으며, 직장은 우리의 일상적인 대인관계가 주로 일어나는 곳이다. 일이 커다란 스트레스가 될 수 있고 그것 때문에 '어려운 사람들'을 대하는 데에서도 참을성이 없어진다고 하는 것은 이제 더 이상 비밀이 아니다. 전체 인구의 3분의 2 이상이 일이 자신의 스트레스 정도에 중대한 영향을 주고 있다고 말하며(American Psychological Association, 2004) 스트레스 관련 소송비용만 해도 연 3천억 달러에 이른다고 한다(American Institute of Stress, 2009). 많은 사람들이 점점 더 적은 시간에 더 많은 일을 해낼 것을 요구받고 있는 상황에서 사람들은 지치고 산만하며 비생산적이 되고 건강하지 못하며 소진하고 만다.

우리가 직장에서의 평상적인 일을 하게 될 때 우리는 그것을 자동조종 상태로 하기가 쉽다. 그 사실을 인식하지도 못한 채 말이다. 때로 생산성과 마감일에 대한 지나친 강조 때문에 우리가 지금 상대하고 있는 것이 자기 말을 들어 주고 존중받기를 원하는 사람이라는 사실을 곧잘 잊곤 한다. 32세의 소프트웨어 기술자인 조가 그런 사례다. 그는 상사에게 느낀 긴장감 때문에 직장에 가는 것이 두려웠다. 상사는 늘 조에게 일일보고서를 독촉했다. 조는 마지못해 상사의 요구에 응하면서도 상사의 사무실에 불려갈 때마다 긴장과 초조를 느꼈다. 겉으로는 상사의 말을 듣는 척했지만 속으로는 다른 생각을 했다.

결국 이 스트레스 때문에 조는 마음챙김 프로그램을 찾아왔다. 마음챙김을 자신의 삶에

서 실천하기 시작하면서 조는 이것을 직장에도, 그리고 상사와의 관계에도 적용할 수 있겠다고 생각했다. 이러한 깨달음만으로도 조는 왜 자신이 상사를 그렇게 귀찮아하는지에 대한 더 많은 가능성에 마음을 열 수 있었다. 조는 상사가 그의 삶에서 자기만의 실망과 상실, 상처를 갖고 있다고 생각하자 상사는 조에게 더 인간적으로 다가왔다. 조는 진심으로 상사의 말에 귀를 열었고, 그러자 그는 상사가 지시하는 내용이나 지시하는 방식이 실은 상사가 맡은 직무의 스트레스 때문이라는 것, 그리고 자기를 괴롭히는 것으로만 보였던 행동이 실은 실적에 대한 상사의 두려움 때문이라는 것을 알게 되었다. 그 이후로 조는 전과 다르게 행동했다. 그렇게 중대한 임무를 떠맡은 상사를 존경한다고까지 말할 수 있게 되었다. 상사는 조에게 고마움을 표시한 후 최근 어머니가 암 때문에 입원과 퇴원을 반복하고 계셔서 마음이 무척 뒤숭숭하다는 사실을 털어놓았다. 조는 상사에게 공감과 자애의 마음을 느꼈다. 그리고 상사의 건강과 행복, 안전을 마음속으로 빌어 주었다. 그날 이후로 조는 상사의 사무실로 들어갈 때에도 몸에 긴장을 느끼지 않았으며 호흡은 안정되어 있었다. 심지어 때로 상사에게 미소를 지어 보이기도 했고 상사가 자신과의 관계에서 즐거움을 느끼고 있다는 사실도 알게 되었다.

직접 해 보기 혹은 안 해 보기

해 보기 우리는 사람들이 자신의 마음을 잘 알고 있겠거니 생각하지만 사실 그렇지 않은 경우가 더 많다. 앞에서 알아본 자신이 사랑하고 사랑받는 것에 두려움을 느끼는 사람에 대해 지금 그 사람과 접촉하거나, 건설적이고 연민으로 그에게 당신의 느낌을 알려 줄 시간을 잡아 보라. 그리고 직접 만나서 혹은 전화나 이메일로 그 사람에 대한 당신의 느낌을 알려 주라. 두려움이 관찰된다면 그 존재를 인정하고 다만 있는 그대로 내버려 두라. 이것은 어려운 작업일 수 있다. 그러니 이것을 하는 동안 자신에게 친절하라. 당신은 할 수 있다.

안 해 보기 때로 우리는 상대방과의 해결책을 모색하는 것이 좋은지 아니면 그냥 내버려 두는 것이 좋은지 분별해야 할 때가 있다. 때로 직접 이야기를 나누는 것이 좋을 때가 있고 그렇지 않은 경우도 있다. 만약 그냥 내버려 두는 것이 좋다고 판단되는 경우에는 자기 안의 평화를 만드는 것이 무엇보다 중요하다. 상대방에게 직접 해결책에 대해 말하지 않아도 해결되는 수가 있다. 그것은 당신 자신의 가슴 안에서 일어날 수도 있다. 그 사람과의 직접 접촉이 당신에게 이로울지 그렇지 않을지를 곰곰이 생각해 보라.

어려운 사람에 대한 마음챙김

아무리 노력해도 어려운 사람이 있게 마련이다. 그러나 그들을 단념하기 전에 위대한 영적 스승들은 우리에게 어려운 사람이 최고의 스승이라고 말했다는 사실을 기억하기 바란다. 그것이 잘 이해되지 않는다면 이렇게 생각해 보라. 여러분이 반응하고 있는 불편함에 친밀해지지 않으면 여러분은 결코 완전하게 자유롭거나 사랑을 주는 존재가 되거나 유연하지 못할 것이라고 말이다. 어려운 사람은 당신의 혐오감을 관찰하고 더 넓고 유연한 대인 마음챙김을 계발할 훌륭한 기회를 당신에게 제공하는 것이다. 어떻게 하면 회피하거나 수동 공격적이 되거나 희생자로 느끼거나 직접적으로 공격적이 되지 않고, 힘든 상호작용을 자신의 불편함을 자각하는 기회로 삼을 수 있을까 생각해 보라. 이런 사람에 대해서는 합기도 커뮤니케이션 기술을 연마할 수 있다. 정말로, 이런 사람들은 당신을 안전지대 바깥으로 몰아세움으로써 당신의 기술 연마를 자극하기도 한다. 우리의 차이점에도 불구하고 인간으로서 경험하는 공통점이 있음을 기억하라. 우리 모두는 사랑하고 사랑받기를 원한다. 자신의 선입견이나 습관적인 행동양식에서 한 발 물러나 이 사람 역시 자기만의 상처와 상실, 실망을 안고 살아가는 동료로 바라보라. 어려운 사람과의 상호작용을 괴롭다고 생각하지 말고, 자애를 계발하고 대인 마음챙김을 수련할 수 있는 기회로 생각하라. 물론 그것이 쉬운 일은 아니지만 그것은 매우 가치 있는 일이다.

수련 계획과 리뷰

이제 여러분은 일주일에 적어도 닷새는 이 워크북에서 배운 모든 명상 수련에 대한 스케줄을 잡을 수 있게 되었다. 그리고 1주일에 1회, 자신의 수련을 리뷰하는 시간도 갖도록 한다.

- **공식 수련**
☐ 마음챙김 호흡
☐ 걷기 명상
☐ 바디스캔
☐ 앉기 명상
☐ 마음챙김 요가
☐ 스트레스와 불안 해소를 위한 마음챙김 자기탐구
☐ 자애명상

이제 여러분은 일상에 통합할 수 있는 아홉 가지의 비공식 수련을 갖게 되었다.

- **비공식 수련**
☐ 마음챙김 듣기
☐ 일상생활에서의 자애명상
☐ RAIN
☐ 습관 알아차리기
☐ 통증 알아차리기
☐ STOP
☐ 마음챙김의 여덟 가지 태도를 자신의 삶에 가져오기
☐ 마음챙김을 일상생활에 적용하기
☐ 마음챙김 먹기

공식 수련 기록하기

　공식 수련을 할 때마다 다음 기록지를 작성한다. 기록지를 작성하고 지난주의 수련을 되돌아보면서 자신의 수련이 어떻게 진행되어 가고 있는지 생각해 본다. 자신에게 맞는 어떤 패턴이 나타났는가? 어떻게 하면 자신의 수련을 지속하는 데 도움이 되는 변화를 줄 수 있는가?

날짜 / 공식 수련의 종류	시각	이번 수련 동안 일어났던 생각, 감정, 감각 / 나중에 어떻게 느꼈나

비공식 수련 되돌아보기

매일 적어도 한 가지의 비공식 수련에 대해 돌아보는 시간을 갖는다. 이를 통해 자신의 비공식 수련을 깊게 하는 데 도움을 받을 수 있다.

수련 종류	상황	수련 전에 관찰한 것	수련 후에 관찰한 것	무엇을 배웠나

Chapter 10

마음챙김 먹기, 운동, 휴식, 연결의 건강한 습관

The healthy path of mindful eating,
exercise, rest, and connection

A Mindfulness-Based Stress Reduction Workbook

앞의 장에서 여러분은 다양한 마음챙김 공식 및 비공식 수련들이 여러분이 스트레스와 불안, 고통에 직면해 있더라도 더 큰 평안과 자유, 평화를 계발하게 도와줄 수 있는지 살펴보았다. 이번 장에서는 마음챙김이 어떻게 정신적, 정서적으로뿐만 아니라 신체적으로 최적의 삶을 사는 데도 반드시 필요한 것인지 알게 될 것이다. 인간은 한곳에 가만히 머물며 지내는 동물이 아니다. 우리는 두 발 달린 움직이는 동물로서 돌봐 줘야 하는 몸을 가지고 있다. 인간의 몸은 건강과 안녕을 유지하기 위해 적당한 음식과 운동, 휴식을 필요로 한다. 그리고 우리는 사회적 동물이기 때문에 타인과의 연결 또한 매우 중요하다.

마음챙김을 자신의 생활양식과 신체적 웰빙에 가져가는 것은 불안과 스트레스 완화의 중요한 일면이다. 스트레스와 불안이 있으면 자신을 돌보는 데 필요한 에너지가 축나게 된다. 여러분은 아마도 자신의 즉각적인 필요를 충족하기 위해 건강에 좋지 않은 음식, 잘못된 식습관, 운동과 수면 부족, 타인과 연결을 맺는 데 시간을 들이지 않는 것 등 다양한 응급처방에 의존하고 있는지 모른다. 이런 방법들이 단기적으로는 도움을 줄 수 있지만 이 모두가 장기적으로는 여러분의 건강과 웰빙에 부정적인 영향을 줄 것이며 스트레스와 불안을 증가시킬 것이다.

마음챙김 먹기 다시 보기

우리는 생존하기 위해 음식을 필요로 한다. 음식보다 더 중요한 것으로는 오직 산소와 물이 있을 뿐이다. 음식을 준비하고 먹는 것은 우리 삶의 매우 필수적인 부분이라는 사실을 상기한다면 여기에 마음챙김을 적용하지 않을 이유는 없다. 장 보고 음식을 준비하는 과정은 마음챙김의 훌륭한 대상이 될 수 있다. 음식의 색감과 질감, 향기를 제대로 받아들이고 조리 과정의 매 시점마다 다른 다양한 냄새와 질감을 알아차려라. 손에 쥔 조리도구의 느낌

도 느껴 보고 스토브 위에 올려놓은 팬에서 나는 지글거리는 소리에도 귀를 기울여 보라. 또 다양한 영양성분들이 어떻게 조리 과정을 통해 변화를 겪고 하나의 최종 요리에서 서로 합쳐지는지도 알아차려 보라. 심지어 조리 과정에 자애의 마음을 가져가 이 음식을 먹는 모든 사람의 건강과 안녕을 빌어 주는 그러한 의도와 사랑으로 음식을 준비할 수도 있을 것이다. 조리하는 사람의 에너지가 음식에 전달된다고 생각하는 사람도 있다. 이것이 사실이건 아니건 이러한 접근법으로 손해 볼 일은 없을 것이다. 아무것도 도움이 되지 않는다 하더라도 적어도 여러분의 마음챙김은 커질 수 있을 테니 말이다.

여러분이 대부분의 사람과 같다면 여러분의 마음은 음식을 먹을 때 텔레비전이나 컴퓨터, 책이나 신문, 대화, 기억, 생각과 미래에 대한 계획 등 다른 곳에 가 있을 것이다. 여러분 입안에 집어넣고 있는 음식에 대해 거의 알아차리지 못하고 있는 것이다. 그 결과로 여러분은 음식을 제대로 즐기지 못하게 되고 그 결과 필요 이상으로 과식을 하게 된다. 또한 넋 놓고 먹는 것, 성급하게 먹는 것은 신체적으로 문제를 일으킬 수도 있다. 신경성 위장으로 고생하는 사람들 중 많은 이가 자신들이 음식을 좀 더 오랫동안 좀 더 천천히 씹어 먹으면 불편함의 강도나 빈도가 많이 완화된다는 것을 알고 있다.

자신의 몸이 정말로 배가 고픈지 그렇지 않은지 자신의 몸의 소리에 귀를 기울여라. 정말로 배가 고프다고 하면 이제 무슨 음식을 먹을 것인가를 주의 깊게 선택하라. 그리고 먹을 때는 씹는 것, 맛보는 것, 삼키는 것에 주의를 기울이며 또한 언제 그만 먹어야 할지에 대해서도 주의를 기울여라. 그리고 배고픔이 아닌 다른 이유로 뭔가를 먹고 싶을 때가 있는지도 주의 깊게 알아차려라. 어떤 정서적인 이유 때문에 음식을 먹고 있다면 음식으로 자신을 달래기보다 그 감정에 마음챙김 자기탐구를 시도해 보라. 즉각적인 처방—에너지 상승이나 기분 전환—으로 음식을 먹고 있다면 그 상황과 건강하지 못한 습관에 기름을 붓고 있는 느낌을 이해할 수 있도록 다시 한 번 마음챙김 자기탐구를 고려해 보라. 당신이 에너지를 필요로 한다면 음식이 아니라 휴식이 정답일 수도 있다.

기초적인 차원에서 신체는 끊임없이 자신을 다시 만들어 가고 있으며, 음식은 이 과정을 위한 연료와 원재료를 공급한다. "당신은 곧 당신이 먹는 것이다."라는 옛 경구는 우리가 정크푸드나 패스트푸드를 선택할 때 생각해 보아야 할 지혜다. 우리가 몸에 인공 감미료나 빈 칼로리를 제공하면 몸은 자기를 다시 만들어 가는 작업을 제대로 할 수 없게 된다. 무엇이 가장 이상적인 식단인가에 대해 많은 철학들이 있으며, 우리는 이것을 살펴보고 우리가 먹는 음식이 우리의 건강에 미치는 영향에 대해 생각해 보아야 할 것이다. 또 우리는 서로 모두 다르다. 1956년 생화학자 로저 윌리엄스(Roger Williams)는 『생화학적 개별성 (Biochemical Individuality)』이라는 책을 써서 우리는 모두 유전적, 생화학적으로 다르다는 견해를 제시했다. 그런 관점에서 볼 때 우리는 해부와 신진대사에 있어서도, 그리고 필요로 하는 영양성분에 있어서도 모두 다르다고 할 수 있다. 이때 마음챙김은 당신에게 가장 알맞은 음식을 선택하는 데에서도 크게 도움을 준다. 마음챙김 먹기를 수련하면서 당신이 먹는 음식이 당신에게 어떻게 영향을 주고 있는지를 알아차려 보라. 특정 음식을 먹은 다음 기분이 더 좋아지는가 아니면 나빠지는가? 더 많은 에너지를 갖게 되는가 아니면 에너지가 쑥 빠져 버리는가? 당신에게 불편한 증상을 일으키는 특정 음식은 없는가? 위장 증상뿐 아니라 심장박동이나 현기증, 두통 등 다양한 증상들이 특정 음식 때문에 일어날 수 있다.

비공식 수련: 마음챙김 먹기 다시 보기

1장에서 우리는 건포도 먹기라는 공식 마음챙김 수련에 대해 알아보았다. 건포도 먹기 수련에서 여러분은 음식과 관련된 감각 체험의 전체 스펙트럼―음식의 맛뿐 아니라 외관, 향기, 질감, 심지어 소리까지도―을 관찰해 보았다. 이제 우리는 그러한 방식을 지금 여러분의 식탁에 올라와 있는 음식을 키우고 여기까지 가져오는 데 관련된 모든 사람과 과정에 대한 자각과 감사를 가져가는 것으로까지 확장시킬 것이다. 첫 한입을 베어 물기 전에 그 음식을 재배한 농부, 운반한 트럭 기사, 그리고 식료품점에서 일하는 사람들을 떠올려 보라. 자신이 직접 조리하지 않았다면 당신을 위해 음식을 만드는 데 시간과 사랑을 쏟은 사람에게도 감사를 보낸다. 더 나아가 태양과 땅, 물, 공기에 감사한다. 이것들이 있음으로 해서 이 음식이 만들어졌고 그것은 또 당신이라는 존재의 토대가 되어 준다. 식사를 시작하기 전에 이런 식으로 음식에 대해 생각해 보는 것은 정말로 축복의 행위이다. 첫 한입을 베어 물기 전에 틱낫한이 제안한 다음 기원을 해 보기를 권한다(Deer Park Monastery, 2009).

● 내가 지구, 하늘, 그리고 모든 살아 있는 생명체와 그들의 엄청난 노력의 선물로 이 음

식을 받으며 그들의 노력으로 이 몸과 마음에 영양분을 공급받을 수 있음에 감사하기를……

- 내가 이 음식을 받을 만한 존재가 되도록 마음챙김과 감사의 마음으로 식사하기를……
- 나의 건강하지 못한 습관적 행동, 특히 탐욕을 인식하고 변화시켜 절제하며 음식을 먹을 수 있기를……
- 살아 있는 존재의 고통을 덜어 주고 지구를 보호하며 지구온난화의 과정을 역전시킬 수 있는 방식으로 식사함으로써 나의 연민이 살아 있는 것이 되기를……
- 타인에게 봉사하는 나의 힘을 키울 수 있도록 내가 이 음식을 받아들이기를……

이제 준비가 되었으면 음식을 입으로 가져가면서 입을 벌리고 음식을 입안에 집어넣는다. 그런 다음 어떤 일이 일어나는지 주의 깊게 지켜보라. 입 안에서 느껴지는 음식의 느낌은 어떤가? 어떤 생각이나 판단, 이야기가 마음속에 떠오르는가? 그렇다면 부드럽게 그것을 인정한 다음 음식을 씹을 때 일어나는 직접적인 감각으로 주의의 초점을 이동시킨다. 그 맛을 직접 관찰하라. 그것은 단가, 신가, 텁텁한가, 쓴가 아니면 다른 맛인가? 입 안에서 느껴지는 질감은 부드러운가, 오도독 씹히는가, 거친가, 아니면 잘 씹히지 않는가? 계속 씹으면 씹을수록 맛이 변화하는가? 첫 한입 먹은 음식이 어떻게 사라지는지, 어떻게 그것을 삼키게 되는지 관찰하라. 일어나는 그대로 관찰하고 있는 그대로 내버려 두라.

헨리라는 남자의 재미있는 이야기가 있다. 그는 건포도를 주머니에 넣고 다니다가 심심할 때면 한 움큼씩 입에 털어 넣는 사람이었다. 그는 평생 동안 이런 식으로 음식을 먹어 왔다. 그에게 건포도 먹기 수련을 소개하자 그는 건포도 한 알에도 많은 굴곡과 빛이 있다는 것, 그리고 건포도를 깨물 때 자신의 귀 바로 옆에서 들리는 톡 터지는 소리도 들을 수 있게 되었다. 또 건포도 냄새도 알게 되었다. 이 모든 것이 그에겐 신기했다. 그런데 그가 건포도를 입에 집어넣고 씹기 시작하자 예상하지 못한 일이 일어났다. 그것은 자신이 건포도 맛을 그리 좋아하지 않는다는 것을 알게 된 것이다. 그는 오랫동안 심심하면 건포도를 입안에 털어 넣는 사람이었지만 이번에 이렇게 마음챙김으로 건포도를 먹게 되자 자신이 건포도 맛에 진정으로 주의를 기울이지 않고 있었다는 통찰에 이르게 되었다. 결국 헨리는 자신이 실제로는 건포도를 좋아하지 않는다는 발견을 하고는 실소를 금치 못했다.

우리 모두는 때로 이와 비슷한 일들을 한다. 우리가 먹는 음식에 대해서 우리가 얼마나 자각하지 못하고 있는지 알면 참으로 놀랍다. 우리가 먹는 음식에 마음챙김을 가져감으로써 우리는 우리가 좋아하는 음식, 우리의 건강에 도움이 되는 음식을 선택할 수 있고, 그것이 자신을 돌보는 행위임을 알게 될 것이다.

탐구: 감정적 먹기에 대한 이해

당신이 어릴 때 기분이 좋지 않거나 몸이 아프면 사람들이 당신에게 먹을 것을 주었을 것이다. 여러분이 좋아하는 음식이나 과자를 엄마나 아빠가 여러분에게 주었던 따뜻한 기억이 있을 것이다. 이제 성인인 여러분에게도 분노, 슬픔, 불안, 혼란 같은 강한 감정이 일어나면 여러분은 음식에 의존할지도 모른다. 자신의 기분이 음식을 먹는 패턴과 어떤 관계가 있는지 살펴보라. 위안을 위해 의존하는 음식이 있는가? 화가 나고 슬프고 불안하고 혼란스러울 때 당신이 선택하는 각각의 음식에 차이가 있는가? 당신의 기분과 먹는 패턴 사이의 어떠한 관계라도 다음에 적어 보자. 또 특정 상황이나 어떤 상호작용에 대응하여 음식을 먹는지도 생각해 보자.

_____

_____

_____

_____

_____

_____

_____

자신의 기분에 따라 당신이 언제, 무엇을 먹는가에 영향을 받는다는 것에 대해 생각해 보는 것만으로 당신은 불편한 감정 때문에 아무 생각 없이 혹은 건강에 좋지 않은 방식으로 식사하려는 충동에 대해 그 순간에 자각할 수 있다. 그 순간에 당신은 당신의 반응을 선택할 수 있다. 빅터 프랭클이 말한 것처럼, 그 반응 속에 당신의 성장과 자유가 있다.

앞으로 나아가기 전에 당신이 이번 탐험으로부터 배운 바를 연민으로 돌아보고 인정하고 통합하는 시간을 갖는다.

마음챙김 운동

인간은 몸을 움직이도록 태어난 역동적인 유기체다. 스트레스와 불안에 대한 접근에 운동을 포함시킴으로써 자기 존재의 이러한 측면을 축복하는 것은 중요하다. 실제로 신체 운동은 최고의 스트레스 완화제로 스트레스 호르몬의 생산을 줄이고 엔도르핀이라고 하는 기분 좋은 신경전달물질의 생산을 증가시킨다. 무리하지만 않는다면 우리들 대부분은 운동 후에 기분이 좋아진다. 몸을 움직이는 데 재미를 느끼면서도 그것이 당신의 건강에도 좋다는 것이 멋지지 않은가? 철칙 하나는 매일 땀이 날 만큼 활발히 몸을 움직이라는 것이다. 때로, 마음챙김이 모든 것을 천천히 하는 것이라는 오해가 있다. 실제로 마음챙김은 천천히 하는 것이 아니라 어떤 행동을 하더라도 다만 그것을 알아차리고 있는 상태를 말한다. 그러므로 천천히 걸을 때도 마음챙김을 할 수 있고 단거리 경주를 할 때도 마음챙김을 가지고 달릴 수 있다.

앞에서 이야기한 것처럼 '요가'는 '묶어 맨다' '몸과 마음을 한데 묶는다'는 뜻이다. 마음챙김을 모든 신체 활동에 가져가는 것은 분명히 이익을 줄 것이다. 보디빌더이자 영화배우, 정치가인 아놀드 슈워제네거는 "마음을 딴 데 둔 채 한 가지 운동을 스무 번 하는 것보다 단 한 번 하더라도 마음을 챙기며 하는 것―특정 근육의 움직임에 온전히 몰입하는 것―이 훨씬 더 좋은 결과를 낳는다"고 말했다(Moore & Stevens, 2004, p. 34). 물론 당신이 마음챙김을 운동에 적용하면 당신이 어떤 활동을 하든 이익을 극대화할 수 있고 몸을 과도하게 사용하거나 제대로 사용하지 못하는 것에 관한 몸의 지혜에 귀 기울일 수 있다는 사실을 알기 위해 반드시 아놀드 슈워제네거처럼 울퉁불퉁한 근육을 가져야 하거나 그렇게 되기를 바라야 하는 것은 아니다.

다만 마음챙김 걷기나 마음챙김 요가에 대해 했던 것처럼 어떤 운동이나 신체 동작에라도 마음챙김을 적용하라. 동작 중인 신체에 현존할 때 자신을 더 즐기게 된다는 사실을 발견할 것이다.

비공식 수련: 마음챙김 운동

일상생활에서 알아차림을 지니고 몸을 움직일 수 있는 방법은 무척 많다. 스트레칭, 달리기, 요가, 기공, 태극권, 수영, 스노클링(숨대롱[스노클]을 이용하여 잠수를 즐기는 스포츠), 수상스키, 스쿠버다이빙, 아이스스케이팅, 행글라이딩, 자전거, 노 젓기, 스키, 배드민턴, 라크로스(하키 비슷한 구기), 체조, 스노보드, 카누, 필라테스, 축구, 춤, 풋볼, 탁구, 테니스, 하키, 하이킹, 헬스장이나 집에서 운동하는 것 등이 있다. 실로 수천 가지의 몸을 움직이고 건강을 유지하는 방법이 있다. 여러분이 1주일 동안 그 어떤 형태의 운동이라도 선택하여 해 보기를 권한다. 그리고 걷기를 간과하지 않아야 한다. 특별한 장비나 비용도 들지 않는 걷기는 간단하면서도 효과적이다. 게다가 언제, 어디서나 할 수 있다.

탐구: 운동에 대한 저항 처리하기

자리에서 일어나 움직이는 게 힘든가? 더 자주 운동을 해야겠다는 생각은 있지만 운동에 대한 저항감이 생기는가? 이렇게 당신이 운동하는 것을 방해하는 요인은 무엇인가? 자신의 몸, 생각, 감정 등 어떤 것이든 자신이 몸을 움직이는 것을 방해하는 요인에 대해 생각해 보

라. 이번에는 반대로, 운동하기가 수월한 시간대나 상황이 있는가? 아니면 당신이 좀 더 활동적이 되도록 해 줄 수 있는 좋은 방법이 생각나는가? 친구와 함께 운동을 하면 더 쉬울 수도 있고, 자신이 이미 하고 있는 다른 활동과 운동을 연결시키면 더 지속적으로 운동을 할 수도 있다.

_____

_____

_____

_____

_____

_____

운동에 대해서는 자신이 소화해 낼 수 있는 운동량에 대해 스스로에게 물어 보는 것이 때로 도움이 된다. 자신의 적정 운동량이 어떤 것이든 그것보다 약간 적게 운동하라. 이렇게 하는 이유는 몸이 정말로 운동을 할 수 있다고 마음이 믿게 만들어 운동에 대한 저항을 줄이려는 것이다.

더 나아가기 전에 잠시 멈춰서 이 탐구에서 지금까지 배운 것을 따뜻하게 성찰하고 인정하고 통합하는 시간을 갖는다.

휴식이라는 선물

자연은 우리에게 균형에 대해 가르친다. 낮에는 날마다 빛이 있고, 밤에는 날마다 어둠이 찾아온다. 낮과 밤은 제 나름의 방법으로 이 세계를 유지시키는 기능을 한다. 오직 햇볕만 있거나 오직 암흑만 있다면 생명체가 살아갈 수 없을 것이다. 전도서 3장 1절의 지혜가 여기에 해당한다. "모든 일에는 다 때가 있다. 세상에서 일어나는 일마다 알맞은 때가 있다." 움직임을 위한 시간을 마련하는 것이 중요한 것처럼, 가만히 멈춘 상태를 위한 시간을 마련하는 것도 필수적이다.

자신이 운동을 너무 많이 하고 있는 것은 아닌지 스스로에게 물어 보는 것이 중요하다. 명상을 처음 하는 사람은 명상 도중 자주 잠에 떨어진다고 말한다. 간혹 회피가 그 원인일 수도 있지만 대부분의 경우 그 원인은 피로다. 몸의 필요에 귀를 기울이지 않으면 활동과 휴식의 자연스러운 사이클과의 접촉을 잃기 쉽다. 당신은 명상 방석을 보고는 앉아서 명상 해야 한다고 생각할지 모른다. 하지만 내면의 더 현명한 목소리는 이렇게 말하고 있다. "머리를 누이고 잠을 청하는 것이 낫지 않을까?" 자신의 더 깊은 목소리에 귀를 기울여, 필요하다면 휴식을 취하는 것이 좋다. 단잠을 자고 난 다음에 당신은 명상을 더 잘하게 될 것이니까.

비공식 수련: 휴식이라는 선물

1일 스케줄과 달력을 활동 계획을 세우는 데만 사용하지 말고, 아무것도 하지 않을 것을 스스로에게 상기시키는 데도 활용하라. 의사와의 약속 시간을 정하는 것과 마찬가지로 왜 '아무것도 하지 않는' 것은 스케줄을 잡지 않는가? 때로 아무것도 하지 않고, 아무 곳에도 가지 않으며, 사람들을 위해 스위치를 켜두지 않아도 된다는 것은 매우 치유적인 경험이다. 아무것도 하지 않는 것은 다양한 형태를 취할 수 있다. 낮잠을 잘 수도 있고, 침대에 좀 더 일찍 들 수도 있으며, 의자에 앉아 창밖을 내다볼 수도 있다. 또 침묵을 지키거나 바닥에 누워 다리를 들어올릴 수도 있다. 전화, 라디오, 컴퓨터, 스테레오 같은 온갖 전자기기를 끄고 다만 고독과 무위 속에서 얼마간 시간을 보내는 것을 즐겨라. 자연과 좀 더 연결하고 싶으면 오후 시간을 야외에서 보내거나 바닷가를 거닐거나 아니면 호숫가, 시내, 산, 사막, 숲 등 어떤 조용한 자연 환경에서라도 계획을 세워 보라. 이런 환경에 있으면 자신에게 어떤 일이

일어나는지 살펴보는 시간을 가져라. 자녀가 있다면 베이비시터를 두어 당신과 당신의 파트너가 아무것도 하지 않으며 보내는 시간을 갖도록 하라. 당신은 놀랄 것이다. 당신이 휴식을 취한다고 해도 세상은 무너지지 않는다는 것에 말이다.

탐구: 휴식에 대한 저항 처리하기

활동을 멈추고 휴식을 취하는 것이 쉽지 않은가? 좀 더 자주 쉬어야겠다고 생각은 하면서도 그것이 잘 되지 않는가? 휴식을 방해하는 장애물에 대해 생각해 보라. 그 장애물 가운데 자신의 몸과 생각, 감정 등 어디서든 일어나는 것을 탐구해 보라. 반대로 휴식하기가 더 쉬운 때나 상황이 있는가? 아니면 더 자주 휴식을 취할 수 있게 해 주는 좋은 방법이 떠오르는가? 아마도 주변 사람들에게 도움을 부탁할 수도 있을 것이다. 집 정리를 도와달라든지 아니면 당신이 더 편안한 마음으로 휴식을 취할 수 있도록 주변 사람들 역시 편하게 휴식을 취하도록 격려하는 것도 방법이 될 수 있다.

우리 문화는 어떤 대가를 치르고서라도 활동적이고 생산적이어야 한다고 말한다. 이런 상황에서 '아무것도 하지 않는' 것은 뭔가 잘못된 것처럼 보일지 모른다. 그러나 그렇더라도 이것이 우리의 정신건강에 도움을 주는 의미 있고 생산적인 활동이라고 생각하라. 때로 이렇게 잠시 휴식을 취하는 것은 당신의 몸과 마음이 원하고 있던 바로 그것일 수 있다.

다음으로 나아가기 전에 이번 탐험에서 당신이 배운 바에 대해 연민으로 반추하고 인정하고 통합하는 시간을 갖는다.

연결: 우리는 섬이 아니다

우리가 이 세상에 혼자 왔다가 홀로 떠나는 것이긴 해도 우리들 대부분은 사회적 동물로서 생존하기 위해 서로를 필요로 한다. 우리가 창조한 세상을 한번 둘러보라. 끝없는 도로와 커뮤니케이션 장비는 우리를 연결시키고, 농업에서 교육, 과학, 기술에 이르는 수많은 시도들도 그렇다. 인간은 지지와 상호작용, 학습, 성장을 서로에게 의존한다. 광대한 우주는 그 끝을 알 수 없고, 그러므로 지금으로서는 지구상의 우리 동료들이 우리가 가진 전부다.

웰빙의 가장 깊고 만족스러운 성질은 사랑하고 사랑받는 것이다. 그리고 실제로, 사랑과 연결감이 신체건강에 필수적이라는 것을 보여 주는 연구물이 증가하고 있다. 심장병 회복의 기념비적인 방법을 개발한 심장전문의 딘 오니시(Dean Ornish) 박사는 사랑으로 맺어진 연결의 중요성에 관한 책『사랑과 생존(Love and Survival)』(1999)에서 사랑을 주고 받는 것, 그리고 다른 사람과 연결을 맺는 것이 건강과 웰빙을 증진시키며 수명을 연장시키고 병에 대한 저항력을 키워 준다는 것을 보여 주는 수많은 연구물을 인용했다. 한 흥미로운 연구에서, 애완동물이나 식물을 돌보는 요양원 환자가 그렇지 않은 환자들보다 더 오래 살았다는 결과를 발표했다. 또 다른 연구들은 의미 있는 인간관계를 맺고 자신의 삶이 목적이 있다고 생각하는 사람들이 더 오래, 더 행복하게 살았다는 사실을 보여 주었다. 또 지역사회에 자신이 가진 것을 기부하는 사람, 영성과 연결을 맺는 사람도 그렇지 않은 사람들보다 더 오래 살았다.

마음챙김과 명상의 내적 여행을 떠나는 당신은 자신과 더 좋은 연결을 맺게 될 것이며

더 큰 이해와 연민으로 자신을 바라보게 되고 당신의 목적, 열정, 의미와 더 많이 접촉하게 될 것이다. 자신과의 이러한 연결은 타인과 깊고 참된 관계를 맺는 중요한 출발점이자 탄탄한 토대가 된다.

연결은 우리의 인간관계를 넘어 동료 인간들에게까지 확장된다는 사실을 이해하라. 이것이 8장에서 우리가 배운 자애명상이 주는 선물 가운데 하나다. 자애명상은 확장된 자각과 우주의 모든 생명체들과 맺는 연결을 계발시켜 준다. 그러나 이 명상은 바로 당신, 당신의 가슴, 세계 속 당신의 자리에서부터 시작된다. 우리 모두는 이 세계에 자기만의 자리를 갖고 있다. 그리고 그 안에서 기쁨을 찾는 것은 아주 멋진 일이다. 유명한 사람이 되거나 사람들이 대단하게 생각하는 일을 해야만 하는 것은 아니다. 야망 그리고 성취와 인정에 대한 추구는 끝이 없으며, 자만심을 키워 결국에는 더 큰 고통으로 이어지는 경우도 많다. 자신의 목적을 찾고, 평화를 찾는 방법은 바로 자신의 가슴을 들여다보는 것이다. 아이작 뉴턴(Sir Isaac Newton)은 이렇게 말했다. "너 자신의 영혼과 평화를 이루라. 그러면 하늘과 땅도 너와 평화를 이룰 것이다. 네 속에 있는 보물창고로 진심을 다해 들어가라. 그러면 거기서 천국에 있는 물건들을 보게 될 것이다. 왜냐하면 그 둘 모두로 들어가는 문은 오직 하나밖에 없기 때문이다. 천국으로 올라가는 사다리는 너의 영혼 속에 숨겨져 있다. 네 속으로 뛰어들라. 그러면 천국으로 오르는 계단을 네 영혼 속에서 발견하게 될지니."(Oman, 2000, p. 251)

비공식 수련: 마음챙김 연결

인간은 사회적 동물이다. 타인 및 더 큰 세계, 우주와 맺는 관계의 날콤함은 우리의 삶을 풍요롭게 해 준다. 연결이 깊어짐에 따라 당신은 이 주고받음의 상호놀이에서 기쁨을 찾게 될 것이다. 이 놀이에서는 실제로 누가 주고 누가 받는지가 신비스러울 정도다.

당신이 연결을 키우기 위해 할 수 있는 일이 많이 있다. 가족이나 친구, 아니면 아무에게나 요즘 어떻게 지내고 있는지 진심을 다해 물어 보고 그의 말에 귀를 기울여 보라. 누군가가 자기 말을 들어 주고 이해해 주는 것을 싫어하는 사람은 아무도 없다. 누구나 '자신이 이해받고 있다는 느낌'을 갈구한다. 아니면 모르는 사람을 포함하여 그 누구에게라도 격의 없는 친절의 행위를 베풀어 보라. 아동이나 노인 등 도움이 필요한 사람들에게 자원봉사 도움을 줄 수도 있다. 세상을 더 나은 곳으로 만드는 기구에 당신의 시간과 노력을 기부할 수도 있다. 또 애완동물을 키우거나 정원을 가꾸거나 아니면 쓰레기를 주울 수도 있다. 세상과 세상에 사는 존재들과 연결하는 달콤함을 느껴라. 그들에게 아무것도 원하거나 기대하지 말고 말이다.

직접 해 보기

　　당신은 주변과 얼마나 연결되어 있다고 느끼는가? 당신과 대부분의 시간을 함께 보내는 사람은 당신을 지지해 주는가, 그렇지 않은가? 당신을 지지해 주는 사람들의 목록을 마음속에서 만들어 보고 그들의 이름을 적어 보라. 그리고 그들과의 연결을 증대시킬 수 있는 방법을 찾아보라. 그들 중 누군가에게 전화를 걸어 만날 약속을 잡거나 아니면 단지 대화를 나누어도 좋다. 사랑하는 사람에게 편지나 이메일을 보낼 수도 있다. 친구나 가족에게 산책을 가자고 청해도 좋고, 아이와 놀아 줄 시간을 마련하는 것도 좋다. 아니면 개를 산책시키고 고양이를 어루만져 주는 시간을 가져도 좋다. 지금 당장 이것을 해 보라. 아니면 달력에 스케줄을 잡아 보라.

탐구: 연결에 대한 저항감 처리하기

　　당신이 연결을 갈망하더라도 때로 자신이 금지 당하고 있다고 느끼거나 저항감을 느낄 수 있다. 무엇이 당신이 자신과 타인, 세상과 연결 맺는 것을 방해하고 있는가? 연결하려고 할 때 두려움을 느끼는가? 타인과 세계로부터 자신을 격리시키는 구실을 만들지는 않는가? 자신의 몸과 생각, 감정 등에서 일어나는 어떤 것이라도 탐험해 보라. 반대로, 연결을 맺기 위해 혹은 연결을 더 깊게 하기 위해 이미 하고 있는 것은 무엇인가? 이런 연결 방법들을

더 키워 갈 방법은 무엇인가? 연결을 경험할 때 당신의 몸과 마음은 어떤 느낌을 갖는가?

_____

_____

_____

_____

_____

_____

우리가 아는 한 가지는 정신건강의 중요한 측면 하나가 타인과의 건강한 관계를 만드는 것이라는 점이다. 그러나 때로 우리 자신의 벽과 장막이 연결을 방해한다. 타인과 연결을 맺는 과정을 탐험하는 시간을 갖는 것 자체가 자신에 대한 하나의 선물임을 알게 되기를.

나아가기 전에 자신이 이번 탐험에서 배운 바를 연민으로 반추하고 인정하고 통합하는 시간을 갖는다.

FAQ

명상, 건강한 식사, 운동, 휴식, 연결 외에 더 나은 삶을 살기 위해 할 수 있는 일이 없을까요?

때로 당신은 더 좋은 위치에 도달하기 위해 더 많은 것들을 해야 한다는 부담감을 느낄 것이다. 따라서 당신이 무엇을 하든 충분하지 않다고 느낀다. 우리의 마음이 더 많은 일을 하고자 습관적으로 애쓰는 것은 흔히 있는 일이다. 그것은 커다란 스트레스의 원천이 된다. 그러나 이러한 습관을 관찰한 순간, 당신은 그것에 현존하게 되고 다시 한 번 마음챙김을 하고자 스스로 선택할 수 있다. 지나치게 애쓰지 않는(nonstriving) 태도를 시도해 보고, 더 좋은 삶을 위해 자신이 이미 하고 있는 어떠한 수련이라도 해 보라. 붓다는 무엇이 진실이고 진실이 아닌지를 자기의 직접적인 경험을 통해서 스스로 알라고 말하였다. 만약 당신이 건강한 생활양식으로 살고 있다면 당신에게 무엇이 진실인지 알 것이다. 건강하지 못한 삶을 살고 있다면 또한 무엇이 당신에게 진실이 아닌지를 알 것이다. 자신의 직접 경험이 지닌 지혜를 신뢰하라.

당신은 얼마나 스트레스를 받고 있습니까?

10장까지 온 것에 축하를 보낸다. 이 책과 함께한 여행을 통해 여러분은 다양한 공식 및 비공식 수련으로 마음챙김 삶을 계발했다. 이런 시간의 선물을 자신에게 허용한 스스로에게 감사하는 시간을 잠시 갖자. 이 책을 시작했을 때 여러분은 여러분의 주요 스트레스 원인을 33쪽 목록으로 작성하고 그것들이 일으키는 스트레스 정도에 점수를 매겨 보았다. 마음챙김 수련을 지속적으로 하기 위한 계획을 수립하는 11장으로 넘어가기 전에 우선 앞에서 당신이 적어 놓은 스트레스 원인을 다시 살펴보고 지금 그것에 어떻게 대처하고 있는지 헤아려 보라.

이것 자체가 마음챙김의 과정이 되도록 하라. 성급하게 점수를 매기기 전에 잠시 호흡하면서 자신의 몸에 체크인하는 시간을 갖는다. 그런 다음 각각의 스트레스 원인에 대해 생각해 보고 자신이 정말로 그것에 대해 이전과 다르게 느끼는지 아니면 크게 다를 바가 없는지 알아본다. 새로운 스트레스 원인이 생겨 났다면 그것을 스트레스 요인 목록에 추가하고 점수를 매겨 보라.

수련 계획과 리뷰

이제 여러분은 일주일에 적어도 닷새는 이 워크북에서 배운 모든 명상 수련에 대한 스케줄을 잡을 수 있게 되었다. 지금부터 1~2주에 걸쳐 자신의 달력에 수련 스케줄을 기록하라. 다양한 수련법을 복합적으로 섞어서 해도 좋다. 그리고 1주일에 1회, 자신의 수련을 리뷰하는 시간도 갖도록 하라.

● **공식 수련**
□ 마음챙김 호흡
□ 걷기 명상
□ 바디스캔
□ 앉기 명상
□ 마음챙김 요가
□ 스트레스와 불안 해소를 위한 마음챙김 자기탐구
□ 자애명상

이제 여러분은 일상에 통합할 수 있는 다양한 비공식 수련을 갖게 되었다.

● **비공식 수련**
□ 마음챙김 연결   □ 휴식이라는 선물
□ 마음챙김 운동   □ 마음챙김 듣기
□ 일상생활에서의 자애명상   □ RAIN
□ 습관 알아차리기   □ 통증 알아차리기
□ STOP
□ 마음챙김의 여덟 가지 태도를 자신의 삶에 가져오기
□ 마음챙김을 일상생활에 적용하기
□ 마음챙김 먹기

공식 수련 기록하기

공식 수련을 할 때마다 다음 기록지를 작성한다. 기록지를 작성하고 지난주의 수련을 되돌아보면서 자신의 수련이 어떻게 진행되어 가고 있는지 생각해 본다. 자신에게 맞는 어떤 패턴이 나타났는가? 어떻게 하면 자신의 수련을 지속하는 데 도움이 되는 변화를 줄 수 있는가? 이제 향후 수개월 동안 자신의 수련을 기록하고 리뷰하기 위해 기록지를 몇 장 복사해 활용하는 것도 좋다.

날짜 / 공식 수련의 종류	시각	이번 수련 동안 일어났던 생각, 감정, 감각 / 나중에 어떻게 느꼈나

비공식 수련 되돌아보기

매일 적어도 한 가지의 비공식 수련에 대해 돌아보는 시간을 갖는다. 이를 통해 자신의 비공식 수련을 깊게 하는 데 도움을 받을 수 있다. 공식 수련과 마찬가지로 이 기록지를 몇 장 복사하여 향후 지속적으로 활용하면 좋다.

수련 종류	상황	수련 전에 관찰한 것	수련 후에 관찰한 것	무엇을 배웠나

수련 지속하기

Keeping up your practice

이 워크북을 끝까지 마친 데 대해 축하를 보낸다. 이것이 끝인 것처럼 보여도 실은 새로운 삶의 빙식에 한 걸음 더 다가간 깃일 뿐이다. 마음챙김은 당신이 지금 여기서 경험하고 있는 어떠한 것에도 다만 면밀한 주의를 기울이는 데서 시작된다. 그것은 한 순간에 한 번씩의 호흡을, 그리고 삶을 체험하는 것이다.

이 책에서 여러분은 다양한 공식 및 비공식 마음챙김 수련에 대해 배웠다. 또한 마음챙김을 여러분 삶의 일상적인 활동에 엮어 넣는 방법에 대해서도 알아보았다. 수련을 지속함에 따라 여러분은 더 깊은 수준의 통찰과 연민을 계발하게 될 것이며 자신의 건강과 웰빙의 관리에 보다 적극적이고 효과적인 역할을 할 수 있게 될 것이다. 매일의 삶에서 현재 순간에 주의를 기울이는 것이 이 과정에서 중심적인 역할을 하게 된다. 스트레스 상황을 더 빨리 자각하고 그것에 마음챙김할수록 여러분은 예의 기계적인 반응과 마음의 덫에서 더 빨리 풀려날 수 있을 것이다. 이것은 새로운 가능성과 더 현명한 대응에 문을 열어 준다. 이러한 자각을 계발하는 최상의 방법은, 가능한 한 많이 그리고 지속적으로 공식 및 비공식 마음챙김을 수련하는 것이다. 마음챙김은 언제든 가능한 것임을 잊지 마라. 자신이 현존하지 못하고 있다는 것을 깨닫는 바로 그 순간 여러분은 다시 한 번 현존하게 된다. 이렇게 간단한 것이다.

마음챙김 수련을 지속하고 성장할 수 있도록 도움을 줄 수 있는 조직과 일정이 있다. 공식, 비공식 수련을 지속하기 위한 몇 가지 팁을 소개한다.

- **첫째 달** 다음 몇 페이지에서 우리는 여러분이 다음 한 달 동안 여러분의 수련을 탐험하고 계획 세우는 것을 도와줄 것이다. 자신이 공식 및 비공식 수련 중 어떤 것에 초점을 맞출 것인지, 자신의 수련 스케줄을 잡고, 리뷰에 대한 스케줄도 잡는다.
- **첫째 달 이후** 첫째 달 이후에는 그날 자신에게 가장 적당하다고 생각되는 어떠한 수련이라도 자유롭게 선택하여 수련하도록 한다.

- **워크북 리뷰** 준비가 되면 초심자의 마음으로 이 워크북을 처음부터 다시 읽어 본다. 각 수련의 새로운 측면을 발견하게 될 수도 있고, 자료에 대해 새롭게 이해하게 되는 부분이 있을지 모른다. 이 책을 다시 읽는 것만으로도 수련에 대한 전념을 크게 뒷받침해 줄 것이다.

- **공동체** 비슷한 생각을 가진 지지 집단과 연결하는 것은 아무리 강조해도 지나치지 않다. 책 뒤의 정보(Resources)란에 지역 마음챙김 그룹을 찾는 데 도움이 되는 정보를 수록했다. 그리고 이 워크북의 내용에 초점을 맞춘 온라인 마음챙김 커뮤니티(www.mbsrworkbook.com)에 참여하는 것도 좋다.

탐구: 자기만의 공식 수련의 길 창조하기

마음챙김은 개인적인 여행으로 어떤 특정 수련법이 다른 것들보다 당신에게 더 큰 울림을 줄 수 있다. 여러분이 이 책에서 배운 다음 공식 수련 목록을 읽고 그것에 대한 자신의 경험을 탐험하고 비교해 보라. 과거 수련 기록지를 참고하여 어떤 수련이 자신에게 더 맞는지를 알아볼 수도 있다.

공식 수련

- 마음챙김 건포도 먹기
- 마음챙김 체크인
- 마음챙김 호흡
- 걷기 명상
- 바디스캔
- 앉기 명상
- 마음챙김 눕기 요가
- 스트레스와 불안 해소를 위한 마음챙김 자기탐구

- 마음챙김 서서 요가
- 자애명상

마음챙김은 간단해 보이지만 이제 여러분은 마음챙김이 노력과 규율을 요하는 수련이라는 것을 알게 되었을 것이다. 예의 습관적인 행동에 빠져 자동조종 상태로 삶을 살기가 무척 쉽다. 수련을 지속하면서, 혹시 수련하지 않고 시간을 보내는 자신을 발견하더라도 자신에 대한 사랑과 연민의 감정을 가질 필요가 있다. 바로 그 순간에 다시 한 번 현존하게 된다는 사실을 기억하라. 수련을 새롭게 하는 데 자신을 초대하라.

공식 수련 세팅하기

지금부터 한 달 동안 2~3개의 수련을 선택하여 그것을 여러분의 달력에 표시해 두라. 자신이 가장 좋아하는 수련이나, 자신에게 더 쉽게 다가오는 수련을 강조하는 것이 좋다. 그러나 자신의 수련 과정을 심화, 확장시키는 방법으로 때로 다소 어려운 수련을 해 보는 것도 좋다. 그리고 주 단위 수련 리뷰 계획도 세우라. 이것은 당신이 좀 더 수련에 전념할 수 있게 해 주며 또한 어떤 수련이 당신에게 가장 효과가 있는지, 불안과 스트레스를 줄이고

연민을 계발하는 데 어떤 리듬이 당신에게 가장 도움이 되는지 결정할 수 있도록 해 주는 피드백을 제공할 것이다. 책을 계속해서 읽기 전에 지금 바로 이번 주 여러분의 수련 스케줄을 잡으라.

탐구: 자기만의 비공식 수련의 길 창조하기

공식 수련이 개인적인 여행인 것과 마찬가지로 여러분은 비공식 수련에 대해서도 자신에게 좀 더 맞는 것이 있다는 것을 알았을 것이다. 이 책에서 여러분이 배운 비공식 수련 목록을 다시 한 번 훑어보고 그것에 대한 여러분의 경험을 탐구하고 비교해 보라. 어떤 수련을 집중적으로 하는 것이 좋은지 결정하기 위해 여러분의 비공식 수련 기록지를 참고할 수도 있을 것이다.

비공식 수련

- 마음챙김 먹기
- 마음챙김을 일상생활에 적용하기
- 마음챙김의 여덟 가지 태도를 자신의 삶에 가져오기
- STOP
- 통증 알아차리기
- 습관 알아차리기
- RAIN
- 일상생활에서의 자애명상
- 마음챙김 듣기
- 마음챙김 먹기 다시 보기
- 마음챙김 운동
- 휴식이라는 선물

● 마음챙김 연결

_____

_____

_____

_____

_____

_____

_____

마음챙김을 수련할 수 있는 기회는 언제나 여러분 근처에 있다. 마음챙김을 자신의 일상생활에 통합함으로써 여러분은 일상의 무미건조한 틀을 깨고 나와 경이로움으로 들어가는 길을 발견할 수 있다. 이렇게 함으로써 여러분은 평범한 것을 지극히 비범한 어떤 것으로 바꿀 수 있다. 리처드 칼슨(Richard Carlson)이 『사소한 것에 목숨 걸지 마라(Don't Sweat the Small Stuff – And It's All Small Stuff)』(1997)라는 책에서 말했던 것처럼 여러분은 (마음챙김을 통해) 좋은 시절에 더 자연스럽게 감사하는 자신, 그리고 더 어려운 시기에는 우아하게 지내는 자신을 발견할 것이다. 마음챙김을 여러분의 삶의 모든 측면에 가져가는 것을 계속해서 잊지 않기를.

비공식 수련 지속하기

이 책에 소개된 비공식 수련을 여러분의 일상생활에 지속적으로 엮어 넣으라. 자신에게 가장 울림이 있고 이로움이 있는 수련을 강조하라. 그것은 앞에서 탐험해 본 것으로 알 수 있을 것이다. 이것을 토대로 자기만의 비공식 수련을 창조하라. 또한 비공식 수련을 일상의

모든 활동에 적용할 수 있다는 것을 유념하라. 우리가 정말로 현재 순간밖에 살 수 없다는 것을 안다면 왜 지금 바로 온전히 현재 순간에 존재하지 않는가? 그렇게 하기 위해서는 다만 자신의 감각에 맞추고 일어나는 어떠한 생각이나 감정이라도 다만 알아차려라. 여기 몇 가지 예가 있다.

- 목욕을 하는 경우라면 물의 온도, 비누와 비누거품의 질감을 느껴 보라. 여러분 주위에 맴돌고 있는 향기와 거품이 터지는 소리, 물 튀는 소리 등 일어나는 어떠한 소리라도 알아차린다. 색깔, 형태, 질감의 측면에서 당신에게 보이는 것은 무엇인가? 생각이나 기억, 감정이 일어나는가? 그렇다면 그것이 어떠한 것이더라도 다만 인정하고 있는 그대로 내버려 두라. 그러고는 부드럽게 목욕하는 현재 순간으로 자신을 되가져온다.
- 음악을 듣고 있다면 일어나고 사라지면서 변화하는 소리의 리듬을 듣고 느껴 본다. 음악과 연관되어 일어나는 신체감각이나 생각, 감정 등 그 어떠한 것이라도 다만 알아차린다.
- 친구와 함께 있다면 친구의 말에 마음챙김 하면서 귀를 기울일 것을 의도적으로 선택하라. 마음이 방황하면―틀림없이 그럴 것이다―이것을 인정하고 있는 그대로 놓아 두고 다시 부드럽게 친구의 말을 경청하는 데 마음을 돌린다.

어떤 활동은 스트레스 완화에 크게 도움이 될 수 있다. 운동, 따뜻한 욕조에 몸 담그기, 웃기, 일기 쓰기, 요가, 걷기, 정원 가꾸기 등이 그것이다. 완전한 목록은 아주 길 것이며 그것은 사람에 따라 매우 다를 수 있다. 골프가 매우 편안한 사람도 있고, 전혀 그렇지 않은 이도 있다. 어떤 사람은 음악이 편안하다고 하는 반면 어떤 사람은 정신 사납다고 한다. 어떤 활동이 여러분의 스트레스 감소에 도움이 되는지를 결정할 때 마음챙김을 적용하라. 그리고 그런 활동을 다른 활동보다 더 많이 하라. 그 활동들에 마음챙김을 적용하면 이익을 두 배로 늘릴 수 있을 것이다. 짐작하듯이 우리는 또한 여러분이 여러분의 비공식 수련에 대해 지속적으로 마음챙김을 가지고 고찰할 것을 권한다. 이렇게 하면 수련의 이익을 극대화시킬 수 있다. 여러분의 지속적인 수련을 만들어 가는 데 있어서 다음과 같은 활동을 마음챙김을 수련할 수 있는 기회라고 생각하라.

□ 욕조에 몸 담그기

□ 물건 수집(우표, 조개껍질 등)

□ 재활용이나 기부용으로 쓸 수 있는 오래 된 물건 정리하기

□ 조깅과 걷기

□ 음악 듣기

□ 웃기

□ 타인의 말 경청하기

□ 독서

□ 공예(세라믹, 목공예 등)

□ 친한 친구와 저녁 보내기

□ 하루의 활동 계획하기

□ 헬스장 가기 혹은 에어로빅 하기

□ 요리, 빵 굽기, 음식 준비하기

□ 집 물건 수리

□ 자동차나 자전거 수리하기

□ 사랑이 담긴 타인의 말과 행동 알아차리기

□ 옷을 입고 벗기

□ 이른 아침 혹은 밤의 고요함 알아차리기

□ 식물이나 정원 가꾸기

□ 수영

□ 낙서

□ 팀 스포츠 하기

□ 연 날리기

□ 모닝 커피나 차 마시기, 신문 읽기

□ 뜨개질, 크로셰 뜨개질, 퀼트

□ 풀장의 물 빼기(shooting pool)

□ 옷 차려입기

□ 박물관이나 미술 갤러리 탐방

□ 낱말 퍼즐 등 퍼즐 하기

□ 인터넷 서핑

□ 촛불이나 불 바라보기

□ 라디오 청취

□ 외식을 하거나 커피 마시기

□ 마사지 해 주고 받기

□ "사랑해."라고 말하기

□ 스키

□ 카누, 래프팅

□ 볼링

□ 춤

□ 수족관의 물고기 구경

□ 말 타기

□ 암벽 등반

□ 한 번도 해 보지 않았던 것 하기

□ 조각 그림 맞추기

□ 애완동물과 놀기

□ 가구 재배치

□ 아이 쇼핑하기

□ 목욕탕 가기

□ 샤워하기

□ 집 청소

□ 빨래 개기

□ 친구나 가족과 이야기 나누기

□ 오토바이 타기

□ 사랑 나누기

□ 혼자 혹은 여럿이서 노래 부르기

☐ 꽃꽂이

☐ 해변가 가기

☐ 긍정적인 생각 관찰하기

☐ 아이스스케이트, 롤러스케이트, 롤러블레이드 타기

☐ 배 타고 항해하기

☐ 스케치, 회화 등 미술 활동

☐ 자수, 십자수 뜨기

☐ 낮잠이나 휴식을 위해 자리에 눕기

☐ 자동차 운전

☐ 들새 관찰

☐ 이성과 시시덕거리기

☐ 악기 연주

☐ 누군가를 위한 선물 준비

☐ 하이킹, 활기찬 걷기

☐ 글쓰기

☐ 일하기

☐ 관광

☐ 정원 가꾸기

☐ 미장원 가기

☐ 테니스 같은 라켓 스포츠하기

☐ 키스

☐ 아이들과 애완동물이 뛰어노는 것 보기

☐ 연극이나 콘서트 보러 가기

☐ 백일몽

☐ 음악 감상

☐ 가구 표면 다시 손질하기

☐ 해야 할 일 목록 작성하기

☐ 자전거 타기

☐ 자연에서 시간 보내기

☐ 건강에 좋은 음식 먹기

☐ 끈적거리며 맛있고 금지된 음식 먹기

☐ 사진 찍기

☐ 낚시

☐ 즐거운 일 생각하기

☐ 별 보기

☐ 혼자 있기

☐ 일기 쓰기

☐ 편지나 개인적 이메일 쓰기

☐ 피크닉 가기

☐ 친구와 점심 먹기

☐ 카드나 기타 게임하기

☐ 사진이나 슬라이드 보고 보여 주기

☐ 설거지하기

FAQ

제 수련이 시들해지고 있어요. 어떻게 하면 다시 명상에 전념할 수 있을까요?

수련을 지속하는 데 중요한 요인은 자신이 규칙적으로 수련할 때 얼마나 상태가 좋아지는지를 계속해서 자각하는 것이다. 그 밖에 자신에 대한 연민을 가지려고 노력한다. 그리고 자신이 현존하지 못하고 있다는 것을 깨닫는 순간 여러분은 현존하게 되며 여러분의 수련은 그 순간 다시 시작된다는 것을 잊지 마라. 삶의 소중함과 나약함에 대해 생각해 보는 것도 좋고, 자신이 무엇을 기다리고 있는지 스스로에게 물어보는 것도 좋다. 당신은 지금 당신이 원하는 삶을 살고 있는가? 이러한 태도는 고대 불교어인 팔리어의 강력한 단어 '삼베가(samvega)'라는 단어에 아름답게 집약되어 있다. 이 단어는 죽음이 언제든 찾아올 수 있다는 것을 깨달을 때 우리가 수련의 중요성을 절박하게 알게 된다는 의미다. 지금 바로 가장 중요한 것이 무엇인지 스스로에게 물어보라. 만약 당신이 더 큰 자유와 평화를 경험하고 싶다면, 규칙적인 마음챙김 수련이 그 안으로 들어가는 문을 열어 줄 것이다.

수련 심화시키기

때로 마음챙김 명상 집중 수련에 참가하는 것도 좋은 방법이다. 하루에서 1주일, 길게는 한 달 이상씩 다양한 기간을 선택해서 수련할 수 있다. 일상의 마음챙김 수련이 핵심이기는 하지만 명상 집중 수련 또한 당신의 수련을 깊이 있게 만들 수 있는 훌륭한 방법이다. 연중 집중 수련을 제공하는 훌륭한 명상센터로 캘리포니아 우더커(Woodacre)에 있는 스피릿록 (Spirit Rock)과 매사추세츠 배레(Barre)에 있는 통찰명상협회(Insight Meditation Society)가 있다. 이들 센터에 대한 더 자세한 내용은 책 뒷부분의 참고자료를 참조하기 바란다.

결어

매일의 마음챙김 수련 속에서 여러분은 여러분이 언제 스트레스를 받는지 더 재빨리 발견하여 더 신속하게 균형을 회복할 수 있다. 특히 힘든 하루를 보냈다면 단 1분의 마음챙김이라도 커다란 평정을 안겨 줄 수 있다. 또 당신이 자주 과거나 미래의 어느 곳에 가 있다면 당신의 일상생활의 아주 많은 소중한 순간들을 놓치게 된다는 사실도 유념하라. 중요한 것은 우리가 지금 – 여기에 존재하는 것이다. 왜냐하면 지금 – 여기야말로 삶이 전개되는 곳, 우리가 삶을 사는 유일한 곳이기 때문이다.

여러분이 균형감각을 키우고 마음챙김 수련을 여러분 자신의 것으로 만들었으면 하는 것이 우리의 바람이다. 빅터 프랭클의 말을 기억하라. "자극과 반응 사이에는 공간이 존재한다. 그 공간에는 우리의 반응을 선택할 수 있는 우리의 힘이 있다. 우리의 반응에는 우리의 성장과 자유가 있다."(Pattakos, 2008, p. viii)

여러분이 자신과 모든 살아 있는 존재들,
우주를 위해 연민을 수련하기를.
모든 존재가 평화롭기를.

후기

현재 지구상에서는 1초에 평균 1.8명씩이 죽어 가고 있습니다. 1분이면 108명, 하루면 15만 명, 1년이면 5,500만 명입니다. 아무리 마음챙김을 많이 수련하여 스트레스를 줄인다 하더라도 그것이 나와 여러분을 이 피할 수 없는 운명에 합류하는 것을 막지는 못할 겁니다. 그러나 정신을 확 깨게 하는 이 숫자들의 울림에 잠시 머물고 있자니 이런 사실이 다가옵니다. 오늘, 바로 지금, 바로 이 순간, 나와 여러분이 살아 있다는 사실 말입니다. 정말 대단한 일 아닌가요. 그러나 우리는 살아 있음을 당연하게 여기거나 아니면 그 사실을 잊고 삽니다.

이 책 MBSR 워크북은 그 사실을 일깨워 주는 알람과 같은 책입니다. 몇 번이고 반복해서 밥 스탈과 엘리샤 골드스테인은 우리에게 살아 있음의 본질적인 실재를 기억할 것을 요구합니다. 그들은 우리에게 이번 생의 모든 순간들을 보고 듣고 만져 보고 맛보고 냄새 맡고 인식하라고 초대합니다. 메리 올리버가 "야생의 소중한 삶"이라고 표현한 이 삶, 데렉 월콧이 "축복하라"고 일깨워 준 이번 삶을 말입니다. 끊임없이 우리의 근본적인 깨어 있음과 타고난 인간적 자질을 일깨우고자 하는 삶의 그 모든 통일성과 복잡성 속에서의 삶을 말입니다.

이런 것을 일깨워 주는 이 책은 우리의 소중한 자산입니다. 저자들의 체험에 토대를 둔 이 책은 책의 마지막 페이지를 훌쩍 넘어 더 먼 곳으로 우리를 데려가는 힘과 가능성을 지닌 방법을 우리에게 제공했습니다. 이 책으로 수련을 하면서 여러분은 아마도 알아차림, 자각의 길이란 결코 완결되는 법이 없다는 것을 알았을 것입니다. 저는 여러분이 마음챙김이라는 모험에 강한 매력을 느끼기를 바랍니다. 이 책은 그 여정에 소중한 동반자가 될 수 있습니다. 우리는 이 책이 주는 교훈을 오래오래 탐험하고 우리의 삶에 통합할 수 있을 것입니다. 왜냐하면 이 책이 우리 자신과 우리가 함께 삶을 나누는 사람들에 대해 그리고 모든 빛과 어둠이 깃든 세상의 경이와 아름다움에 대해, 온전히 깨어 있는 법을 가르쳐 주는, 잘 연구된 접근법을 제공하기 때문입니다.

우리가 우리의 기계적인 반응과 조건화된 몸과 마음의 상태에 자비로움으로 주의를 기울이는 법을 배우는 과정에서 이 책은 그 속에서 마음껏 돌아다닐 수 있는 넉넉한 공간을 제공하고 있습니다. 그러한 개방성은 우리에게 분명한 봄(앎), 정직의 발현, 그리고 생의 도전에 더 현명하게 반응하는 체현된 능력을 격려할 것입니다. 밥과 엘리샤는 독자들에게 넉넉한 공간을 제공하면서도 분명한 메시지를 전하고 있습니다. 두 사람은 우리들의 깊이와 폭 모두를 신뢰하고 있습니다. 그래서 빅터 프랭클의 다음과 같은 통찰을 우리들 스스로 발견하도록 격려합니다.

자극과 반응 사이에는 공간이 존재한다.
그 공간에는 우리의 반응을 선택할 수 있는 우리의 힘이 있다.
우리의 반응에는 우리의 성장과 자유가 놓여 있다.

수천 가지 방법으로 이 책은 바로 그 공간을 가리키고 있습니다. 이제 나머지 작업은 온전히 우리들의 몫입니다.

사키 산토렐리
의학 부교수
이사, 스트레스 완화 클리닉
미국 MBSR 본부(CFM) 대표
매사추세츠 의과대학

참고자료

mindfulness audio

Mindfulness Meditation CDs by Bob Stahl

To purchase or listen to a sample of these CDs, visit www.mbsrworkbook.com or www.mindfulnessprograms.com/mindful-healing-series.html. You can also purchase them at Amazon.com.

- *Opening to Change, Forgiveness, and Loving-Kindness*
- *Working with Chronic Pain*
- *Working with Neck and Shoulder Pain*
- *Working with Back Pain*
- *Working with Insomnia and Sleep Challenges*
- *Working with Anxiety, Fear, and Panic*
- *Working with High Blood Pressure*
- *Working with Heart Disease*
- *Working with Headaches and Migraines*
- *Working with Asthma, COPD, and Respiratory Challenges*
- *Body Scan and Sitting Meditation*
- *Lying and Standing Yoga*
- *Impermanence and Loving-Kindness Meditation*

Mindfulness DVD by Bob Stahl. Ph.D.

- *Mindful Qigong and Loving-Kindness Meditation*

Mindful Solutions CDs by Elisha Goldstein, Ph.D.

For more information or to purchase these CDs, visit www.mbsrworkbook.com, elishagoldstein.com, or drsgoldstein.com. You can also purchase them at www.amazon.com.

- *Mindful Solutions for Stress, Anxiety, and Depression*

- *Mindful Solutions for Addiction and Relapse Prevention (coauthored with Stefanie Goldstein, Ph.D.)*
- *Mindful Solutions for Success and Stress Reduction at Work.*
- *Mindful Solutions for Adults with ADD/ADHD (by Lidia Zylowska, MD)*

mindfulness resources

Mindfulness-Based Stress-Reduction Programs

Mindfulness-Based Stress Reduction programs abound throughout the United States as well as internationally. If you're interested in joining a program near you, check out the regional and international directory at the Center for Mindfulness at University of Massachusetts Medical School's website: www.umassmed.edu/cfm/mbsr.

Mindfulness Meditation Centers and Weekly Sitting Groups

To find mindfulness meditation centers and weekly sitting groups in the United States, consult the following websites, which also offer lists of international meditation centers:
- For the West Coast, www.spiritrock.org
- For the East Coast, www.dharma.org

Online Mindfulness Programs

- If you're interested in joining a live online community focused on the content in this workbook, go to www.mbsrworkbook.com.
- If you would like to participate in a self-directed, multimedia, and interactive "Mindfulness, Anxiety, and Stress Program," by Bob Stahl and Elisha Goldstein, please go to: www.aliveworld.com/shops/mh1/mindfulness-Anxiety-and-Stress.aspx.
- If you can't find a local MBSR program or meditation center or group, consider participating in an online mindfulness-based stress reduction program with Steve Flowers: steve@mindfullivingprograms.com or www.mindfullivingprograms.com.
- Online Mindfulness Classes: www.emindful.com

Mindfulness Websites

- *A Mindfulness-Based Stress Reduction Workbook* website: www.mbsrworkbook.com
- Bob Stahl's website: www.mindfulnessprograms.com
- Elisha Goldstein's websites: www.drsgoldstein.com, www.elishagoldstein.com
- Center for Mindfulness at University of Massachusetts Medical School website: www.umassmed.edu/cfm
- Mind and Life Institute website: www.mindandlife.org
- Mindful Awareness Research Center (MARC) website: marc.ucla.edu

- Mindsight Institute website: www.mindsightinstitute.com
- www.mindfulnesstogether.com
- Insight LA website: www.insightla.org
- eMindful website: www.emindful.com

organizations and internet resources for stress and anxiety

Anxiety Disorders Association of America

www.adaa.org

The mission of this nonprofit organization is to promote the prevention, treatment, and cure of anxiety disorders and to improve the lives of all people who suffer from them.

The Anxiety Panic Internet Resource

www.algy.com/anxiety

This web-based resource offers forums and good information on anxiety and panic.

Obsessive-Compulsive Foundation

www.ocfoundation.org

This is the top website for through information on obsessive compulsive disorder.

additional reading

Mindfulness Meditation

Analayo, B. (2002). *Satipatthana: The Direct Path to Realization*. Birmington, UK: Windhorse.

Bodhi, B. (1993). *The Noble Eightfold Path: The Way to the End of Suffering*. Kandy, Sri Lanka: Buddhist Publication Society.

Boorstein, S. (1997). *It's Easier Than You Think: The Buddhist Way to Happiness*. San Francisco: HarperOne.

Brach, T. (2004). *Radical Acceptance*. New York: Bantam.

Chödrön, P. (2000). *When Things Fall Apart*. Boston: Shambhala.

Chödrön, P. (2007). *The Places That Scare You*. Boston: Shambhala.

Dass, R., & Levine, S. (1988). *Grist for the Mill*. Berkeley, CA: Celestial Arts.

Epstein, M. (1995). *Thoughts Without a Thinker*. New York: Perseus Group.

Epstein, M. (2001). *Going on Being: Life at the Crossroads of Buddhism and Psychotherapy*. New York: Broadway Books.

Goldstein, J. (1983). *The Experience of Insight*. Boston: Shambhala.

Goldstein, J. (2003). *Insight Meditation: The Practice of Freedom*. Boston: Shambhala.

Goldstein, J. (2003). *One Dharma: The Emerging Western Buddhism*. San Francisco: Harper.

Goldstein, J., & Kornfield, J. (2001). *Seeking the Heart of Wisdom*. Boston: Shambhala.

Gunaratana, B. H. (2002). *Mindfulness in Plain English*. Boston: Wisdom.

Kabat-Zinn, J. (1990). *Full Catastrophe Living*. New York: Delta.

Kabat-Zinn, J. (1994). *Wherever You Go, There You Are*. New York: Hyperion.

Kabat-Zinn, J. (2005). *Coming to Our Senses*. New York: Hyperion.

Kabat-Zinn, J. (2007). *Arriving at Your Own Door: 108 Lessons in Mindfulness*. New York: Hyperion.

Kornfield, J. (1993). *A Path with Heart*. New York: Bantam.

Kornfield, J. (2000). *After the Ecstasy, the Laundry*. New York: Bantam.

Kornfield, J. (2008). *The Wise Heart*. New York: Bantam.

Levine, N. (2003). *Dharma Punx*. San Francisco: Harper Collins.

Levine, N. (2007). *Against the Stream*. San Francisco: Harper Collins.

Levine, S. (1989). *A Gradual Awakening*. New York: Anchor.

Nhat Hanh, T. (1996). *The Miracle of Mindfulness*. Boston: Beacon.

Nhat Hanh, T. (2005). *Being Peace*. Berkeley, CA: Parallax Press.

Rahula, W. (1974). *What the Buddha Taught*. New York: Grove Press.

Rosenberg, L. (1998). *Breath by Breath: The Liberating Practice of Insight Meditation*. Boston: Shambhala.

Rosenberg, L. (2000). *Living in the Light of Death*. Boston: Shambhala.

Salzberg, S. (1997). *A Heart as Wide as the World*. Boston: Shambhala.

Salzberg, S. (2002). *Lovingkindness*. Boston: Shambhala.

Sayadaw, M. L. (1965). *Manual of Insight,* translated by S. U. Nyana. Rangoon, Burma: Union Buddha Sasana Council. Available at www.dhammaweb.net/html/view.php?id=2.

Sumedho, A. (1995). *The Mind and the Way*. Boston: Wisdom.

Sumedho, A. (2007). *The Sound of Silence*. Boston: Wisdom.

Thera, Narada. (1977). *The Buddha and His Teachings*. Kuala Lumpur, Malaysia: Buddhist Missionary Society.

Thera, Nyanaponika. (1973). *The Heart of Buddhist Meditation*. Boston: Weiser Books.

Thera, Nyanatilkoa. (1959). *The World of the Buddha*. Kandy, Sri Lanka: Buddhist Publication Society.

Thera, P. (1979). *The Buddha's Ancient Path*. Kandy, Sri Lanka: Buddhist Publication Society.

Thomas, C. A. (2006). *At Hell's Gate: A Soldier's Journey*. Boston: Shambhala.

Trungpa, C. (2002). *Cutting Through Spiritual Materialism*. Boston: Shambhala.

Trungpa, C. (2002). *The Myth of Freedom*. Boston: Shambhala.

Stress, Illness, and Healing

Bennett-Goleman, T. (2001). *Emotional Alchemy*. New York: Three Rivers Press.

Benson, H. (1976). *The Relaxation Response*. New York: Harper.

Bourne, E. J. (2005). *The Anxiety and Phobia Workbook, 4th edition*. Oakland, CA: New

Harbinger.

Brantley, J. (2007). *Calming Your Anxious Mind: How Mindfulness and Compassion Can Free You from Anxiety, Fear, and Panic*. Oakland, CA: New Harbinger.

Chödrön, P. (1997). *When Things Fall Apart*. Boston: Shambhala.

Chopra, D. (1988). *Quantum Healing: Exploring the Frontiers of Mind/Body Medicine*. New York: Bantam.

Cousins, N. (2005). *Anatomy of an Illness*. New York: W. W. Norton.

Flowers, S. (2009). *Mindful Path Through Shyness*. Oakland, CA: New Harbinger.

Frankl, V. (2000). *Man's Search for Meaning*. Boston: Beacon Press.

Levine, S. (1989). *Healing Into Life and Death*. New York: Anchor.

Moyers, B. (1995). *Healing and the Mind*. New York: Main Street Books.

Muller, W. (1999). *Sabbath: Restoring the Sacred Rhythm of Rest*. New York: Bantam.

Ornish, D. (1983). *Stress, Diet, and Your Heart*. New York: Henry Holt.

Ornish, D. (1995). *Dr. Dean Ornish's Program for Reversing Heart Disease*. New York: Ballantine Books.

Ornish, D. (1998). *Love and Survival*. New York: Harper Collins.

Remen, R. N. (1996). *Kitchen Table Wisdom*. New York: Riverhead Books.

Remen, R. N. (2000). *My Grandfather's Blessings*. New York: Riverhead Books.

Robbins, J. (1987). *Diet for a New America*. Tiburon, CA: H. J. Kramer.

Robbins, J. (2006). *Healthy at 100*. New York: Random House.

Santorelli, S. (1999). *Heal Thyself: Lessons in Mindfulness in Medicine*. New York: Three Rivers Press.

Segal, Z. V., Williams, J., Mark G., & Teasdale, J. D. (2001) *Mindfulness-Based Cognitive Therapy for Depression: A new Approach to Preventing Relapse*. New York: Guilford Press.

Selye, H. (1975). *Stress Without Distress*. New York: Signet.

Selye, H. (1978). *The Stress of Life*. New York: McGraw-Hill.

Shapiro, S., & Carlson, L. (2009). *The Art and Science of Mindfulness: Integrating Mindfulness into Psychology and the Helping Professions*. Washington, DC: APA Books.

Siegel, D. (2007). *The Mindful Brain*. New York: W. W. Norton.

Weil, A. (2000). *Eating Well for Optimum Health*. New York: Alfred A. Knopf.

Weil, A. (2000). *Spontaneous Healing*. New York: Ballantine.

Weil, A. (2007). *Healthy Aging: A Lifelong Guide to Your Well-Being*. New York: Anchor.

Williams, M., Teasdale, J., Segal, Z., & Kabat-Zinn, J. (2007). *The Mindful Way Through Depression*. New York: Guilford Press.

Mindful Movement

Boccio, F. J. (2004). *Mindfulness Yoga*. Boston: Wisdom.

Cohen, K. (1997). *The Way of Qigong*. New York: Ballantine Books.

Conrad, E. (1997). *Life on Land: The Story of Continuum, the World-Renowned Self-Discovery and Movement Method*. Berkeley, CA: North Atlantic Books.

Feldenkrais, M. (1972). *Awareness Through Movement*. New York: Harper Collins.

Gintis, B. (2007). *Engaging the Movement of Life*. Berkeley, CA: North Atlantic Books.

Hu, B. (2004). *Wild Goose Qigong*. DVD. Berkeley, CA: Three Geese Productions.

Iyengar, B. K. (1992). *Light on Yoga*. New York: Schocken Books.

Lasater, J. H. (2000). *Living Your Yoga*. Berkeley, CA: Rodmell Press.

Poetry

Berry, W. (1998). *The Selected Poems of Wendell Berry*. Washington, DC: Perseus.

Eliot, T. S. (1963). *Collected Poems*. Orlando, FL: Harcourt Brace.

Emerson, R. W. (1994). *Ralph Waldo Emerson, Collected Poems and Translations*. New York: Penguin.

Hafiz. (1999). *The Gift,* translated by D. Ladinski. New York: Penguin.

Kabir. (2004). *Kabir: Ecstatic Poems,* translated by R. Bly. Boston: Beacon.

Kinnell, G. (2000). *A New Selected Poems*. New York: Houghton Mifflin.

Lao-tzu. (1944). *The Way of Life,* translated by W. Bynner. New York: Penguin.

Nelson, P. (1993). *There's a Hole in My Sidewalk: The Romance of Self-Discovery*. Hillsboro, OR: Beyond Words.

Oliver, M. (1992). *New and Selected Poems*. Boston: Beacon Books.

Rilke, R. M. (2000). *Letters to a Young Poet,* translated by J. Burnham. Novato, CA: New World Library.

Rumi. (2001). *The Soul of Rumi,* translated by C. Barks. San Francisco: Harper.

Ryokan. (1977). *One Robe, One Bowl,* translated by J. Stevens. New York: John Weatherhill.

Stafford, W. (1998). *The Way It Is*. St. Paul, MN: Graywolf Press.

Walcott, D. (1987). *Collected Poems*. New York: Farrar, Straus and Giroux.

Welwood, J. P. (1998). *Poems for the Path*. Mill Valley, CA: Jennifer Paine Welwood.

Whyte, D. (1994). *The Heart Aroused*. New York: Bantam Doubleday.

Ainsworth, M. D. S., Blehar, M. C., Waters, E., & Wall, S. (1978). *Patterns of Attachment: A Psychological Study of the Strange Situation.* Hillsdale, NJ: Erlbaum.

American Institute of Stress. (2009). Job stress. www.stress.org/job.htm. Accessed June 16, 2009.

American Psychological Association. (2004). The American Psychological Association recognizes ten companies' commitment to employee health and well-being. Press release, October 13. www.apa.org/releases/healthy.html. Accessed July 18, 2009.

Augustine. (2002). *The Confessions of St. Augustine, trans.* by A. C. Outler. Mineola, NY: Dover Publications.

Bastian, E. W., & Staley, T. L. (2009). *Living Fully, Dying Well: Reflecting on Death to Find Your Life's Meaning.* Boulder, CO: Sounds True.

Baxter, L. R., Schwartz, J. M., Bergman, K. S., Szuba, M. P., Guze, B. H., Mazziota, J. C. et al. (1992). Caudate glucose metabolic rate changes with both drug and behavior therapy for obsessive-compulsive disorder. *Archives of General Psychiatry, 49*(9): 681-689.

Benson, H. (1976). *The Relaxation Response.* New York: Harper.

Bohm, D. (1951). *Quantum Theory.* New York: Prentice Hall.

Bowlby, J. (1969). *Attachment and Loss.* Vol. 1, Attachment. New York: Basic Books and Hogarth Press.

Brefczynski-Lewis, J. A., Lutz, A., Schaefer, H. S., Levinson, D. B., & Davidson, R. J. (2007). Neural correlates of attentional expertise in long-term meditation practitioners. *Proceedings of the National Academy of Sciences 104*(27): 11483-11488.

Brown, K., & Ryan, R. (2003). The benefits of being present: Mindfulness and its role in psychological well-being. *Journal of Personality and Social Psychology 84*(4): 822-848.

Carlson, L., Speca, M., Faris, P., & Patel, K. (2007). One year pre-post intervention follow-up of psychological, immune, endocrine and blood pressure outcomes of mindfulness-based stress reduction (MBSR) in breast and prostate cancer outpatients. *Brain, Behavior, and Immunity 21*(8): 1038-1049.

Carlson, R. (1997). *Don't Sweat the Small Stuff—And I's All Small Stuff.* New York: Hyperion.

Carson, J. W., Carson, K. M., Gil, K. M., & Baucom, D. H. (2006). Mindfulness-based relationship enhancement (MBRE) in couples. In *Mindfulness-Based Treatment Approaches,* edited by R. A. Baer. Burlington, MA: Academic Press.

Davidson, R. J., Kabat-Zinn, J., Schumacher, J., Rosenkranz, M., Muller, D., Santorelli, S. F., Urbanowski, F., Harrington, A., Bonus, K., & Sheridan, J. F. (2003). Alterations in brain and immune function produced by mindfulness meditation. *Psychosomatic Medicine* 65(4): 564-570.

Deer Park Monastery. (2009). Eating meditation. www.deerparkmonastery.org/mindfulness-practice/eating-meditation. Accessed July 18, 2009.

Einstein, A. (1972). Letter quoted in the *New York Post*. November 28, p. 12.

Fisher, N. (2002). *Opening to You: Zen-Inspired Translations of the Psalms*. New York: Viking Compass.

Goldstein, J. (2003). *One Dharma: The Emerging Western Buddhism*. San Francisco: Harper.

Habington, W. (1634[1895]). To my honoured friend Sir Ed. P. Knight. In *Castara*. London: A. Constable and Co.

Hanna, J. L. (2006). *Dancing for Health: Conquering and Preventing Stress*. Lanham, MD: AltaMira.

Heschel, A. J. (1955). *God in Search of Man: A Philosophy of Judaism*. New York: Farrar, Straus, Giroux.

Jarski, R. (2007). *Words from the Wise*. New York: Skyhorse Publishing.

Joyce, J. (2006). *Dubliners*. Clayton, DE: Prestwick House.

Kabat-Zinn, J. (1982). An outpatient program in behavioral medicine for chronic pain patients based on the practices of mindfulness meditation: Theoretical considerations and preliminary results. *General Hospital Psychiatry* 4(1): 33-47.

Kabat-Zinn, J. (1990). *Full Catastrophe Living: Using the Wisdom of Your Body and Mind to Face Stress, Pain, and Illness*. New York: Delacourt.

Kabat-Zinn, J., Chapman, A., & Salmon, P. (1987). Relationship of cognitive and somatic components of anxiety to patient preference for different relaxation techniques. *Mind/Body Medicine* 2(3): 101-110.

Kabat-Zinn, J., Lipworth, L., Burney, R., & Sellers, W. (1986). Four-year follow-up of a meditation-based program for the self-regulation of chronic pain: Treatment outcomes and compliance. *Clinical Journal of Pain* 2(3): 159-173.

Kabat-Zinn, J., Massion, A. O., Kristeller, J., Peterson, L. G., Fletcher, K., Pbert, L., Linderking, W., & Santorelli, S. F. (1992). Effectiveness of a meditation-based stress reduction program in the treatment of anxiety disorders. *American journal of Psychiatry* 149(7): 936-943.

Kabat-Zinn, J., Wheeler, E., Light, T., Skillings, A., Scharf, M., Cropley, T., Hosmer, D., & Bernhard, J. (1998). Influence of a mindfulness meditation-based stress reduction intervention on rates of skin clearing in patients with moderate to severe psoriasis

undergoing phototherapy (UVB) and photochemotherapy (PUVA). *Psychosomatic Medicine 60*(5): 625-632.

Kafka, F. (1946). *The Great Wall of China and Other Pieces.* London: Secker and Warburg.

King, M. L., Jr. (1981). *Strength to Love.* Philadelphia, PA: Fortress Press.

Lao-tzu. (1944). *The Way of Life According to Laotzu,* translated by W. Bynner. New York: John Day Company.

Lazar, S. W., Kerr, C. E., Wasserman, R. H., Gray, J. R., Greve, D. N., & Treadway, M. T. et al. (2005). Meditation experience is associated with increased cortical thickness. *NeuroReport 16*(17): 1893-1897.

Levey, J., & Levey, M. (2009). *Luminous Mind: Meidtation and Mind Fitness.* San Francisco: Red Wheel.

Levine, S. (1987). *Healing Into Life and Death.* New York: Anchor Books.

Lewis, M. D., & Todd, R. M. (2005). Getting emotional: A neural perspective on emotion, intention, and consciousness. *Journal of Consciousness Studies 12*(8-10): 210-235.

Lutz, A., Brefczynski-Lewis, J., Johnstone, T., & Davidson, R. J. (2008). Regulation of the neural circuitry of emotion by compassion meditation: Effects of meditative expertise. *PLoS One 3*(3): e1897.

Main, M., & Goldwyn, R. (1998). Adult attachment classification system. Unpublished manuscript. University of California, Berkeley.

Main, M., & Solomon, J. (1986). Discovery of an insecure-disorganized/disoriented attachment pattern. In T. B. Brazelton and M. W. Yogman, eds., *Affective Development in Infancy.* Norwood, NJ: Ablex Publishing.

Miller, J. J., Fletcher, K., & Kabat-Zinn, J. (1994). Three-year follow up and clinical implications of a mindfulness meditation-based stress reduction intervention in the treatment of anxiety disorders. *General Hospital Psychiatry, 17*(3): 192-200.

Moore, E., & Stevens, K. (2004). *Good Books Lately.* New York: Macmillan.

National Institute of Mental Health. (2008). The numbers count: Mental disorders in America. www.nimh.nih.gov/health/publications/the-numbers-count-mental-disorders-in-america/index.shtml#Intro. Accessed June 16, 2009.

Nelson, P. (1993). *There's a Hole in My Sidewalk: The Romance of Self-Discovery.* Hillsboro, OR: Beyond Words.

Nhat Hahn, T. (2001). *Anger: Wisdom for Cooling the Flames.* New York: Berkley Publishing.

Nhat Hahn, T. (2003). *Creating True Peace: Ending Violence in Yourself, Your Family, Your Community, and the World.* New York: Simon and Schuster.

Oliver, M. (1992). *New and Selected Poems.* Boston: Beacon Books.

Oman, M. (Ed.). (2000). *Prayers for Healing: 365 Blessings, Poems, and Meditations from Around the World.* Berkeley, CA: Conari Press.

Ornish, D. (1999). *Love and Survival: Eight Pathways to Intimacy and Health.* New York: HarperPerennial.

Parks, G. A., Anderson, B. K., & Marlatt, G. A. (2001). *Interpersonal Handbook of Alcohol Dependence and Problems*. New York: John Wiley.

Pattakos, A. (2008). *Prisoners of Our Thoughts: Viktor Frankl's Principles for Discovering Meaning in Life and Work*. San Francisco: Berrett-Koehler.

Powell, T. J., & Enright, S. (1990). *Anxiety and Stress Management*. London: Routledge.

Rahula, W. (1974). *What the Buddha Taught*. New York: Grove Press.

Schore, A. (2003). *Affect Dysregulation and Disorders of the Self*. New York: W. W. Norton.

Segal, Z. V., Williams, J. M. G., Teasdale, J. D., & Kabat-Zinn, J. (2007). *The Mindful Way Through Depression*. New York: Guilford Press.

Shapiro, S., Schwartz, G., & Bonner, G. (1998). Effects of mindfulness-based stress reduction on medical and premedical students. *Journal of Behavioral Medicine 21*(6): 581-589.

Shaver, P., & Mikulincer, M. (2002). Attachment-related psychodynamics. *Attachment and Human Development 4*(2): 133-161.

Siegel, D. J. (2001). *The Developing Mind: How Relationships and the Brain Interact to Shape Who We Are*. New York: Guilford Press.

Siegel, D. J. (2007). *The Mindful Brain: Reflection and Attunement in the Cultivation of Well-Being*. New York: W. W. Norton.

Siegel, D. J. (2009). *Mindsight: The New Science of Personal Transformation*. New York: Bantam.

Thera, N. (Trans.). (2004). *The Dhammapada*. Whitefish, MT: Kessinger Publications.

Van Ijzendoorn, M. (1995). Adult attachment representations, parental responsiveness, and infant attachment: A meta-analysis on the predictive validity of the Adult Attachment Interview. *Psychological Bulletin 117*(3): 387-403.

Walcott, D. (1976). *Sea Grapes*. London: Cape.

Welwood, J. P. (1998). *Poems for the Path*. Mill Valley, CA: Jennifer Paine Welwood.

Williams, R. J. (1956). *Biochemical Individuality*. New York: John Wiley and Sons.

찾아보기

[인명]

게리 슈워츠(Gary Schwartz) 56

노먼 피셔(Norman Fisher) 217

달라이 라마(Dalai Lama) 58
대니얼 시겔(Daniel Siegel) 53, 55, 58, 228
데렉 월콧(Derek Walcott) 208
딘 오니시(Dean Ornish) 266

리처드 데이빗슨(Richard Davidson) 57

마사 그레이엄(Martha Graham) 107

빅터 프랭클(Viktor Frankl) 59, 285

사라 라자(Sara Lazar) 57
사키 산토렐리(Saki Santorelli) 25
성 아우구스티누스(St. Augustine) 37
수잔 코바사(Suzanne Kobasa) 160

스티븐 레빈(Stephen Levine) 207, 245

아론 안토노프스키(Aaron Antonovsky) 160
아이작 뉴턴(Sir Isaac Newton) 267
앨런 쇼어(Allan Schore) 228
앨버트 아인슈타인(Albert Einstein) 210

제임스 조이스(James Joyce) 107
존 보울비(John Bowlby) 227
존 카밧진(Jon Kabat-Zinn) 20, 23, 25, 54

초감 트룽파(Chögyam, Trungpa) 38

틱낫한(Thich Nhat Hanh) 39, 219

프란츠 카프카(Franz Kafka) 173

허버트 벤슨(Herbert Benson) 20

[내용]

MBSR 프로그램 55, 57, 240, 246
RAIN 171, 172
sati 36
STOP 100

건포도 먹기 41, 258, 259

경청 237
공감 231
공감적 기쁨 231
공명 228, 229
공식 수련 39, 40
공황 발작 74

과호흡 74
광활한 공간감 171
교감신경계 53

내면의 규칙 196, 199, 200
노르에피네프린 52
뇌섬엽 58

단절 56
대인 마음챙김 226, 230

마음챙김 36, 39, 133
마음챙김 걷기 97
마음챙김 경청 236
마음챙김 먹기 42, 43
마음챙김 명상 86
마음챙김에 근거한 스트레스 완화(MBSR) 40
마음챙김 자기탐구 170
마음챙김 체크인 45, 65
마음챙김 호흡 74
만성 통증 112
무상 132

바디스캔 106, 107, 110, 113, 116
방황하는 마음 75
부교감신경계 53
비공식 수련 39, 43, 65, 72
비국소성 246

선택 없는 알아차림 130, 134
순수한 주의 133
스트레스 52, 59, 86, 248, 249, 270
스트레스 대응 54
스트레스 반응 54
신경가소성 58
신경전달물질 52

애착 228
에피네프린 52
엔도르핀 261
연결 56
연민 73, 221, 231, 267, 284
온전한 주의 135
요가 141
이완 60
일관감 160

자각 55, 56, 60, 91, 197, 217, 221
자각 없음 197
자기돌봄 55
자기연민 73, 79, 80, 218
자동조종 모드 159
자동항법 모드 65
자애 206, 217, 231
자애명상 59, 206, 210, 216, 218, 267
전두엽 58
전두 피질 58
정신적 사건 91, 133, 134
조율 228, 229
존재 양식 238
중추신경계 53
집중 명상 27

치유 78

통찰 명상 27
투쟁, 도피, 혹은 결빙 반응 52, 238

편도체 58
평정심 232

행위 양식 238
회복탄력성 160

밥 스탈(Bob Stahl, Ph.D)

샌프란시스코 베이 지역의 메디컬센터 세 곳에 MBSR 프로그램을 마련하고 지도해 왔다. 오랜 마음챙김 수련자인 그는 매사추세츠 대학교 메디컬센터의 MBSR 지도자 자격연수를 마쳤으며 8년 이상 불교 사원에서 승려로 생활하기도 했다. 또한 매사추세츠 의과대학의 MBSR본부(CFM)에서 마음챙김 지도자 교육을 위한 단체인 오아시스(Oasis) 자문 지도자로도 활동하고 있다.

엘리샤 골드스테인(Elisha Goldstein, Ph.D)

임상심리학자이자 '심리치료와 정신의학을 위한 마음챙김 센터'의 공동 창립자다. 그는 서부 로스앤젤레스 지역에서 MBSR과 MBCT(마음챙김에 근거한 인지치료)를 지도하고 있다. 또한 스트레스, 불안, 우울, 중독, 성인 ADHD, 직장에서의 성공과 같은 문제를 다루는 오디오 CD 시리즈 '마음챙김 솔루션(Mindful Solution)'의 저자이기도 하다. 그리고 인기 있는 마음챙김 및 심리치료 블로그인 www.psychcentral.com과 www.mentalhelp.net의 운영자이며, 마음챙김의 치료적 효과에 관한 워크숍과 라디오 인터뷰, 강연을 실시하고 있다.

서문을 쓴 존 카밧진(Jon Kabat-Zinn, Ph.D)은 『마음챙김 명상과 자기치유』『나는 지금 어디에 있는가』『온정신의 회복(Coming to Our Senses)』을 포함한 많은 책을 썼다.

후기를 쓴 사키 산토렐리(Saki Santorelli, Ed.D., MA)는 매사추세츠 의과대학의 CFM 대표이며 『당신 자신을 치유하라(Heal Thyself)』의 저자다.

더 많은 정보를 원한다면 www.mbsrworkbook.com을 방문하기 바란다.

역자 소개

안희영(Ahn Heyoung)

충북 청주 출생으로 미국 컬럼비아 대학교에서 MBSR 지도자 교육과정을 주제로 박사학위를 받았다(성인학습 및 리더십 전공). 현재 서울불교대학원대학교 심신치유교육학과 교수로 재직 중이며, 2005년부터 MBSR을 한국에 보급하고 있다. 미국 MBSR 본부인 마음챙김 센터(CFM)가 인증한 현재 국내 유일의 MBSR 지도자로서 한국MBSR연구소(http://cafe.daum.net/mbsrkorea)를 중심으로 스트레스, 명상, 리더십과 관련된 교육을 하고 있다.

뉴욕 대학교에서 풀브라이트 교환교수를 역임하였으며, 현재 한국심신치유학회 회장, 대한통합의학교육협의회 부회장, 한국정신과학학회 부회장, 한국불교심리치료학회 운영위원, 한국MBSR연구소 소장 등을 맡고 있다.

역서로는 『켄 윌버의 ILP』(공역, 학지사, 2014), 『8주 나를 비우는 시간』(공역, 불광출판사, 2013), 『스트레스와 건강』(공역, 학지사, 2012), 『존 카밧진의 처음 만나는 마음챙김 명상』(불광출판사, 2012), 『현재, 이 순간을 알기』(공역, 보리수선원, 2012), 『자유로운 삶으로 이끄는 일상생활 명상』(공역, 학지사, 2011), 『마음챙김과 정신건강』(학지사, 2010), 『마음챙김에 근거한 심리치료』(공역, 학지사, 2009) 등이 있다.

이재석(Lee Jaesuk)

1972년 부산 출생으로 서울대학교 노어노문학과를 졸업했다. 평소 불교명상과 몸-마음의 관계에 관심을 갖고 있으며, 독자에게 도움이 되는 좋은 외국 서적의 기획과 번역을 궁리하고 있다. 보리수선원, 호두마을 등에서 위빠사나 수련을 하였고, 서울불교대학원대학교 심신통합치유학과에서 수학하였으며, 현재 MBSR 지도자 과정을 밟고 있다.

역서로는 『현존수업』(정신세계사, 2013), 『오픈포커스 브레인』(정신세계사, 2010), 『통증혁명』(국일미디어, 2006), 『요통혁명』(국일미디어, 2006) 등이 있다.

🌐 한국MBSR연구소

- 깨어 있는 삶의 기술, 건강하고 행복한 삶으로의 초대 -

MBSR(Mindfulness-Based Stress Reduction) 프로그램은 미국 매사추세츠 주립대학병원에서 개발되어 35년 이상의 임상결과로 인정된 세계적인 심신의학 프로그램으로 Time, Newsweek 등 세계 유수 언론매체에 많은 보도가 되어 왔습니다. 프로그램의 임상적 효과에 대한 연구가 최고 수준이며, 의사의 지지가 매우 높은 프로그램으로서 만성 통증, 불안, 우울, 범불안장애 및 공황장애, 수면장애, 유방암 및 전립선암, 건선, 외상, 섭식장애, 중독, 면역 강화 등의 다양한 정신적 증상의 완화 또는 치료, 그리고 스트레스에 기인한 고혈압, 심혈관 질환 등 많은 만성질환의 증상 완화, 예방 및 치료에 효과가 있는 것으로 보고되어 있습니다.

2014년 2월 3일 영어 주간지 타임지는 마음챙김 혁명이라는 특집기사에서 미국을 중심으로 서구사회에서 마음챙김(mindfulness)이 커다란 변화를 일으키고 있다고 보도하면서 MBSR프로그램에 대해 자세하게 보도하고 있습니다. 일반인들이 이해하기 쉬운 언어사용, 과학적인 효과검증 등을 바탕으로 배우기 어려울 수 있는 명상을 매우 체계적이고 알기 쉽게 제공하는 것이 MBSR의 성공 비결이라고 시사하고 있습니다. MBSR은 이제 병원에서의 스트레스 치유뿐 아니라 학교나 기업에서 인성교육, 창의성, 리더십 교육에 적극 활용되고 있는 추세입니다. 또한 MBCT, 구글의 내면검색 프로그램, 제너럴 밀즈의 마음챙김 리더십 프로그램 등의 기업용 프로그램과 Mindfulness Matters, MBSR-T 같은 초중고 학생을 위한 학교 프로그램 등 수많은 명상 프로그램에 깊은 영향을 준 프로그램이기도 합니다. 동양의 마음챙김 명상과 서양의학이 이상적으로 접목된 MBSR은 끊임없는 임상적 발표를 기반으로 이제 의료 분야에서 가장 성공적으로 인정되는 프로그램이 되었으며 더 나아가, 학교교육, 기업체 교육, 리더십, 코칭, 스포츠 분야 등으로 꾸준히 확산되고 있는 추세입니다.

국내에서도 KBS TV 대장경 천년 특집 4부작 다르마 중에서 2부(치유편, 2011년 10월 16일 방영)에서 소개된 바 있습니다. 2012년 11월에는 한국MBSR연구소의 초청으로 창시자 카밧진 박사가 방한하여 관심 있는 많은 분들에게 깊은 인상을 준 바 있습니다. MBSR은 특히 고대 수도원 전통의 마음챙김 명상을 의료, 사회, 교육을 포함한 현대 주류사회에 특정 종교 색깔이 없이 체계화했다는 평을 받고 있습니다.

국내에서도 이 책에 소개된 MBSR 프로그램을 제대로 배울 수 있는 길이 열려 있습니다. 한국MBSR연구소에서는 국내 유일의 미국 MBSR 본부(CFM) 공인 MBSR 지도자인 안희영 박사를 중심으로 MBSR 일반 과정 8주 과정과 MBSR 지도자 과정(초급 · 중급 · 고급 · 슈퍼비전)을 제공하고 있습니다.

TEL (02)525-1588 FAX (02)522-5685 E-MAIL mbsr88@hanmail.net
다음카페 http://cafe.daum.net/mbsrkorea 서울시 서초구 방배동 981-32 봉황빌딩 1층

MBSR 워크북

A Mindfulness-Based Stress Reduction Workbook

2014년 10월 30일 1판 1쇄 발행
2018년 2월 20일 1판 3쇄 발행

지은이 • Bob Stahl · Elisha Goldstein
옮긴이 • 안희영 · 이재석
펴낸이 • 김 진 환
펴낸곳 • (주) **학지사**

　　　　04031 서울특별시 마포구 양화로 15길 20 마인드월드빌딩 5층

대표전화 • 02) 330-5114　　　팩스 • 02) 324-2345

등록번호 • 제313-2006-000265호

홈페이지 • http://www.hakjisa.co.kr
페이스북 • https://www.facebook.com/hakjisabook

ISBN 978-89-997-0535-9 93180

정가 16,000원

이 도서의 국립중앙도서관 출판시도서목록(CIP)은 서지정보유통지원시스템
홈페이지(http://seoji.nl.go.kr)와 국가자료공동목록시스템(http://www.nl.go.kr/kolisnet)
에서 이용하실 수 있습니다.
(CIP제어번호: CIP2014029095)

교육문화출판미디어그룹 **학지사**

학술논문서비스 **뉴논문** www.newnonmun.com
심리검사연구소 **인싸이트** www.inpsyt.co.kr
원격교육연수원 **카운피아** www.counpia.com
간호보건의학출판 **정담미디어** www.jdmpub.com